金程考研

金融硕士(MF)习题及详解

金融硕士(MF)考试辅导用书

金程考研专业课教研中心 编

上海财经大学出版社

图书在版编目(CIP)数据

金融硕士(MF)习题及详解/金程考研专业课教研中心编. —上海：上海财经大学出版社，2019.4

ISBN 978-7-5642-3214-6/F·3214

Ⅰ.①金… Ⅱ.①金… Ⅲ.①金融学-硕士生入学考试-自学参考资料 Ⅳ.①F830

中国版本图书馆 CIP 数据核字(2019)第 042262 号

□ 责任编辑 徐 超

□ 封面设计 钱伊贝

金融硕士(MF)习题及详解

金程考研专业课教研中心 编

上海财经大学出版社出版发行

(上海市中山北一路 369 号 邮编 200083)

网 址：http://www.sufep.com

电子邮箱：webmaster @ sufep.com

全国新华书店经销

上海叶大印务发展有限公司印刷装订

2019 年 4 月第 1 版 2019 年 4 月第 1 次印刷

787mm×1092mm 1/16 15 印张 356 千字

定价：50.00 元

【金程考研辅导课程体系】

<table>
<tr><td colspan="4">金鹰密训营</td></tr>
<tr><td>寒假密训营</td><td colspan="2">数学/英语/431 金融学综合</td><td>1 月</td></tr>
<tr><td>春季密训营</td><td colspan="2">数学/英语/431 金融学综合</td><td>3–6 月</td></tr>
<tr><td rowspan="2">暑期密训营</td><td>暑期公共课</td><td>数学/英语/政治/199 管理类联考综合</td><td>7–8 月</td></tr>
<tr><td>暑期专业课</td><td>431 金融学综合/复旦 801/复旦 856/上财 801</td><td>8 月</td></tr>
<tr><td rowspan="3">秋季密训营</td><td>提高班</td><td>数学/英语/政治/专业课/199 管理类联考综合</td><td>9–10 月</td></tr>
<tr><td>冲刺班</td><td>数学/英语/政治/专业课/199 管理类联考综合</td><td>10–11 月</td></tr>
<tr><td>模考点题班</td><td>数学/英语/政治/专业课/199 管理类联考综合</td><td>12 月</td></tr>
<tr><td colspan="4">金鹰孵化营（大二营）</td></tr>
<tr><td colspan="2">金鹰孵化营</td><td>数学/英语/政治/431 金融学综合/复旦 801/复旦856/上财 801/上财 810/199 管理类联考综合/396 经济类联考综合</td><td>大二–考前</td></tr>
<tr><td colspan="4">个性化辅导</td></tr>
<tr><td>定向协议班</td><td colspan="2">定向协议班 A 班/ 定向协议班 B 班/ 定向协议班 C 班/ D 班（复试）</td><td>随报随学</td></tr>
<tr><td>私密一对一</td><td colspan="2">初试一对一/复试一对一</td><td>随报随学</td></tr>
<tr><td colspan="4">金融大师班</td></tr>
<tr><td>金融大师班</td><td colspan="2">导学+基础+提高+冲刺+模考</td><td>1–12 月</td></tr>
<tr><td colspan="4">金石特训营</td></tr>
<tr><td>金石特训营</td><td colspan="2">暑期集训+个性化一对一</td><td>1–12 月</td></tr>
<tr><td colspan="4">飞鹰计划</td></tr>
<tr><td>飞鹰计划</td><td colspan="2">飞鹰周末班+强化班+冲刺班+模考点题班</td><td>当年 10 月–次年 12 月</td></tr>
<tr><td colspan="4">标准畅读班</td></tr>
<tr><td>公共课畅读班</td><td colspan="2">数学/英语/政治/199管理类联考综合/396 经济类联考综合</td><td>当年 10 月–次年 12 月</td></tr>
<tr><td>金融畅读班</td><td colspan="2">预备班/基础班/提高班/冲刺班/模考班</td><td>5–12 月</td></tr>
</table>

金融硕士(MF)考试辅导通关宝®系列

编　委　会

“金融硕士(MF)考试辅导通关宝®系列”书序

一、“金融硕士(MF)考试辅导通关宝®系列”丛书概述

为应对考生在择校、复习及参加考试过程中可能面临的信息不对称问题，金程考研凭借十余年来在金融经济专业方面的学术沉淀及多年的教学研发经验，为考生定制了本套分阶段的“金融硕士(MF)考试辅导通关宝®系列”丛书。针对考生复习备考的各个阶段(基础—强化—冲刺—模考)，本套丛书都配备了相关的资料，以便使考生的复习能达到事半功倍的效果。

本套丛书严格按照全国考试大纲编写，另外适当加入大纲中没有的常考知识点，参考了多本431金融学综合考试参考书目，适合报考清华大学、中国人民大学、复旦大学、上海财经大学、上海交通大学、厦门大学、南开大学、南京大学、中山大学以及其他参考全国考试大纲命题的院校的431金融学综合考生。

二、“金融硕士(MF)考试辅导通关宝®系列”丛书分册介绍

本套丛书共有六本，分别为：

(一)《金融硕士(MF)复习全书》(原白皮书)(预计发售时间：4月)

本书是整套丛书的核心书籍，是考生在基础、强化阶段复习的必备书籍之一，主要作用是帮助考生巩固并深入理解已经学过的参考书上的基本知识点，复习后期也可起到备查的作用，是贯穿研究生考试复习过程的重要辅导资料。

本书是在金程考研原白皮书即《金融硕士(MF)辅导》的基础上进行了修订，将以更高的质量和新的面貌呈现在广大考生面前。本书每章内容都是按照全国考试大纲的章节进行编写的，全面覆盖了所有知识要点，并结合历年真题和经典例题对高频考点进行更为深入的讲解，使本书更加具有考试的实用性，以帮助考生搭建系统知识体系框架，夯实专业基础。

(二)《金融硕士(MF)习题及详解》(预计发售时间：4月)

本书是重要的习题训练，真题虽然重要，但是数量有限。因为习题训练是夯实基础、强化学习效果的重要手段，所以备考过程中相应数量的习题训练必不可少。

本书习题参照高频考点、经典例题等资料而编写，符合真题思路，帮助考生更好地巩固学习效果。

(三)《金融硕士(MF)真题及详解》(预计发售时间：4月)

在考研备考过程中，真题的重要性不言而喻。对于任何考试，把握命题人的意图都是决定性的环节，而真题是最能体现这些意图的权威资料。因此本书适合考生在强化及冲刺阶

段使用，以便洞悉命题规律和趋势。

（四）《金融硕士（MF）知识汇总及热点专题》（原红皮书）（预计发售时间：10 月）

本书是适合考生复习中后期强化知识体系的参考书，有助于考生牢固掌握考试基础知识点及考试热点。

本书主要由两部分内容组成。第一部分是知识汇总，即对每章知识点进行了深度总结和串联，帮助考生强化记忆。第二部分是热点专题，该部分内容为考生总结了近阶段发生的金融热点问题，并结合知识点和考点进行分析，不仅可以帮助考生了解热点问题，更重要的是帮助考生在遇到此类热点真题时，学会如何理论联系实际，运用理论知识和相关模型进行解答和论述。

（五）《金融硕士（MF）全真模拟 5 套卷》（内部发行）（预计发售时间：11 月）

本书适合考生在冲刺阶段使用，目的是帮助考生提前熟悉考试题型，以便进行全真模拟和实战演练。本套全真模拟题是按照各高校考试重点和命题趋势研发而成，在考试题型、分值分布和考试重难点把握上完全贴合真题，可帮助考生在最后阶段突破考试壁垒，快速进入临考状态。

（六）《金融硕士（MF）最后密押 3 套卷》（内部发行）（预计发售时间：12 月）

本书适合考生在最后冲刺阶段使用。主要作用是超前预测必考题和常考题，帮助考生快速判断“题眼”、找到“陷阱”，只“猜”必考和常考的知识点。

本书通过对各大名校历年考研真题的考点、题型、分值等进行统计和分析，全力凸显命题规律，以此为方向精选习题，并将最新热点问题改编为试题，其风格、难度、考查重点等与考研真题具有极强的相似度。考生认真做完本卷后，对考研真题风格的把握将会更加准确。

由于编者水平有限，本书肯定还存在诸多不当之处。如果您在学习过程中发现错误或有其他建议，请发邮件至 jckytushu@sina. com 沟通。我们衷心希望金程考研金融硕士系列书籍继续得到大家的认可，也诚恳地希望大家多提改进建议，以便我们在今后的修订中不断完善。

目　录

第一篇　金融学

第二篇　公司财务

第一篇

金融学

第一章 货币与货币制度

扫码听课

考点1 货币职能

1. 关于货币职能下面说法正确的是（　　）。

A. 充当价值尺度的货币可以是货币符号

B. 充当流通手段的货币可以是观念上的货币

C. 充当储藏手段的货币必须是实在的足值的货币

D. 价值尺度和储藏手段是货币的基础职能

参考答案：C。此题考查充当不同货币职能的货币属性。充当价值尺度的货币可以是观念上的货币。充当流通手段的货币必须是实值货币，但可以用货币符号来替代。货币符号能与实值货币进行自由兑换。充当价值储藏手段的货币必须是真实的实值货币。价值尺度和流通手段是货币的基础职能。

2. 货币执行（　　）职能时不需要现实的货币。

A. 流通手段　　B. 价值尺度　　C. 储藏手段　　D. 世界货币

参考答案：B。执行价值尺度职能时，可以是观念性的货币。

3. 货币在商品交换中作为中介，通过一手交钱一手交货作为商品流通的媒介，货币的这种职能称为（　　）。

A. 支付手段　　B. 流通手段　　C. 贮藏手段　　D. 价值尺度

参考答案：B。在商品买卖中，商品的让渡和货币的让渡在同一时间内完成，通俗地说是一手交钱、一手交货。因此，从价值运动的角度观察，货币执行流通手段职能时，在同一时间内，价值的运动是双向的。即卖方在得到价值的同时出让使用价值，买方在让渡价值的同时获得使用价值。

4.（　　）属于货币的基础职能。

A. 价值尺度与流通手段　　B. 价值尺度与储藏手段

C. 支付手段与流通手段　　D. 支付手段与储藏手段

参考答案：A。价值尺度和流通手段是货币的基础职能。

5. 纸币的发行建立在（　　）职能上。

A. 价值尺度　　B. 支付手段　　C. 流通职能　　D. 贮藏手段

参考答案：C。纸币是不足值货币，其功能主要是在商品交换过程中充当交易媒介，而这正是货币流通职能的体现，故本题选 C。

6. 货币之所以能充当价值尺度，从根本上说是因为(　　)。

A. 货币本身是商品，它具有价值　　B. 货币是财富的象征

C. 货币的本质是一般等价物　　D. 货币有其特殊的使用价值

参考答案:A。考查货币价值尺度的职能，货币之所以能充当价值尺度，从根本上说是因为它也是商品，并具有价值。

7. (　　)不属于充当储藏手段职能货币必备的特征。

A. 足值货币　　B. 真实货币　　C. 退出流通领域　　D. 可自由兑换

参考答案:D。充当储藏手段的货币主要特点是足值货币、退出流通领域和真实货币。

8. 下列活动中，货币执行流通手段的职能是(　　)。

A. 学校财务人员向教师发工资　　B. 张三偿还李四 5 000 元借款

C. 李教授向学校捐款 10 000 元　　D. 王五用打工所得购买手机一部

参考答案:D。支付手段是指货币充当用来清偿债务或支付赋税、租金、工资等的职能，其特点是存在延期支付或预付的行为。流通手段是指货币在商品流通过程中起媒介作用时所发挥的职能，必须使用现实的货币，一手交钱，一手交货。

9. 何谓货币的支付手段？货币的流通手段和支付手段有何区别？

参考答案:

(1)支付手段是当货币作为价值的独立运动形式进行单方面转移时执行的职能。货币这一职能最初是由赊购引起的。这时在原有现金交易基础上产生了商品的让渡与价值的实现相脱节，买卖变成债权债务关系，货币作为独立的价值形式使流通过程结束。后来这一职能广泛地运用于大宗交易、清偿债务、支付工资劳动报酬和国家财政与银行信用领域。总之，只要商品或劳务没有与货币同时、同地的相向运动时，货币就执行了支付手段的职能。

(2)流通手段是货币在商品流通中充当交换媒介的职能，是货币的基本职能之一。货币执行流通手段后，直接的物物交换就分离成买卖两个相对独立的阶段，改变了物物交换的局限性。执行流通手段的货币，不能是想象的或观念上的货币，必须是现实的货币。当执行流通手段职能的货币用货币符号来代替时，货币与商品价格的关系会发生变化。其他因素不变时，商品的价格由进入流通领域的货币量来决定。

(3)执行流通手段和支付手段的货币都是流通中的现实货币，而且在大宗交易中二者往往会出现职能交错，因此两者联系紧密，但又有着本质的区别。

首先，二者发生作用的形式不同。流通手段的货币支付时，才伴随着商品劳务的流动，买方在获得商品劳务的同时就支付了货币，完成了等价交换。而支付手段的货币在支付时它是独立于交易之外的，用以结束交易过程。

其次，二者产生的社会经济状况不同。流通手段产生于商品流通初期，商品交换还不发达，社会刚刚从物物交换向货币交易发展。而支付手段产生于商品经济较发达时，货币在生活中有极其重要的作用，已经广泛地出现了商业信用。

最后，二者产生后的影响不同。流通职能出现后，克服了物物交换的局限性，如买卖双方供求匹配，交换时间地点一致等，便利了商品流通，促进商品经济的发展。而支付手段出现后克服了“一手交钱，一手交货”的局限，进一步促进了商品交换。但同时它也使商品经济

矛盾更加复杂，形成债务链条，当一部分生产者不能支付时，可能使链条崩断，造成危机。

10. 简述货币的储藏手段职能。

参考答案：

（1）货币的储藏手段是货币的职能之一。当货币退出流通而处于静止状态，被储藏起来时，就执行储藏手段职能。一般有储存金银、储存纸制货币和持有银行存款等方式。

（2）商品交换初期，货币储藏的目的是用储存货币形式来保存剩余产品。在商品经济不发达阶段，生产者不一定能在需要时卖掉产品，为了保证再生产的顺利连续进行，不致因经济波动而中断，就必须进行货币积累。随着商品经济的发展，货币被视为绝对财富的象征，促使人们为追求更多财富而储藏货币。

（3）在足值货币流通时，货币储藏具有自发调节货币流通的作用：当流通中的货币多于商品交易所需货币，其交换价值低于自身价值，多余货币自动退出流通领域，转为价值储藏。反之，当流通中货币少于所需货币，储藏货币又会自动进入流通领域。这一机制只能在储藏量充足时才能顺利发挥作用。到了信用货币流通时期，由于货币本身没有价值，只是一种符号，货币储藏时并未退出流通领域，不能起到调节流通功能。

考点 2　货币制度

1. 下面不属于货币制度的内容的是（　　）。

A. 货币材料（货币金属）　　B. 发行标准

C. 发行程序　　D. 银行制度

参考答案：D。货币制度包括货币金属、货币单位、货币的铸造、发行流通程序、发行保证制度四个方面内容。

2.（　　）是货币制度的基础。

A. 货币材料（货币金属）　　B. 发行标准

C. 发行程序　　D. 准备制度

参考答案：A。在货币制度四个内容中，货币材料是货币制度的基础。通常根据不同的金属作为货币材料，就构成了不同的货币本位。比如，以白银作为货币材料，就是银本位制。

3. 格雷欣法则揭示了（　　）货币制度的缺陷。

A. 金本位制　　B. 银本位制　　C. 双本位制　　D. 平行本位制

参考答案：C。格雷欣法则揭示的是双本位制的缺陷。

4. 一国货币制度的核心内容是（　　）。

A. 规定货币名称　　B. 规定货币单位　　C. 规定货币币材　　D. 规定货币币值

参考答案：C。确定用什么货币材料是建立货币制度的首要步骤，货币金属是建立货币制度的基础。因此，一国货币制度的核心内容是规定货币币材。

5. 金银复本位制之所以被金本位制取代，主要原因是（　　）。

A. 金银价格波动难以与铸币平价保持一致　B. 金银价格波动易产生套利

C. 劣币驱逐良币　　D. 金银产量限制

参考答案：C。金银复本位货币制度的主要缺陷就是劣币驱逐良币，即格雷欣法则。

6. 国内只流通银行券且不能兑换黄金，国际储备除黄金还有一定比重外汇，外汇在国外才可兑换黄金，黄金是最后的支付手段，这是(　　)制度的特点。

A. 金块本位　　B. 金币本位　　C. 金条本位　　D. 金汇兑本位

参考答案:D。金汇兑本位制，该国货币一般与另一个实行金币本位制或金块本位制国家的货币保持固定的比价并在后者存放外汇或黄金作为平准基金，从而间接实行了金本位制。实际上，它是一种带有附属性质的货币制度。

7. 在纸币本位制下，容易产生通货膨胀危机的根本原因是(　　)。

A. 纸币本身没价值　　B. 政府货币政策失误

C. 纸币违背了货币流通的规律　　D. 失去了金币的自动调节作用

参考答案:D。由于纸币不是足值货币，本身没有价值，从而不能像黄金那样起到自动调节通货和价格的效用，当纸币发行量超过经济中实际需要的货币量的时候，就会发生通货膨胀。D选项更加符合纸币产生通货膨胀的原因，而A选项只是表层原因。

8. 比较无限法偿和有限法偿。

参考答案:

(1)无限法偿指国家赋予本位币的一种无限制清偿的能力。本位币是一国基本的通货，是法定的计价、结算货币，本位币的面值与实际金属价值是一致的，是足值货币。法律规定，不论每次支付的数额多大，不论是何种性质的支付，接受方都不得拒绝接受。同时在使用上，本位币是最后的支付工具，具有最终的支付能力。

(2)有限法偿指法律规定辅币所具有的有限清偿的能力。辅币是本位货币单位以下的小货币，供零星交易和找零之用，辅币一般用贱金属制造，其所包含的实际价值低于名义价值，是不足值货币。为了防止辅币充斥市场，国家法律规定，每次支付时可在一定金额内用辅币支付，如超过一定金额，对方可以拒绝接受。为了能使过多的辅币自发流回国家手中，法律还规定，用辅币向国家纳税不受数量限制，用辅币向政府兑换本币也不受数量限制。

总之，两者的区别在于支付能力的不同，这种区别是由于法律规定的不同造成的，反映了国家意志的人为选择。而具有不同法偿能力的货币在经济生活中地位不同，一般而言，无限法偿货币是一国的基本货币，而有限法偿货币处于附属地位。

9. 货币制度的内容是什么？简述货币制度的演变过程。

参考答案:

货币制度是指一个国家以法律形式规定货币流通的组织形式，它是随着资本主义经济制度的建立而逐步形成的，随着商品经济的发展变化，货币制度也不断演变。它的基本内容包括:货币金属与货币单位;通货的铸造、发行与流通程序;金准备制度;等等。

货币制度演变大致经历了银本位制、金银复本位制、金本位制、不兑现的信用货币制度。

(1)银本位制

以白银为本位货币的一种货币制度，以白银作为本位币币材，银币是无限法偿货币，其名义价值与实际含有的白银价值是一致的，分为银两本位制和银币本位制。16世纪开始盛行，因白银产量激增，银价不稳定而崩溃。

(2)金银复本位制

是以黄金和白银同为本位货币的货币制度。金银两种铸币都是本位币，均可自由铸造，两种货币可以自由兑换，并且两种货币都是无限法偿货币。可分为平行本位制、双本位制、跛行本位制。

(3)金本位制

是指以黄金作为本位货币的货币制度。可分为金币、金块、金汇兑本位制。其中金块本位制和金汇兑本位制，由于没有金币的流通，从而失去了货币自动调节流通需要量的作用，币值自动保持稳定的机制也不复存在。

(4)不兑现的信用货币制度

是指以不兑换黄金的纸币或银行券为本位币的货币制度。不兑现的纸币一般由中央银行发行，国家法律赋予无限法偿能力。银行券完全纸币化了，流通中全部是不兑现的纸币，黄金已不用于国内流通。

考点 3　国际货币体系

1. 蒙代尔最优货币区理论主张用(　　)作为确定最适货币区的标准。

A. 物价充分稳定　　B. 生产要素的高度流动

C. 充分就业　　D. 经济的高度开放性

参考答案:B。要素流动性标准是由蒙代尔在 1961 年提出的。需求转移是一国出现外部失衡的主要原因。例如，若需求从 A 国转移到 B 国，则 B 国出现超额需求，而 A 国出现超额供给。在劳动力不流动的情况下，A 国将会出现失业现象；若要解决 A 国的失业问题，则必须调整两国的汇率。但在劳动力可以自由流动的情况下，劳动力将从 A 国移向 B 国，从而降低了 A 国的劳动力供给，而 B 国的劳动力供给提高，在汇率不发生调整的情况下，就可以消除经济的不均衡。显然，若要在国家之间维持固定汇率，并保持物价稳定和充分就业，就必须保持要素的高度流动性。

2. 下列机构中不属于世界银行集团的是(　　)。

A. 国际复兴开发银行　　B. 国际开发协会

C. 国际金融公司　　D. 国际清算银行

参考答案:D。世界银行集团由国际复兴开发银行、国际开发协会、国际金融公司、解决投资争端国际中心和多边投资担保机构等机构组成。国际清算银行不属于世界银行集团。

3. 根据《马斯特里赫特条约》规定，成员国进入欧洲货币联盟计划第三阶段必须满足的规定中，以下指标正确的是(　　)。

A. 通货膨胀率最多只能比欧共体 3 个最低国家的平均水平高 2%

B. 政府长期债券利率最多只能比欧共体 3 个通货膨胀率最低的国家的平均水平高 2.25%

C. 财政赤字占国内生产总值的比重必须不高于 3%

D. 公共债务累计额必须不高于国内生产总值的 75%

参考答案:C。《马斯特里赫特条约》规定：财政赤字占国内生产总值的比重必须不高于 3%，政府债务累计额必须不高于国内生产总值的 60%。

4. 欧元模式是(　　)。

A. 货币替代模式　B. 统一货币模式　C. “3＋2”模式　D. “10＋3”模式

参考答案：B。欧元区内统一使用欧元，很明显为统一货币模式。货币替代是一国货币被动地被他国货币替代，非政府意愿所为。“10＋3”是指东盟十国形成自由贸易区，东盟与中国、日本和韩国分别自由贸易，但中国、日本、韩国之间并不实行自由贸易。

5. 布雷顿森林体系比金本位制更具灵活性的原因是因为布雷顿森林体系（　）。

A. 允许各国汇率浮动

B. 允许各国使用独立的货币政策

C. 允许各国在必要时对汇率平价进行调整

D. 降低了价格刚性

参考答案：C。布雷顿森林体系下，在必要时可以对汇率进行调整，有一定的灵活性。

6. 国际货币体系的内容是什么？

参考答案：

国际货币体系是指影响国际支付的原则、惯例、安排以及组织机构的总和，它包含的主要内容有：

(1)国际结算制度，即国际交往中使用什么样的货币——金币还是不兑现的信用货币；

(2)汇率制度：各国货币间的汇率的安排，是钉住某一种货币，还是允许汇率随市场供求自由变动；

(3)国际收支调节机制：各国外汇收支不平衡如何进行调节；

(4)国际储备资产的确定。

随着世界经济和政治形势发展，各个时期对上述几个方面的安排也有所不同，从而形成具有不同特征的国际货币体系，大体可分为金本位下的国际货币体系、以美元为中心的国际货币体系、牙买加协定之后以浮动汇率为特征的国际货币体系。

7. 简述国际金本位制的特点。

参考答案：

(1)各国政府都规定以黄金作为本位货币，确定本国铸币的货币单位及含金量。金币具有无限法偿的权利，并能与银行券自由兑换。

(2)金币可以自由熔化为黄金，而黄金也可以拿到国家造币厂中铸造成金币。

(3)黄金可以在各国之间自由地输出与输入。

由于金币可以自由兑换，各种价值符号(金属辅币和银行券)就能稳定地代表一定的黄金进行流通，从而保持币值的稳定，不致发生通货膨胀；由于自由铸造，金币的面值就可以与其所含的黄金价值保持一致，金币的数量就可以自发地满足流通中的需要；由于黄金自由输出入，就能自动调节国际收支并保证外汇行市的稳定和国际金融市场的统一。所以国际金本位制度是一种比较稳定、健全的货币制度。

8. 布雷顿森林体系的内容是什么？

参考答案：

布雷顿森林体系的实质是建立一种以美元为中心的国际货币体系。其基本内容是美元与黄金挂钩，其他国家的货币与美元挂钩，实行固定汇率制度。

(1)各国货币比价的挂钩。即汇率的规定与调整原则，主要规定如下：

①美元与黄金挂钩。即各国确认1934年1月美国规定的35美元一盎司的黄金官价，每一美元的含金量为0.888 671克黄金。各国政府或中央银行可用美元按官价向美国兑换黄金。这样，美元居于等同黄金的地位，其他国家的货币则不能兑换黄金。为使黄金官价不受自由市场金价冲击，各国政府需协同美国政府在国际金融市场上维持这一黄金官价。

②其他国家货币与美元挂钩。其他国家政府规定各自货币的含金量，通过含金量的比例确定同美元的汇率。会员国也可以不规定货币的含金量，而只规定同美元的汇率。例如1946年，1英镑的含金量为3.581 34克纯金，1美元的含金量为0.888 671克纯金，则英镑与美元的含金量(黄金平价)之比为：1英镑＝3.581 34/0.888 671＝4.03美元，这便是法定汇率。

③实行可调整的固定汇率。《国际货币基金协定》规定，各国货币对美元的汇率，一般只能在法定汇率上下各1%的幅度内波动。若市场汇率超过法定汇率1%的波动幅度，各国政府有义务在外汇市场上进行干预，以维持汇率的稳定。布雷顿森林体系的汇率制度被称为“可调整的钉住汇率制度”。若会员国法定汇率的变动超过1%，就必须得到国际货币基金组织的批准。1971年12月，这种即期汇率变动的幅度扩大为上下2.25%的范围，而决定平价的标准，亦由黄金改为特别提款权。

(2)各国货币的兑换性与国际支付结算的原则。

“协定”规定了各国货币自由兑换的原则：任何会员国对其他会员国在经常项目往来中积存的本国货币承担无条件承兑义务。由于各国立即普遍实行货币自由兑换原则是不现实的，故“协定”又做了“过渡期”的规定。

关于国际支付与国际结算的原则，“协定”规定，会员国未经基金组织同意，不得对国际收支经常项目的支付或清算加以限制。

(3)国际储备资产的确定。

在这种制度中，外汇与黄金并列，共同构成国际储备资产。“协定”中关于货币平价的规定，使美元处于“等同”黄金的地位，成为各国外汇储备中最主要的国际储备货币。

(4)国际收支的调节。

国际货币基金组织会员国份额的25%以黄金或可兑换成黄金的货币缴纳，另外的75%则以本国货币缴纳。会员国发生国际收支逆差时，可用本国货币向基金组织按规定程序购买(即借贷)一定数额的外汇，并在规定时间内以购回本国货币的方式偿还借款。会员国所认缴的份额越大，得到的贷款也越多。贷款只限于会员国用于弥补国际收支赤字，即用于经常项目的支付。

(5)成立国际货币基金组织。

建立永久性国际金融机构——国际货币基金组织是布雷顿森林体系的一大特色。

扫码听课

第二章　利息与利率

考点 1　信用

1. 信用的基本特征是(　　)。

A. 平等的价值交换　　B. 无条件的价值单方面让渡

C. 以偿还为条件的价值单方面转移　　D. 无偿的赠予或援助

参考答案: C。信用这个范畴是指借贷行为,这种经济行为的形式特征是以收回为条件的付出,或以归还为义务的取得,而且贷者之所以贷出,是因为有权取得利息,借者之所以借入,是因为承担了支付利息的义务。所以本题选择 C,即信用是以偿还为条件的价值单方面转移。

2. 为了鼓励消费,不宜采用下列信用形式中的(　　)。

A. 分期付款　　B. 信用卡业务　　C. 发放消费信贷　　D. 预付

参考答案: D。消费信用是指工商企业、银行和其他金融机构提供给消费者用于消费支出的信用。所谓信用消费,亦称信贷消费,是指消费者为了达到某种消费目的,在个人资金不足的情况下,凭借个人信用,不立即付款即获取资金、物资或者服务的交易方式。故 D 不属于消费信用。

3. 下面不属于商业信用基本特点的是(　　)。

A. 商业信用的债权人债务人都是企业经营者

B. 商业信用贷出的资本是商品资本

C. 商业信用是买卖关系和借贷关系的统一

D. 商业信用的规模一般与产业资本动态一致

参考答案: A。商业信用是以商品形态提供的信用;准确地说,商业信用的债权人和债务人都是企业,企业经营者的说法并不准确。

4. 商业信用的局限性不包括(　　)。

A. 商业信用的规模受企业能提供的资本数量限制

B. 商业信用的供求有严格的方向性

C. 商业信用受期限的限制

D. 商业信用的融资风险大

参考答案: D。商业信用是企业之间主要以商品形式提供的信用,所以注定其特点,一是有严格的方向性,二是企业能够提供的信用有限,受企业规模限制,三是商业信用一般期限较短,受期限的限制。

5. 工商企业、银行和其他金融机构提供给消费者用于消费支出的信用形式称为(　　)。

A. 商业信用　　B. 消费信用　　C. 银行信用　　D. 国家信用

参考答案:B。考查消费信用概念,由政府、银行、企业提供给个人用于消费的信用形式我们统称为消费信用。

6. 国家信用的主要工具是(　　)。

A. 政府债券　　B. 银行贷款　　C. 银行透支　　D. 发行银行券

参考答案:A。发行政府债券或国库券是政府筹集资金的主要形式,即国家信用的主要方式。

7. 在诸多信用形式中,最基本的信用形式是(　　)。

A. 国家信用　　B. 商业信用　　C. 消费信用　　D. 银行信用

参考答案:B。尽管银行信用是主要的信用形式,但商业行为是市场中最常见的行为,因此最多最基本的是商业信用。

8. 现代经济中,信用活动与货币运动紧密相连,信用的扩张意味着货币供给的(　　)。

A. 增加　　B. 减少　　C. 不变　　D. 不确定

参考答案:A。信用扩张,表示可以用于借贷的资本增加,从而货币供给增加。

考点2　利息与利率

1. 假设1年期的即期利率为4%,2年期的即期利率为6%。那么,第1年末到第2年末的远期利率为(　　)。

A. 5%　　B. 8%　　C. 10%　　D. 12%

参考答案:B。该题考查即期利率与远期利率之间的换算。即期利率是指某个给定时点上无息债券的到期收益率。远期利率是指未来两个时点之间的利率水平。根据预期理论,1年末到2年末的远期利率为8%。

2. 美国地方政府发行的市政债券的利率低于联邦政府债券,其原因可能是(　　)。

A. 违约风险因素　　B. 流动性差异因素　　C. 税收差异因素　　D. 市场需求因素

参考答案:C。美国地方政府发行的市政债券免征联邦所得税,而联邦政府债券需要缴纳联邦所得税。

3. 如果某债券实际预期收益率为6%,预期通货膨胀率为4%,则该债券名义收益率为(　　)。

A. 2%　　B. 10%　　C. 7%　　D. 24%

参考答案:B。名义收益率=实际收益率+通胀率=6%+4%=10%。

4. 假如贷款者和存款者的利息都是按照固定名义利率计算而得的,如果通货膨胀率为正,则(　　)。

A. 贷款者受益,存款者损失　　B. 贷款者损失,存款者受益

C. 贷款者和存款者都既未损失也未受益　D. 贷款者和存款者都受益

参考答案:A。该题考查名义利率和实际利率的关系。注意贷款者是借入资金的人。在名义利率一定时,若通货膨胀率为正,则实际利率＜名义利率,存款者将受损,而贷款者将受益。

5. 股票的持有期回报率为(　　)。

A.(持有期资本利得＋通货膨胀率)/期初投资额

B.(持有期资本利得＋红利)/期初投资额

C.(持有期资本利得＋无风险利率)/期初投资额

D. 股价变动/期初投资额

参考答案:B。股票持有期回报率＝(股票期末价值＋红利)/股票期初价值－1＝(持有期资本利得＋红利)/股票期初价格。

6. 关于固定利率和浮动利率,下列说法正确的是(　　)。

A. 按固定利率借贷,由于在期初就约定利率,所有固定利率借贷不存在风险

B. 按固定利率借贷有利于财务预算和决策

C. 在市场利率波动较大时,贷款者(银行)更偏爱于固定利率

D. 以上说法均不正确

参考答案:B。A 选项,按固定利率借贷时,若利率下跌,则存在多付利息的风险,所以错误。C 选项,在市场利率波动较大时,贷款者(银行)更偏爱浮动利率贷款,所以错误。

7. 某人借款 2 000 元,如果月利率 0.8%,借款期限为 8 个月,按单利计算,到期时借款人应支付利息为(　　)。

A. 80 元　　B. 100 元　　C. 128 元　　D. 140 元

参考答案:C。根据单利的计算原理,利息额＝2 000×(1＋0.008×8)－2 000＝128(元)。

8. 某人借款 2 000 元,如果年利率为 10%,两年后到期,按复利计算,到期时借款人应支付利息为(　　)。

A. 210 元　　B. 420 元　　C. 1 210 元　　D. 2 420 元

参考答案:B。根据复利的计算原理,利息额＝$2\ 000\times(1+0.1)^2-2\ 000=420$ 元。

9. 关于证券价格与利率关系的表述正确的有(　　)

A. 市场利率水平与证券价格水平存在正比例关系

B. 证券的期限越长,市场利率的同一变化对其价格的影响愈大

C. 由于影响二者水平的因素不一致,因而它们之间不存在任何关系

D. 以上都不对

参考答案:B。由债券的定价公式我们很容易知道,当市场利率上升时,债券价格将会下降,反之债券价格上升。

10. 由政府或金融管理部门或者中央银行确定的利率是(　　)。

A. 公定利率　　B. 一般利率　　C. 官定利率　　D. 实际利率

参考答案:C。官定利率或官方利率是指由一国政府部门或中央银行所确定的利率。

11. 到期收益率取决于(　　)。

A. 债券面额　　B. 债券的市场价格　　C. 票面利率　　D. 债券期限

参考答案: B。根据债券的定价原理得出的债券价值和利率的相互关系我们知道,债券的市场价格是影响债券到期收益率的重要因素,如果债券的市场价格下跌,则到期收益率下降。而其他选项都为外生影响因素,不具有决定意义。

12. 20 世纪 90 年代我国政府曾推出存款保值贴补率,这是对(　　)的补偿。

A. 违约风险　　B. 通货膨胀风险　　C. 流动性风险　　D. 偿还期限风险

参考答案: B。人们进行储蓄的目的是为了保值或者获得收益,而如果通货膨胀率高于存款利率时,储蓄用户就会面临损失,政府为了吸引储蓄存款,就会提供风险补贴。

13. 简述利率在经济中的作用和功能。

参考答案:

利率的经济功能包括以下 5 个方面:

(1)中介功能。中介功能是指利率在各种主体以及各种市场间起联系作用。具体体现在三个方面:首先,它连接了宏观经济和微观经济,宏观经济变化状况的信息可以通过利率的变动传达到微观经济决策中;其次,它沟通金融市场与实物市场,两个市场上各种利率的联动性,使金融市场和实物市场之间相互影响,紧密相关;再次,它联系了国家、企业和个人三方面的利益,利率变动将导致经济利益在三者间进行重新的调整分配。

(2)分配导向功能。指国民收入通过利息进行分配和再分配,引导投资方向,以合理筹集和使用资金,从而促进国民经济发展。首先在借贷双方初次分配时,利率从总体上确定了剩余价值的分割比例;然后,利率可以调整消费和储蓄的比例使盈余部门的资金流向赤字部门,对整个国民收入在各领域的投入进行再分配,对资金流向和流量加以引导和调节,提高效率。

(3)调节功能。指通过利率的灵活变动,可以协调国家、企业和个人三者的利益,促使资金运动符合客观规律,使各种比例关系得到合理调整。一方面,它可以调节宏观经济活动,主要是调节供给和需求的比例,调节消费和投资的比例关系;另一方面,可以调节微观经济活动,主要是调节企业和个人的经济活动等,使之符合经济发展的需求和国家政策意图。

(4)动力功能。利率的存在能全面、持久地影响各经济主体的物质利益,物质利益的实现成为推动社会经济发展的内在动力,激发经济主体从事经济活动的动力,从而推动整个社会经济走向繁荣。

(5)控制功能。利率的变动可以控制关系到国民经济全局的重大经济活动,使其达到平衡协调发展。例如,通过利率的调整影响投资规模、物价等。

总之,合理的利率有利于进行有效的宏观控制,从而保证国民经济良性循环。

考点 3　利率的决定理论

1. 根据凯恩斯理论,利率水平主要取决于(　　)。

A. 货币需求　　B. 货币需求与货币供给

C. 储蓄　　D. 储蓄与投资

参考答案: B。凯恩斯的利率决定理论主要是从货币市场的角度探讨利率水平,当货币市场供需均衡时，即决定了一个均衡利率。故本题选 B 选项。

2. 下列关于利率决定理论的说法正确的是(　　)。

A. 凯恩斯的利率理论强调投资与储蓄对利率的决定作用

B. 窖藏与反窖藏是古典利率理论中决定利率的两大因素

C. 可贷资金利率理论偏重于实物领域对利率的决定作用

D. 流动性偏好理论强调了货币供求对利率的决定作用

参考答案:D。古典利率强调储蓄与投资对利率的决定作用，可贷资金强调金融领域的决定作用。

3. 根据凯恩斯的流动性偏好理论，当预期利率上升时，人们会(　　)。

A. 抛售债券而持有货币　　B. 抛出货币而持有债券

C. 不改变债券与货币的持有　　D. 只持有债券

参考答案:A。预期利率上升，那么债券价格会下降，那么理性人会抛售债券持有货币。

4. 在 *IS* 曲线上，存在储蓄和投资均衡的收入与利率的组合点有(　　)。

A. 一个　　B. 无数个

C. 小于 100 个　　D. 上述三者都不对

参考答案:B。*IS* 曲线上 *S* 和 *I* 处处相等，因此有无数个。

5. 货币市场和产品市场同时均衡出现于(　　)。

A. 各种收入水平和利率上　　B. 一种收入水平和利率上

C. 各种收入水平和一定利率水平上　　D. 一种收入水平和各种利率水平上

参考答案:B。货币市场和产品市场同时均衡，意味着 *IS* 曲线和 *LM* 曲线的交点有一种收入水平和利率水平。

6. 所谓“凯恩斯陷阱”一般产生于债券价格的(　　)。

A. 高位区　　B. 低位区　　C. 中位区　　D. 无法判断

参考答案:A。流动性陷阱发生时，利率很低，则债券价格很高。

7. *IS* 曲线和 *LM* 曲线的交点意味着产品市场(　　)。

A. 均衡而货币市场非均衡　　B. 和货币市场均处于非均衡

C. 和货币市场同时达到均衡　　D. 处于充分就业均衡

参考答案:C。IS 曲线和 LM 曲线的交点意味着货币市场和产品市场同时均衡，只有一种收入水平和一种利率水平。

8. 下列因素中(　　)不影响可贷资金的供给。

A. 政府财政赤字　　B. 家庭储蓄

C. 中央银行的货币供给　　D. 利用外资

参考答案:A。可贷资金的供给来源包括个人储蓄、商业储蓄、政府预算盈余、货币供给的增加、国外向本国的贷款等。

9. 根据凯恩斯利率决定理论，当市场上货币供给大于需求时，利率会(　　)。

A. 下降　　B. 上升　　C. 不变　　D. 无法确定

参考答案:A。此题考查凯恩斯利率决定理论的主要结论。当市场货币供给大于需求时，利率下降；反之，利率上升。

10. 古典利率理论认为(　　)。

A. 利率取决于储蓄曲线与投资曲线的均衡点

B. 投资是利率的递增函数,投资流量随利率的提高而增加

C. 利率提高,投资额上升

D. 储蓄是利率的递减,储蓄额与利率成正相关关系

参考答案:A。古典利率理论认为利率取决于边际储蓄曲线与边际投资曲线的均衡点。

11. 简要说明凯恩斯利率理论的基本要点。

参考答案:

凯恩斯认为利息完全是一种货币现象,利率的高低由货币的供求来决定,在此基础上建立了货币供求论以分析利率的决定因素。其理论的基本要点主要包括以下几个方面:

第一,利率由货币需求和货币供给所决定。这与古典利率理论强调储蓄、投资等实物因素决定利率的观点相反,凯恩斯的利率决定理论强调货币因素对利率的影响。

第二,货币需求取决于人们的流动性偏好,而利息就被定义为人们放弃流动性偏好的报酬。在现代货币信用制度中,由于未来的不确定性,人们对货币具有流动性偏好,即考虑持有财富的形式时,大多倾向于选择货币,其动机包括:①交易动机,人们持有货币以备日常之需,它与收入成正比;②预防动机,人们为应付紧急需要而保有一部分货币,它也与收入成正比;③投机动机,人们持有货币以备将来投机获利,它是利率的减函数。

第三,货币供应是由中央银行决定的外生变量,利率取决于货币的供求均衡点。当人们的流动性偏好增强时,愿意持有的货币数量增加,当货币供应不变时利率就会上升;反之,当货币需求减少而货币供应不变时,利率就会下降。

第四,提出流动性陷阱,即当利率下降到一定程度时,人们愿意持有无限多的货币而不愿持有有价证券,故中央银行无法通过继续发行货币降低利率。如图 1—2—1 所示。

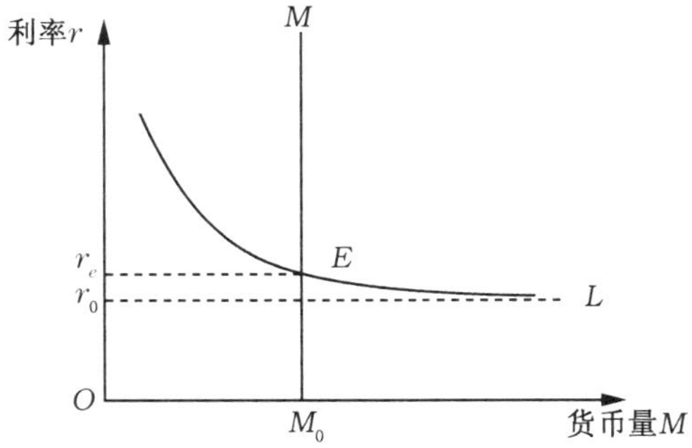

图 1—2—1　流动性陷阱

图中的货币供应曲线 M 因由货币当局决定,故为一条直线,L 是货币需求曲线,两线相交点决定利率。但 L 越向右越与横轴平行,表明 M 线与 L 线相交于平行部分时,货币流通陷入流动性陷阱。

总之,凯恩斯学派的利率决定论从货币的供求来考查利率的决定,纠正了古典学派完全忽视货币因素的偏颇,然而它又走到了另一个极端,将投资、储蓄等实质因素完全不予考虑,显然也是不合适的。

12. 利率决定理论有哪些？比较它们的异同。

参考答案：

利率决定理论有古典学派的储蓄投资理论、凯恩斯流动性偏好理论、可贷资金模型、$IS-LM$ 模型。它们的不同之处在于：

古典学派认为在实物经济中，资本是一种生产要素，利息是资本的价格。利率的高低由储蓄水平和资本需求决定；储蓄是利率的增函数，投资是利率的减函数，均衡利率取决于投资流量和储蓄流量的均衡。即储蓄等于投资为均衡利率条件。

凯恩斯的流动性偏好利率理论，认为货币是一种最具有流动性的特殊资产，利息是人们放弃流动性取得的报酬，而不是储蓄的报酬。因此，利息是货币现象，利率决定于货币供求，由交易需求和投机需求决定的流动性偏好，和由中央银行货币政策决定的货币供给量是利率决定的两大因素。

可贷资金理论是上述两种理论的综合，研究长期实际经济因素和货币因素对利率的决定，认为利率是由可贷资金的供求来决定的。可贷资金供给包括：储蓄和短期新增货币供给量；可贷资金需求包括：投资和因人们投机动机而发生的货币需求量。在可贷资金需求不变的情况下，利率将随可贷资金供给量的增加或下降而下降或上升。

可贷资金理论在利率决定问题上，一方面肯定古典利率决定理论认为实物因素对利率决定影响的基本观点，但是也批评其完全忽略货币因素的影响；另一方面，肯定凯恩斯认为货币因素对利率决定影响的基本观点，同样也批评其完全否定实物因素作用的缺陷。但是它有一个缺陷，就是只兼顾了货币市场和商品市场总的平衡，忽略了货币市场和商品市场各自的均衡。

最后 $IS-LM$ 模型弥补了可贷资金模型的缺陷，从收入与利率关系的角度分析了利率的决定过程，照顾到了货币市场的平衡、商品市场的平衡以及商品市场和货币市场总的平衡。

考点 4　利率的期限结构

1. 以下假设是流动性溢价理论在纯粹预期理论基础上的拓展的是(　　)。

A. 投资者偏好短期资产，长期资产需要风险补偿

B. 不同期限债券能够完全替代

C. 不同期限债券完全不替代

D. 投资者偏好风险

参考答案：A。流动性溢价理论比预期理论的拓展在于人们偏好流动性较强的短期资产，因此长期资产需要有风险补偿。

2. 下面说法正确的是(　　)。

A. 流动性溢价理论假定不同期限的债券能够完全替代

B. 市场分割理论假定不同期限的债券完全不能替代

C. 预期理论假定不同期限的债券能够部分替代

D. 上述均正确

参考答案：B。预期理论假定不同期限的债券能够完全替代。市场分割理论假定不同期限的债券完全不能替代。偏好理论假定不同期限的债券能够部分替代。

3.（　　）认为，长期债券的利率等于当期利率与预期短期利率的平均数。

A. 偏好理论　　B. 市场分割理论　　C. 预期理论　　D. 流动性溢价理论

参考答案：C。预期理论认为，长期债券的利率等于当期利率与预期短期利率的平均数。用数学公式可以表达为：

$$r_{nt}=\frac{r_t+r^e_{t+1}+r^e_{t+2}+\cdots+r^e_{t+n-1}}{n}$$

4.（　　）认为，长期债券和短期债券各自的利率均由各自市场的供求关系决定。

A. 偏好理论　　B. 市场分割理论　　C. 预期理论　　D. 流动性溢价理论

参考答案：B。本题考查市场分割理论的特性，其出发点就是根据时间把债券市场分为短期债券市场和长期债券市场，互不干预，长短期利率由各自的市场决定。

5.（　　）认为，长期债券的利率等于当期利率与预期短期利率的平均数，再加上一个流动性溢价。

A. 可贷资金理论　　B. 市场分割理论　　C. 预期理论　　D. 流动性溢价理论

参考答案：D。本题考查流动性溢价理论的定义。

6. 下面说法正确的是（　　）。

A. 流动性溢价理论不能很有力地解释现实中大多数收益率曲线是向上倾斜的现象

B. 市场分割理论不能很有力地解释为什么长期利率会随短期利率的变动而变动

C. 预期理论的解释力最强

D. 以上说法均正确

参考答案：B。（1）预期利率的缺陷在于不能很有力地解释为什么现实中大多数利率期限结构曲线是向上倾斜的现象。（2）市场分割理论的缺陷在于不能很有力地解释为什么长期利率会随短期利率的变动而变动。（3）流动性溢价理论能够很好地解释上述两个问题，解释力最强。

7. 根据利率期限结构理论中的预期理论，如果预期未来短期利率下降，则（　　）。

A. 长期利率将会高于现时短期利率　　B. 长期利率将会低于现时短期利率

C. 长期利率不受影响　　D. 长期利率随机波动

参考答案：B。长期利率是预期未来短期利率的平均数，如果预期未来短期利率下降，那么长期利率将会低于现时短期利率。

8. 请详细论述利率期限结构的预期理论、市场分割假说和偏好理论。

参考答案：

（1）预期理论（假说）

假设前提：①投资者对债券期限无偏好，其投资行为由预期收益决定；②所有市场参与者都有相同的预期；③在投资人的资产组合中，期限不同的债券是可以完全替代的，完全替代的债券具有相等的预期收益率；④金融市场完全竞争，无税收、无交易成本并无违约风险。

基本命题：预期假说认为长期利率相当于在该期限内人们预期出现的所有短期利率的平均数，收益率曲线反映所有金融市场参与者的综合预期。

关系推导：假定某人面临两个不同的投资决策：

①决策 A——在 t 期购买一份利率为 r_t 的一期债券，到期后再购买另一份一期债券，第 $t+1$ 期的预期利率为 r_{t+1}^e；

决策 A 的预期收益 $=(1+r_t)(1+r_{t+1}^e)-1\approx r_t+r_{t+1}^e$（$r_t\cdot r_{t+1}^e$ 的值很小，忽略不计）

②决策 B——在第 t 期购买利率为 r_{2t} 的两期债券。

决策 B 的预期收益 $=(1+r_{2t})^2-1\approx 2r_{2t}$（${r_{2t}}^2$ 忽略不计）

③根据预期假说，如果 A、B 对于投资者无差异，那么决策 A 和 B 的预期收益必然是相等的：$r_{2t}=\dfrac{r_t+r_{t+1}^e}{2}$。

将这种关系推广，期限不再局限于两期，则我们可以得到，n 期债券的利率等于在 n 期债券的期限内出现的所有一期债券利率的平均数。

$$r_{nt}=\frac{r_t+r_{t+1}^e+r_{t+2}^e+\cdots+r_{t+n-1}^e}{n}$$

主要结论：

①预期假说解释了收益率曲线存在不同形态的原因。

对收益率曲线向上倾斜的解释：短期利率预期在未来呈上升趋势，即 $r_{t+1}^e>r_t$，$r_{t+2}^e>r_t$，$r_{t+n-1}^e>r_t$，则根据上面的等式，必然有 $r_{nt}>r_t$，表现在收益率曲线上就是倾斜向上。

对收益率曲线向下倾斜的解释：短期利率预期在未来呈下降趋势，即 $r_{t+1}^e<r_t$，$r_{t+2}^e<r_t$，$r_{t+n-1}^e<r_t$，则根据上面的等式，必然有 $r_{nt}<r_t$ 表现在收益率曲线上就是倾斜向下。

对收益率曲线水平状态的解释：短期利率预期在未来保持不变，即 $r_{t+1}^e=r_t$，$r_{t+2}^e=r_t$，$r_{t+n-1}^e=r_t$，则根据上面的等式，必然有 $r_{nt}=r_t$，表现在收益率曲线上就是水平状态。

②预期假说解释了长期利率与短期利率同向变动的原因。

一般而言，短期利率水平如果在即期上升，那么往往在未来会更高。因此短期利率水平的提高会提高人们对未来短期利率的预期。根据预期假说长期利率相当于各个预期短期利率的平均数，因此短期利率水平上升也会使得长期利率水平上升，从而导致两者的同方向变化。

(2)市场分割理论(假说)

假设前提：①投资者对不同期限的债券有不同的偏好，期限不同的债券不是完全替代的；②期限相同的债券，投资者根据预期收益水平的高低选择；③理性投资者对其投资组合的调整有一定的局限性，许多客观因素使得这种调整滞后于收益水平的变动。

基本命题：期限不同的债券市场是完全分离的或独立的，每一种债券的利率水平在各自的市场上，由对该债券的供给和需求所决定，不受其他不同期限债券预期收益变动的影响。

主要结论：

①市场分割假说解释了收益率曲线存在不同形态的原因，是由于对不同期限债券的供给和需求不同。

对收益率曲线向上倾斜的解释：对短期债券的需求高于对长期债券的需求。结果是短期债券具有较高的价格和较低的利率水平，长期利率高于短期利率。

对收益率曲线向下倾斜的解释：对长期债券的需求高于对短期债券的需求。结果是长期债券具有较高的价格和较低的利率水平，短期利率高于长期利率。

②市场分割假说解释了收益率曲线通常向上的原因。

大多数人通常宁愿持有短期债券而非长期债券，即偏好于短期债券，因而收益率曲线通常向上倾斜。

(3)偏好理论(偏好停留假说)

假设前提：①期限不同的债券之间可以相互替代，一种债券的预期收益率会影响到其他不同期限的债券的利率水平(与市场分割假说区别)；②投资者对不同期限的债券有不同偏好，表现为对某种期限债券的“偏好停留”(与预期假说区别)；③投资者依据预期收益率高低而不是对期限的偏好进行投资决策；④大多数时候投资者存在偏好短期债券的倾向，投资者只有获得一个正的时间溢价，才会转而投资长期债券。

基本命题：长期债券的利率水平等于在整体期限内预计出现的所有短期利率的平均数，再加上由债券供给与需求决定的时间溢价。

偏好停留假说是预期假说和市场分割假说的进一步完善和折中。

关系推导：根据以上假设和基本命题，长期利率 r_{nt} 等于在该期限内预计出现的所有短期利率的平均数加上一个正的时间溢价 K_{nt}($K_{nt}>0$)。

$$r_{nt}=\frac{r_t+r_{t+1}^e+r_{t+2}^e+\cdots+r_{t+n-1}^e}{n}+K_{nt}$$

主要结论：

①偏好停留假说解释了收益率曲线存在不同形态的原因。

对收益率曲线向上倾斜的解释：当收益率水平比较低时，投资者总是预期利率水平将来会上升到某个正常水平，未来预期短期利率的平均数高于现行的短期利率水平，再加上一个正的时间溢价，收益率曲线往往比较陡峭地向上倾斜。

对收益率曲线向下倾斜的解释：当收益率水平比较高时，投资者总是预期利率水平将来会回落到某个正常水平，未来预期短期利率的平均数低于现行的短期利率水平，在这种情况下，在短期利率预期未来会有大幅度下降的情况下，即使时间溢价为正，长期利率仍然可能低于短期的利率水平。所以，时间溢价水平 K_{nt} 大于 0 与收益曲线有时向下倾斜的事实不矛盾。

②偏好停留假说解释了收益率曲线通常向上的原因。

由于投资者对持有短期债券有较强的偏好，只有加上一个正的时间溢价作为补偿时，才会愿意持有长期债券，因此时间溢价大于 0。即使短期利率在未来平均水平保持不变，长期利率仍然会高于短期利率，因而收益率曲线通常是向上倾斜的。

③偏好停留假说解释了长期利率与短期利率同向变动的原因。

在时间溢价水平 K_{nt} 一定的情况下，短期利率的上升意味着，平均看来短期利率水平将来会更高，从而长期利率也会随之上升。

(4)三种理论的比较(见表 1—2—1)

这三种理论主要是用于解释以下几个事实的：

①收益率曲线存在向上倾斜、平缓、向下倾斜三种基本形态；

②收益率曲线通常是向上的；

③不同期限(短期和长期)的债券利率的变化是同向的。

对于这三种理论的不同点和缺陷的比较上，主要是从对以上现象的解释力的角度入手，是比较重要的考点，出现在选择题中的几率比较大，请大家注意。

表 1—2—1　　利率期限结构理论比较

	收益率曲线存在向上倾斜、平缓、向下倾斜三种形态	收益率曲线通常向上	不同期限的债券利率的变化是同向的
预期假说	√	×	√
市场分割假说	√	√	×
偏好停留假说	√	√	√

注:“×”表示无法解释;“√”表示能够解释。

扫码听课

第三章　外汇与汇率

考点 1　外汇和汇率的基本内涵

1. 对人民币汇率水平有直接影响的因素是（　　）。

A. 存款准备金率的调整　　　　　　B. 外汇储备的变动

C. 存贷款利率的调整　　　　　　D. 亚投行的成立

参考答案：B。央行可直接动用外汇储备干预人民币汇率，所以外汇储备能够直接影响汇率水平。

2. 实际汇率是（　　）。

A. 本国与外币的相对价格　　　　　　B. 本国商品与外国商品的相对价格

C. 本国利息与外国利息的相对比率　　　　D. 以上均不正确

参考答案：B。实际汇率是指名义汇率用两国价格水平调整后的汇率，即外国商品与本国商品的相对价格，它反映了本国商品的国际竞争力。

3. 在直接标价法，汇率升降与本国货币价值的高低是（　　）变化。

A. 正比例　　　B. 反比例　　　C. 无法确定　　　D. 以上都不对

参考答案：B。直接标价法标的是外币的本币价格，因此汇率变大本国币值下降。

4. 下面对固定汇率描述不正确的是（　　）。

A. 国际贸易在稳定的价格进行

B. 给予货币政策或财政政策自由

C. 要求大量的外币储备

D. 减少商业汇率波动风险，有助国际贸易增长

参考答案：B。根据克鲁格曼三元悖论，一国货币当局无法同时实现维持固定汇率制、保证国际资本自由流动和货币政策独立性三个目标。

考点 2　外汇市场

1. 假设 20×6 年 5 月，在中国外汇市场上，美元兑人民币的市场交易汇率为 1∶8，而且，同期在国内购买一揽子商品 X 的成本为 3 000 元人民币，在美国购买相同的一揽子商品 X 的采购成本为 600 美元，根据购买力平价说，美元兑人民币的名义汇率偏离其真实汇率

(　　)。

A. +60%　　B. +38.9%　　C. +24%　　D. +15%

参考答案:A。根据购买力平价,真实汇率=3 000/600=5,美元兑人民币的名义汇率偏离其真实汇率(8-5)/5=60%。

2. 对企业影响最大,企业最关心的一种外汇风险是(　　)。

A. 汇率风险　　B. 交易风险　　C. 经济风险　　D. 会计风险

参考答案:A。汇率变动的风险是对企业影响最大的,也是最直接的风险。

3. 下面交易中要承担汇率风险的是(　　)。

A. 套汇　　B. 掉期　　C. 抵补套利　　D. 非抵补套利

参考答案:D。非抵补套利是套利者仅仅利用两种不同货币所带有的不同利息的差价,而将利息率较低的货币转换成利息率较高的货币以赚取利润,在买或卖某种即期通货时,没有同时卖或买该种远期通货,承担了汇率变动的风险。

4. 在下列关于 GBP/USD 的报价中,你将从报价(　　)的做市商手中买入美元。

A. 1.650 5/15　　B. 1.650 7/17　　C. 1.650 5/16　　D. 1.650 4/14

参考答案:B。根据题目条件,若要买入美元,则是手持英镑向经纪商购买美元,所以 B 项是利益最大化的选项,能够换到最多的美元。

5. 某日纽约外汇市场即期汇率美元/瑞士法郎为 1.713 0—40,3 个月远期差价为 140—135,则远期汇率为(　　)。

A. 1.727 0/1.727 5　B. 1.573 0/1.579 0　C. 1.709 0/1.710 5　D. 1.699 0/1.700 5

参考答案:D。前面大数后面小数意味着远期汇率贴水。"从大到小往下减","从小到大往上加",故本题选 D。

6. 有以下报价行(做市商)的 USD/CHF 报价:报价行 A:1.153 9/44,报价行 B:1.154 0/45,报价行 C:1.153 8/46,报价行 D:1.154 1/46。投资者从(　　)那里买入 USD 的成本最低。

A. 报价行 A　　B. 报价行 B　　C. 报价行 C　　D. 报价行 D

参考答案:A。报价行买入价在前,卖出价在后,投资者按照报价行的卖出价买入,A 的卖出价更低。

7. 关于名义汇率和实际汇率,以下说法正确的是(　　)。

A. 名义汇率代表有关两国的商品和劳务的相对价格

B. 实际汇率代表两种有关货币的相对价格

C. 根据实际汇率的价格水平表示法,如果绝对购买力平价不成立,那么名义汇率就会偏离实际汇率

D. 只有实际汇率才有高估或低估问题,名义汇率没有此问题

参考答案:C。绝对购买力平价说认为均衡汇率是由两国货币的购买力决定的,购买力一般用一般物价水平表示,假定 P 表示本国物价水平,P^* 表示外国物价水平,那么,本币与外币的均衡汇率 $E=P/P^*$,这实质上是一价定律的应用,即同种商品在不同国家以不同货币表示的价格经过均衡汇率换算后是相等的。均衡汇率即实际汇率,如果绝对购买力平价不成立,那么名义汇率就会偏离实际汇率。

考点 3　汇率决定理论

1. 根据相对购买力平价理论，通货膨胀率高的国家的货币远期有(　　)。

A. 贬值趋势　　B. 升值趋势

C. 先升值后贬值趋势　　D. 不能确定

参考答案:A。通货膨胀率高的国家货币价值下降得更快，因此有贬值趋势。

2. 下列对购买力平价叙述不正确的是(　　)。

A. 购买力平价是从货币数量角度对汇率进行分析的

B. 购买力平价在汇率理论中处于基础的地位，并为实证检验所支持

C. 购买力平价认为实际汇率是始终不变的

D. 购买力平价认为货币之间的兑换比率取决于各自具有的购买力的对比

参考答案:B。购买力平价说不为实证检验支持，实际汇率会在此基础上有长久的偏离。

3. 购买力平价适用于(　　)。

A. 旅游资源类产品　　B. 一切服务类产品

C. 制造业产品　　D. 教育类产品

参考答案:C。购买力平价以一价定律为前提，而一价定律主要是针对可贸易品而言。所谓可贸易品，是指可在两国间进行交易的产品，其特征是可以运输和位移，一般包括工业品和农产品，主要是制造业产品。所谓非贸易品，是指不能在两国间进行交易的产品，一般不能位移和运输，只能在国内生产和消费，通常包括建筑业、房地产业和基础设施等，但主要是服务业。

4. 下列陈述中正确的是(　　)。

A. 抛补套利利率平价(CIP)意味着，随着远期合同交割日的临近，远期汇率和即期汇率趋于相同

B. 即期市场的交易量大于远期市场，因此是即期市场"推动"着远期市场

C. 抛补套利利率平价(CIP)意味着外国和本国的利率必须相同

D. 由抛补套利利率平价(CIP)可知，远期汇率是由即期汇率以及外国和本国利率决定的

参考答案:D。抛补套利利率平价的含义是：汇率的远期升贴水率等于两国货币利率之差。如果本国利率高于外国利率，则本币在远期将贬值；如果本国利率低于外国利率，则本币在远期升值。

5. 若绝对购买力平价成立，那么实际汇率必定为(　　)。

A. 常数　　B. 0　　C. 1　　D. 正数

参考答案:C。

绝对购买力平价的公式为：$P=e\times P^*$，含义是：不同国家的可贸易商品的物价水平以同一种货币计量时是相等的。那么根据实际利率的公式：$R=\frac{e\times P^*}{P}$，则可知 $R=1$。

6. 关于绝对购买力平价(PPP)和相对购买力平价之间的关系,下列说法中正确的是(　　)。

A. 绝对 PPP 成立并不意味着相对 PPP 也成立

B. 相对 PPP 成立意味着绝对 PPP 也成立

C. 二者之间无必然联系

D. 绝对 PPP 成立意味着相对 PPP 也成立

参考答案:D。如果绝对购买力平价成立,相对购买力平价一定成立,因为物价指数就是两个时点物价绝对水平之比。反过来,如果相对购买力平价成立,绝对购买力平价不一定成立,例如,基期和报告期的汇率都等于绝对购买力平价的 1/2,这时相对购买力平价成立,但是绝对购买力平价不成立。

7. 根据多恩布什的“汇率超调论”,汇率之所以在受到货币冲击后会做出过度反应,是因为(　　)。

A. 购买力平价不成立　　B. 利率平价不成立

C. 商品市场的调整快于金融市场的调整　　D. 金融市场的调整快于商品市场的调整

参考答案:D。当市场受到外部冲击时,货币市场和商品市场的调整速度存在很大的差异,多恩布什认为,这主要是由于商品市场自身的特点和缺乏及时准确的信息。一般情况下,商品市场价格的调整速度较慢,过程较长,呈黏性状态,称之为黏性价格。而金融市场的价格调整速度较快,因此,汇率对冲击的反应较快,几乎是即刻完成的。汇率对外部冲击做出的过度调整,即汇率预期变动偏离了在价格完全弹性情况下调整到位后的购买力平价汇率,这种现象称为汇率超调。由此导致购买力平价短期不能成立。经过一段时间后,当商品市场的价格调整到位后,汇率则从初始均衡水平变化到新的均衡水平。由此长期购买力平价成立。

8. 根据购买力平价理论,一国国内的通货膨胀将会导致该国的货币对外(　　)。

A. 升值　　B. 贬值　　C. 平价　　D. 不确定

参考答案:B。一国国内的通货膨胀使该国货币的实际购买力下降,根据购买力平价理论,该国购买外国商品就需要以更多的货币兑换成外国货币,故该国货币对外贬值。

9. 根据超调汇率决定模型,下列情况中不真实的是(　　)。

A. 汇率在短期内会偏离购买力平价

B. 货币冲击发生时,商品市场调整快于金融市场调整

C. 商品价格是黏性的

D. 无抛补利率平价成立

参考答案:B。汇率超调理论指出,浮动汇率制下汇率的剧烈波动的主要原因在于:面对某种初始的外部冲击,不仅资产的价格和商品的价格都可能过度反应,而且资产市场和商品市场的调整速度常常并不一致(商品价格具有“黏性”)。

10. 根据汇率决定的资产组合分析法,央行抛售国债,国内的债券供给增加,本币将会(　　)。

A. 升值　　B. 贬值　　C. 不变　　D. 以上都有可能

参考答案:A。国内的债券供给增加,导致债券市场新的均衡条件下,债券价格下降,利

率上升，本币升值。

11. 简述汇率决定货币分析法的主要思想和观点。

参考答案：

汇率是一国货币与另一国货币的比价，汇率决定理论是分析汇率大小及变动规律的学说。20 世纪 70 年代以来，将汇率作为一种资产价格（即一国货币资产用另一国货币进行标价的价格）的分析方法应用到汇率决定理论中，形成了汇率决定的资产市场说，取代了汇率的国际收支流量分析。根据对本币资产与外币资产可替代性的不同假定，资产市场说可分为货币分析法与资产组合分析法。

（1）货币分析法的假定

第一，在资产市场分析中，假定本国居民主要持有三种资产：本国货币、本国发行的金融资产（主要是本国债券）、外国发行的金融资产（主要是外国债券），这样一国的资产市场就由本国货币市场、本国债券市场、外国债券市场构成。

第二，假定本币资产和外币资产两者可完全替代，因此非抛补的利率平价成立。

第三，资金是完全流动的，抛补利率平价始终成立。即远期汇率升贴水率等于两国货币利率水平之差。

（2）货币分析法的分类及基本内容

在货币分析法的内部，又依据对价格弹性的不同假定，分为弹性价格分析法和黏性价格分析法。

①弹性价格分析法简称为汇率的“货币模型”。该理论假设本外币资产（例如债券）是完全可替代的，因此这两种资产市场实际是一个统一的市场，因此，货币模型集中分析的是本国货币市场上货币供求的变动对汇率的影响。其基本结论是：本国与外国之间实际国民收入水平、利率水平以及货币供给水平通过对各自物价水平的影响而决定了汇率水平。货币模型体现了资产市场分析的基本特点，即对未来汇率水平的预期直接影响到即期汇率水平的形成。

②黏性价格分析法又称汇率决定的“超调模型”。超调模型与货币模型的区别在于：它认为商品市场与资产市场的调整速度是不同的，商品市场的价格在短期内具有黏性即购买力平价在短期内不能成立，经济存在着由短期平衡向长期平衡过渡的过程。“超调模型”的结论为：当商品价格在短期内存在黏性而汇率、利率作为资产价格可以自由调整时，为维持经济平衡，汇率在短期内的调整幅度将超过长期水平。

考点 4　人民币汇率

1. 中国的人民币汇率采用（　　）。

A. 固定汇率制　　B. 完全浮动汇率制

C. 管理浮动汇率制　　D. 联系汇率制

参考答案：C。有管理的浮动汇率制度吸收了浮动汇率制下汇率的灵活性和固定汇率制下汇率相对稳定性的特点，是一种较为灵活的汇率机制，比较适合我国的国情以及我国经济、金融未来发展的态势。

2. 试述决定和影响汇率的因素是什么？当前，决定人民币汇率的主要因素是什么？

参考答案：

(1)影响汇率波动的基本因素主要有以下几种：

①国际收支。所谓国际收支就是一个国家的货币收入总额与付给其他国家的货币支出总额的对比。如果货币收入总额大于支出总额，便会出现国际收支顺差，反之，则是国际收支逆差。国际收支状况对一国汇率的变动能产生直接的影响。发生国际收支顺差，会使该国货币对外汇率上升，反之，该国货币汇率下跌。

②利率。利率作为一国借贷状况的基本反映，对汇率波动起决定性作用。利率水平直接对国际间的资本流动产生影响，高利率国家发生资本流入，低利率国家则发生资本外流，资本流动会造成外汇市场供求关系的变化，从而对外汇汇率的波动产生影响。一般而言，一国利率提高，将导致该国货币升值，反之，该国货币贬值。

③通货膨胀。一般而言，通货膨胀会导致本国货币汇率下跌，通货膨胀的缓解会使汇率上浮。通货膨胀影响本币的价值和购买力，会引发出口商品竞争力减弱、进口商品增加，还会引发对外汇市场产生心理影响，削弱本币在国际市场上的信用地位。这三方面的影响都会导致本币贬值。

④经济增长率。如果一国为高经济增长率，则该国货币汇率高。

⑤财政赤字。如果一国的财政预算出现巨额赤字，则其货币汇率将下降。

⑥外汇储备。如果一国外汇储备较为充足，则该国货币汇率将有可能升高。

⑦投资者的心理预期。投资者的心理预期在目前的国际金融市场上表现得尤为突出。汇兑心理学认为外汇汇率是外汇供求双方对货币主观心理评价的集中体现。评价高，信心强，则货币升值。这一理论在解释无数短线或极短线的汇率波动上起到了至关重要的作用。

⑧政治局势。一国及国际政治局势的变化都会对外汇市场产生影响。政治局势的变化一般包括政治冲突、军事冲突、选举和政权更迭等，这些政治因素对汇率的影响有时很大，但影响时限一般都很短。

(2)当前决定我国人民币汇率的主要因素有：

①国际收支和外汇储备。我国是一个出口导向型国家，国际贸易持续保持高额顺差，经常账户体现为顺差，引起外汇供给的增长和对人民币需求的增加，人民币汇率上升。同时资本与金融账户也体现为顺差，双顺差的局面使人民币汇率不断上扬。

②经济增长率。我国经济实力逐渐增强，人民币的国际地位相应提高，使人民币在长期内保持坚挺。

3. 2015 年“8・11”汇改以来，人民币兑美元的汇率从持续升值逐渐转入贬值通道，请论述人民币贬值的原因和影响。

参考答案：

2015 年 8 月 11 日，中国人民银行宣布完善人民币中间价报价机制，外汇市场上十年如一日都稳如泰山的人民币陷入飘摇动荡的迷局；随后国内外金融市场出现的剧烈反应更是出乎预料，史称“8・11”汇改。

其初步明确了“收盘价＋一篮子货币汇率变化”的双参考定价机制，较好地兼顾了市场供求指向、保持对一篮子货币基本稳定和稳定市场预期三者之间的关系。

（1）人民币贬值的原因

首先，中间价以及美元升值预期。由于人民币汇率是由外汇市场的供求为基础，参考一篮子货币的变化，当其他货币，尤其美元有升值预期的时候，人民币相应就会产生贬值预期。2015 年以来美联储进入加息周期，尤其 2018 年连续加息，导致美元走强，使人民币承担了一定的贬值压力。

其次，央行主动干预人民币过快升值。当美元等其他主要经济体实行宽松货币政策时，容易出现大量的投机热钱进入中国，对人民币需求增加，导致人民币升值，此时中国央行为了稳定汇率，出手干预，造成人民币贬值。

第三，私募等国际投资机构做空人民币。国际空头有时也会影响人民币汇率，短期造成人民币贬值，不过这种情况，中国央行可以提高离岸市场的人民币利率，加大空头的做空成本，从而化解。

第四，2018 年以来，我国经济下行压力较大，中美贸易摩擦频繁。内外部不确定因素导致资金的避险情绪增加，一定程度导致我国资本外流，使人民币出现了一定的贬值幅度。

（2）人民币贬值的影响

首先，使汇率机制实现市场化具备更充足的条件。贬值会让人民币汇率具有更多的不确定性，会让那些对赌人民币升值的投资者以及机构对长期持有人民币变得更加谨慎，还能让央行人民币汇率调控政策的调控空间得到改善，使得人民币汇率形成良好的市场化机制具备更好的外部条件。

其次，人民币贬值能够降低本国出口商品的国际价格，使之更具有国际竞争力。能够增加出口，出口型外贸企业得利，增加国家外汇储备。

第三，给国内房地产市场带来冲击。人民币贬值还会导致内地房地产企业从海外进行融资的成本快速增加。这对于资本密集型的房地产行业来讲就是雪上加霜。

第四，对居民的生活带来诸多影响。比如人民币贬值，就会在用美元进行计价的石油价格不变的情况下，导致进口原油的价格上升。而进口原油价格上升，不仅汽油的价格上升会直接增加居民出行的支出，而且会导致下游产品价格全面上涨。这些都会直接增加居民的生活支出。

4. 简述汇率贬值对资本市场的影响机制。

参考答案：

第一，流动性渠道

本币贬值→资本外流→外汇市场上外汇需求增加→央行利用外汇储备去增加外汇市场上的供给→基础货币投放减少→国内流动性紧张→股市下跌。

第二，信心渠道

本币贬值→市场对央行干预外汇市场的决心能力产生疑虑→市场信心下降→抛售股票。

或者理解为预期渠道

本币贬值→投资者预期该国经济和金融将会出现变动→风险规避情绪加剧→抛售股票等风险资产。

第三，利率渠道

本币贬值→央行采用提高利率的方式应对→国内实体经济受到影响→股市下跌。

第四,资产组合调整渠道

从居民资产配置情形来看,本币贬值→居民家庭财富缩水→股市资产配置相对过多→减少持有的股票组合→股价下跌。

扫码听课

第四章　金融市场

考点 1　金融市场及其要素

1. 下列不属于金融市场功能的是(　　)。

A. 聚敛功能　　B. 调节功能

C. 反映功能　　D. 缓解信息不对称功能

参考答案:D。金融市场的基本功能有:聚敛功能,配置功能,调节功能,反映功能。

2. 金融市场上由于金融工具价格波动而带来的风险称为(　　)。

A. 政策风险　　B. 汇率风险　　C. 信用风险　　D. 市场风险

参考答案:D。金融工具具有期限性、流动性、风险性和收益性特点。其中风险性主要来源于信用风险和市场风险,市场风险是由金融市场上金融工具交易价格的波动而给金融工具的持有者带来损失的可能性。

3. 发行者在外国金融市场上,通过所在国金融机构发行的,以发行地所在国货币为面值的债券为(　　)。

A. 欧洲债券　　B. 外国债券　　C. 武士债券　　D. 国内一般债券

参考答案:B。外国债券是指外国借款人(政府、私人公司或国际金融机构)所在国与发行市场所在国具有不同的国籍并以发行市场所在国的货币为面值货币发行的债券。例如,扬基债券,是非美国主体在美国市场上发行的以美元为面值的债券;武士债券,是非日本主体在日本市场上发行的以日元为面值的债券;同样,还有英国的猛犬债券、西班牙的斗牛士债券、荷兰的伦勃朗债券,都是非本国主体在该国发行的以该国货币为面值的债券。

4. 按资金的偿还期限分,金融市场可分为(　　)。

A. 一级市场和二级市场　　B. 同业拆借市场和长期债券市场

C. 货币市场和资本市场　　D. 股票市场和债券市场

参考答案:C。按资金的期限划分,可以将金融市场分为货币市场与资本市场。

5. 金融机构之间融通资金以解决临时资金不足的市场是(　　)。

A. 货币市场　　B. 资本市场　　C. 同业拆借市场　　D. 股票市场

参考答案:C。同业拆借市场是银行同业拆借资金的市场,故本题选 C。

6. 下列不属于直接金融工具的是(　　)。

A. 可转让大额定期存单　　B. 公司债券

C. 股票　　　　　　　　　　　　　　D. 政府债券

参考答案:A。股票、债券都是直接融资,而定期存单是通过银行筹集,所以是间接融资方式。

7. 下列属于直接金融工具的是(　　)。

A. 企业债券　　　　　　　　　　　　B. 银行债券

C. 银行抵押贷款　　　　　　　　　　D. 大额可转让定期存单

参考答案:A。企业债券是融资方直接面向投资方的金融工具。

8. (　　)是银行间所进行的票据转让。

A. 贴现　　　　B. 转贴现　　　　C. 再贴现　　　　D. 都不是

参考答案:B。转贴现是指某个银行为筹措资金而向其他银行转让自己手中的贴现票据的行为。

9. 在金融市场风险中不属于系统风险的是(　　)。

A. 利率风险　　　　B. 政策风险　　　　C. 经营风险　　　　D. 通货膨胀风险

参考答案:C。非系统风险是只影响单个公司的风险,因为经营风险只和本公司相关,所以经营风险是非系统风险。

10. 在证券交易所内进行的交易称为(　　)。

A. 场内交易　　　　B. 场外交易　　　　C. 柜台交易　　　　D. 第三市场交易

参考答案:A。在证券交易所内进行的交易称为场内交易。在这里大家要注意,所谓的"柜台交易""店头交易"都是指场外交易。

11. 简述金融中介机构的主要职能。

参考答案:

(1)信用中介职能。信用中介职能是金融中介机构最基本的职能。这一职能是指通过金融机构的负债业务,把社会上的各种闲置货币资金集中起来,再通过资产业务把它投向国民经济各个部门。金融机构作为货币资金的贷出者和借入者的中介,实现资本的融通,并从吸收资金的成本与发放贷款的利息、投资收益的差额中获取利差收入,形成其利润。信用中介职能既可以实现资金在盈余者与短缺者之间的转移,还可以实现长短期限不同的转换。

(2)支付中介职能。支付中介职能是指为工商企业办理与货币运动有关的技术性服务。如通过存款在账户上的转移,代理客户支付;在存款的基础上为客户兑付现款等,成为工商企业、团体和个人的货币保管者、出纳者和支付代理人。支付中介职能的发挥,减少了现金的使用,节约了社会流通费用,加速了结算过程和货币资金的周转,促进了再生产的扩大。

(3)信用创造功能。信用创造功能是指通过贷款和投资活动创造存款货币,扩大信用规模的功能。金融机构利用其所吸收的存款发放贷款,在支票流通和转账结算的基础上,贷款又转化为存款,在这种存款不提取现金或不完全提取现金的情况下,就增加了银行的资金来源,最后在整个银行体系形成数倍于原始存款的派生存款。信用创造功能的发挥,使银行可以超出自有资本和吸收资金的总量而扩大信用业务。当然,这种扩大不是无限的,它要受银行现金准备状况和经济发展对信用的客观需要的限制。

此外,还有金融服务职能,为企业、个人等主体提供金融服务,也是金融中介机构的职能之一。

12. 简述我国金融体系的构成。

参考答案：

目前我国形成了以中国人民银行主导，商业性银行为主体，政策性银行与多种非银行金融机构并存，合资金融机构与外资金融机构并存的金融体系。

(1)中国人民银行

中国人民银行是我国的中央银行，是国务院领导下的负责制定和实施货币政策的国家机关。中国人民银行担负着中央银行的专业金融管理职能，具有各国中央银行所具有的一般特征，是我国的货币发行的银行、银行的银行、政府的银行。

(2)商业银行

我国的商业银行体系由国有制商业银行、股份制商业银行以及外资和中外合资的商业银行等构成。

①国有制商业银行。五家国有制商业银行，即中国工商银行、中国农业银行、中国银行、中国建设银行及交通银行是我国金融体系的主体。

②股份制商业银行。全国性股份制商业银行是以股份制形式筹资成立的，在全国各地设立分支机构开展银行业务活动的商业银行。目前有中信银行、光大银行、华夏银行等。区域性股份制商业银行是以股份制形式筹资建立，在一定区域内设置分支机构开展银行业务的商业银行。

③外资商业银行。在我国，外资银行机构可以通过五种形式进入银行业市场：成立外资独资银行、建立合资银行、设立分支机构、购买中国银行的股份、与中国银行机构开展业务合作。

(3)政策性银行

1994年，我国相继建立了国家开发银行、中国进出口银行、中国农业发展银行三家政策性银行。

(4)非银行金融机构

我国的非银行金融机构主要有保险公司、证券公司、信托投资公司、投资基金等。

考点2　货币市场

1. 货币市场所指的交易市场的借贷期限(　　)。

A. 在1年以内　　B. 在3个月以内　　C. 在2年以内　　D. 在半年以内

参考答案：A。本题考查货币市场定义，较简单。

2. 欧洲货币市场是(　　)。

A. 经营欧洲国家货币的国际金融市场　　B. 经营欧元的国际金融市场

C. 欧洲国家国际金融市场的总称　　D. 经营境外货币的国际金融市场

参考答案：D。欧洲货币市场或者欧洲美元之类的表述里，“欧洲”已经不再是地理概念，而是泛指的“境外”含义。

3. 下列不属于大额可转让定期存单的特点的是(　　)。

A. 存款金额固定　　B. 可以流通

C. 不记名　　　　　　　　　　D. 属于直接融资工具

参考答案:D。大额可转让定期存单是一种银行发行的定期存款凭证,是间接融资工具。

4. 一般而言,金融资产的流动性、风险性、收益性三者之间的关系是(　　)。

A. 正相关　　B. 负相关　　C. 不相关　　D. 不确定关系

参考答案:D。一般而言,高收益意味着高风险,所以资产的收益性与风险性正相关;而资产(股票或债券)的流动性越高,风险性就越低,因为投资者可以比较快地将资产变现,所以资产的流动性与风险性负相关。所以这三者之间的关系是不确定的。

5. 简述回购协议及其原理。

参考答案:

回购协议实际上是一种以证券为担保品的短期资金融通。其具体操作是,在货币市场上买卖证券的同时签订一个协议,由卖方承诺在日后将证券如数买回,买方保证在日后将买入的证券回售给卖方。这一交易将现货买卖和远期交易相结合,达到融通资金的目的。

回购协议是对商业银行活期存款不付利息的一种变通性对策。当企业出现暂时闲置资金时,存在银行是没有利息的。为了把这笔资金吸引到银行,银行可以与企业签订协议,向企业出售证券,并同意在次日或在企业运用这笔资金时,按原价买回证券,另按约定利率支付利息。这样,企业可以获得报酬,等于银行变相对活期存款支付利息。回购协议虽然表现为买卖证券的形式,但买卖价格却与真正买卖证券的价格分离,一般低于市价。实际上是银行的一种融资方式。

回购协议的特点:

①回购协议的对象一般都是国债,因此这种担保品一般无论是流动性还是收益性都是很有保证的,如果到期银行或券商不能赎回这些债券,投资方可以将这些债券进行转让,所以这种融资方式的风险性是很低的。

②借贷时间短,回购协议的交易时间一般只有几天或者几个月,借贷时间很短。

③回购协议的出售方多是银行和券商,用于获得短期融资,而购买方是一些大企业,利用闲置资金获得收益,应该说这是银行的一项重要负债业务。

④回购协议的单笔交易数额巨大,利率相对其他融资方式较高,是属于一个批发金融市场。所以利率的微小变化,其放大效应将会非常的明显。

考点3　资本市场

1. 投资者在证券交易所场外买卖上市挂牌股票的市场称为(　　)。

A. 一级市场　　B. 二级市场　　C. 三级市场　　D. 四级市场

参考答案:C。在场外购买上市挂牌交易的股票,属于场外交易的形式,是三级市场。

2. 在(　　)中,股票买卖双方并不是直接进行交易的。

A. 竞价交易制度　　　　　　B. 连续竞价制度

C. 间断性竞价交易制　　　　D. 做市商交易制度

参考答案:D。做市商交易制度,又称报价驱动制度,在该制度下,证券交易的买卖价格均由做市商给出，买卖双方并不直接成交，而向做市商买进或卖出证券。其他选项制度都是买卖双方遵照不同的交易机制进行直接交易的。

3. 下列债券中不受通货膨胀因素影响的是(　　)。

A. 担保信托债券　　B. 零息债券　　C. 指数债券　　D. 中央政府债券

参考答案：C。指数债券是通过将利率与通货膨胀率挂钩来保证债权人不致因物价上涨而遭受损失的公司债券，通常指数债券的收益率会随着通货膨胀的变化而做出调整。

4. 下列不属于现代金融市场的理论体系的是(　　)。

A. 资本资产定价理论　　B. 有效市场理论

C. 资本结构理论　　D. 利率决定理论

参考答案：D。现代金融市场的理论体系包括：资本资产定价理论、有效市场理论、资本结构理论和行为金融理论。

5. 下列不属于普通股特征的是(　　)。

A. 无期限　　B. 具有表决权

C. 可获得固定的股息　　D. 具有剩余索取权

参考答案：C。普通股的股息遵循发行股票公司的股利政策，股息不一定是固定的。

6. 优先股的“优先”是指(　　)。

A. 在剩余控制权方面较普通股优先　　B. 在表决权权方面较普通股优先

C. 在剩余索取权方面较普通股优先　　D. 在配股权方面较普通股优先

参考答案：C。优先股相对普通股在剩余索取权方面有优先权。

7. 下列各种筹资方式中，筹资风险相对较小的筹资方式是(　　)。

A. 发行普通股　　B. 发行公司债券　　C. 向银行借款　　D. 发行优先股

参考答案：A。筹资风险是指企业因借入资金而产生的丧失偿债能力的可能性和企业利润(股东收益)的可变性。负债的偿还额是固定的，因此很容易由于经营不善而无法偿还，筹资风险较大。相对而言，股权的筹资风险较小。

8. 下列承销方式中，发行费用最高的是(　　)。

A. 包销发行　　B. 代销发行　　C. 承销发行　　D. 直接发行

参考答案：A。包销发行，负责包销的金融机构要承担无人认购的风险，所以相应需要一笔补偿。

9. 金融机构之间最主要的调剂资金的市场是(　　)。

A. 货币市场　　B. 资本市场　　C. 同业拆借市场　　D. 初级市场

参考答案：C。本题较简单，金融机构之间调剂资金的市场是同业拆借市场。

10. 对于每间隔一段时间支付一次利息的债券而言，下列说法中不正确的是(　　)。

A. 债券付息期长短对平价出售债券价值没有影响

B. 随着到期日的临近，折现率变动对债券价值的影响越来越小

C. 随着到期日的临近，债券价值对折现率特定变化的反应越来越灵敏

D. 如果是折价出售，其他条件不变，则债券付息频率越高，债券价值越低

参考答案：C。对于平价出售的债券，债券付息期变化后，有效年票面利率仍然等于有效年折现率，因此，债券付息期变化不会对债券价值产生影响，债券价值一直等于债券面值，

即选项 A 的说法正确。随着到期日的临近，由于折现期间（指的是距离到期日的时间）越来越短，所以，折现率变动对债券价值的影响越来越小（即选项 B 的说法正确），即随着到期日的临近，债券价值对折现率特定变化的反应越来越不灵敏（选项 C 的说法不正确）。对于折价出售的债券而言，票面利率低于报价折现率，债券付息频率越高，有效年票面利率与有效年折现率的差额越大，债券价值低于债券面值的差额越大，因此，债券价值越低，即选项 D 的说法正确。

11. 试比较直接融资和间接融资的特点和优劣。

参考答案：

(1)直接融资和间接融资是金融市场上两大融资方式。

①直接融资是指货币资金供给者和货币资金需求者之间直接发生的信用关系。主要特征是：货币资金需求者自身直接发行融资凭证给货币资金供给者，证券商、经纪人等中间人的作用只是牵线搭桥并收取佣金和咨询费。

②间接融资是指货币资金供给者与货币资金需求者之间的资金融通通过各种金融机构中介来进行。间接融资的主要特征是：金融中介自身发行间接债务凭证，将货币资金供给者的货币引向货币资金需求者。

(2)两大融资方式各自的优点。

直接融资：

①能使资金需求者获得长期资金来源；

②引导资金合理流动，推动资金的合理配置；

③具有加速资本积累的杠杆作用，使社会生产规模迅速扩大，从而推动资金（资本）的积累和国民经济的发展。

间接融资：

①间接融资方式中的金融机构可方便迅速低廉地获取必要的情报；

②使交易双方获得低成本的交易服务，享受规模收益的好处；

③分散投资、减少风险；

④间接融资工具流动性相对高而风险相对小，可满足许多谨慎投资者的需要。

12. 简述货币政策是如何影响资本市场的。

参考答案：

货币政策指的是中央银行为实现既定的经济目标运用各种工具调节货币供应和利率，进而影响宏观经济的方针和措施的总和。

资本市场指标的资产交易期限在 1 年以上的长期金融交易市场，主要满足工商企业的中长期投资需求和政府弥补财政赤字的资金需要，其特点是期限长，风险大，收益高，流动性差。资本市场主要是指长期借款市场、长期债券市场和股票市场。

货币政策的实施对资本市场有明显的影响，而资本市场的变化对货币政策的制定、实施和效果也有反作用。

(1)货币政策的实施对资本市场的影响主要表现在：

①公开市场业务对资本市场有直接的影响。公开市场业务是中央银行实施货币政策的最重要、效果最易控制的政策工具之一。它主要是指货币当局在金融市场上出售或购入财

政部和政府机构的证券，用以影响基础货币和货币供应量的一种政策手段。当中央银行要实行宽松的货币政策，增加基础货币和货币供应量，购入债券，增加了资本市场上的需求量，会活跃市场并促进总体价格上升。反之，则会降低资本市场上的总价格水平。

②货币政策的结果对资本市场有重要作用。宽松的货币政策的结果是流通中货币增加和利率下降。一方面人们持有的货币超过意愿，资本市场的资金面比较宽松，会促使市场上价格上升；另一方面，利率的下降使必要收益率下降，证券价格上升。

③货币政策的稳定性有利于资本市场的健康发展。由于货币政策对资本市场有很大的影响，货币政策的变动势必会引起资本市场的波动。如果货币政策稳定性差，会影响到投资者对资本市场的信心，进而影响到资本市场的效率和长期发展。只有一个长期稳定的货币政策，才能减少人为扰动，为资本市场的发展营造出一个良好的平台。

(2)资本市场的变化对货币政策的制定、实施和效果有一定的反作用，主要有：

①资本市场可以为货币政策的制定提供依据。由于资本市场尤其是股票市场在某种意义上是宏观经济的“晴雨表”反映了经济总体状况，而且比实体经济指标反应更为迅速。如果资本市场过热，宏观经济往往出现通货膨胀可能，中央银行就应该减少货币投放甚至回笼通货。反之如果资本市场过冷，中央银行应注意是否是货币供给量太少，影响经济发展。因此资本市场的变动为货币政策的制定提供了一定的参考，具有向导作用。

②发达的资本市场是货币政策实施和传导的必要条件。一方面，公开市场操作必须要有一个高度发达的资本市场，才能容纳中央银行大笔吞吐资金，进一步将货币的增减传递到经济生活的各个方面，保证货币政策的顺利传导。另一方面，即使采用其他政策手段，也需要一个发达的资本市场在货币政策的推动下，迅速形成新的市场利率，通过改变投资影响实体经济，保证货币市场效果。

③发达的资本市场有利于缩短货币政策的时滞。资本市场越发达，货币供给变动对利率变动就越灵敏，货币政策从实施操作到发生效果的时间也就越短。

考点4　衍生工具市场

1. 如果一个期权赋予持有人在到期日或到期日之前以固定价格购买标的资产的权利，则该期权属于(　　)。

A. 美式看涨期权　　B. 美式看跌期权　　C. 欧式看涨期权　　D. 欧式看跌期权

参考答案：A。看涨期权授予权利的特征是“购买”，由此可知，选项 B、D 不是答案；由于欧式期权只能在到期日执行，而美式期权可以在到期日或到期日之前的任何时间执行，因此，选项 C 不是答案，选项 A 是答案。

2. 下列关于放弃期权的表述中，错误的是(　　)。

A. 是一项看涨期权

B. 其标的资产价值是项目的继续经营价值

C. 其执行价格为项目的清算价值

D. 是一项看跌期权

参考答案：A。放弃期权是一种看跌期权，放弃期权的标的资产价值是项目的继续经营价值,而执行价格是项目的清算价值,如果标的资产价值低于执行价格,则项目终止,即投资人行使期权权利。

3. 下列期权中,赋予持有人在到期日或到期日之前,除(　　)以外都是以固定价格购买标的资产的权利的期权。

A. 看涨期权　　B. 扩张期权　　C. 买入期权　　D. 看跌期权

参考答案:D。看涨期权是指期权赋予持有人在到期日或到期日之前,以固定价格购买标的资产的权利。其授予权利的特征是"购买",因此也可以称为"择购期权"、"买入期权"或"买权"。

4. 下面关于外汇看跌期权的表述中,错误的是(　　)。

A. 合约买方拥有卖出外汇的权利　　B. 合约买方拥有买入外汇的权利

C. 合约卖方承担买入外汇的义务　　D. 合约买方支付的期权费不能收回

参考答案:B。看跌期权合约的买方具有卖出金融资产的权利,而卖方负有买入该金融资产的义务。

5. 常见的实物期权不包括(　　)。

A. 扩张期权　　B. 时机选择期权　　C. 放弃期权　　D. 看涨期权

参考答案:D。常见的实物期权包括:扩张期权、时机选择期权和放弃期权。

6. 看跌期权的买方对标的资产的权利是(　　)。

A. 买入　　B. 出售　　C. 持有　　D. 以上都是

参考答案:B。看跌期权是指期权赋予持有人在到期日或到期日之前,以固定价格出售标的资产的权利。其授予权利的特征是"出售"。

7. 期权是指一种合约,下列表述不正确的是(　　)。

A. 合约赋予持有人在某一特定日期或该日之前的任何时间以固定价格购进或售出一种资产的权利

B. 期权出售人应拥有标的资产,以便期权到期时双方进行标的物的交割

C. 期权是一种特权,持有人只有权利没有义务

D. 期权合约至少要涉及购买人和出售人两方

参考答案:B。期权出售人不一定拥有标的资产,期权是可以"卖空"的。期权购买人也不一定真的想购买标的物资产。因此,期权到期时双方不一定进行标的物的实物交割,而只需按价差补足价款即可。

8. 下列关于期权市场的说法中,错误的是(　　)。

A. 证券交易所是期权市场的组成部分

B. 期权市场中的期权合约都是标准化的

C. 场外交易是指金融机构和大公司双方直接进行的期权交易

D. 期货合约也可以成为上市期权的标的资产

参考答案:B。期权交易分为有组织的证券交易所交易和场外交易两个部分,两者共同构成期权市场,所以选项A的说法是正确的;在证券交易所的期权合约都是标准化的,特定品种的期权有统一的到期日、执行价格和期权价格,而场外交易没有这些限制,所以选项B的说法是错误的;选项C是场外交易的概念,该表述是正确的;上市期权的标的资产包括股

票、外汇、股票指数和许多不同的期货合约，所以选项D的说法是正确的。

9. 在实物期权中，放弃期权属于(　　)。

A. 看涨期权　　B. 看跌期权　　C. 平价期权　　D. 虚值期权

参考答案：B。在实物期权中，放弃期权是一种看跌期权。

10. 下列有关表述不正确的是(　　)。

A. 期权出售人不一定拥有标的资产

B. 期权是可以“卖空”的

C. 期权到期时出售方和持有人双方要进行标的物的实物交割

D. 双方约定的期权到期的那一天称为“到期日”，在那一天之后，期权失效

参考答案：C。期权出售人不一定拥有标的资产，期权是可以“卖空”的。期权购买人也不一定真的想购买标的资产。因此，期权到期时双方不一定进行标的物的实物交割，而只需按价差补足价款即可。

11. 下列关于期权特征的表述正确的是(　　)。

A. 欧式看涨期权的空头拥有在到期日以固定价格购买标的资产的权利

B. 美式看涨期权的空头拥有在到期日或到期日之前的任何时间以固定价格出售标的资产的权利

C. 欧式看跌期权的多头拥有在到期日或到期日之前的任何时间以固定价格出售标的资产的权利

D. 美式看跌期权的多头拥有在到期日或到期日之前的任何时间以拟定价格出售标的资产的权利

参考答案：D。期权的特权是针对多头而言的。看跌期权是卖权，看涨期权是买权。欧式期权只能在到期日行权，美式期权可以在到期日或到期日之前的任何时间执行。

12. 下列关于时机选择期权的说法中，错误的是(　　)。

A. 从时间选择来看，任何投资项目都具有期权的性质

B. 如果一个项目在时间上不能延迟，只能立即投资或者永远放弃，那么它就是马上到期的看涨期权

C. 如果一个项目在时间上可以延迟，那么它就是未到期的看涨期权

D. 项目具有正的净现值，就应当立即开始(执行)

参考答案：D。项目具有正的净现值，并不意味着立即开始(执行)总是最佳的，也许等一等更好。对于前景不明朗的项目，大多值得观望，看一看未来是更好，还是更差，此时可以进行时机选择期权的分析。

13. 买入股票看涨期权的盈亏平衡点是股票价格等于(　　)。

A. 股票协议价格　　B. 股票协议价格加保险费

C. 期权保险费　　D. 股票协议价格减保险费

参考答案：B。执行期权的成本包括协议价格和保险费。

14. 如果期权已经到期，则下列结论不成立的是(　　)。

A. 时间溢价为0　　B. 内在价值等于到期日价值

C. 期权价值等于内在价值　　D. 期权价值等于时间溢价

参考答案:D。期权的时间溢价是一种等待的价值,如果期权已经到期,因为不能再等待了,所以,时间溢价为0,选项A的结论正确。内在价值的大小,取决于期权标的资产的现行市价与期权执行价格的高低,期权的到期日价值取决于"到期日"标的股票市价与执行价格的高低,因此,如果期权已经到期,内在价值与到期日价值相同,选项B的结论正确。由于期权价值等于内在价值加时间溢价,所以到期时,期权价值等于内在价值,因此,选项C的说法正确,选项D的说法错误。

15. 下列与看涨期权价值负相关变动的因素是(　　)。

A. 标的市场价格　　B. 标的价格波动率

C. 无风险利率　　D. 预期股利

参考答案:D。预期股利与看涨期权价值负相关变动。

16. 对于期权持有人来说,下列表述不正确的有(　　)。

A. 对于看涨期权来说,资产现行市价高于执行价格时的期权为"实值期权"

B. 对于看跌期权来说,资产现行市价低于执行价格时的期权为"实值期权"

C. 对于看涨期权来说,资产现行市价高于执行价格时的期权为"虚值期权"

D. 对于看跌期权来说,资产现行市价高于执行价格时的期权为"虚值期权"

参考答案:C。资产的现行市价高于执行价格时,称期权处于"虚值状态"(或折价状态)或称此时的期权为"虚值期权"(折价期权)。资产的现行市价等于执行价格时,称期权处于"平价状态"或称此时的期权为"平价期权"。

17. 下列关于期权价值的表述中,不正确的有(　　)。

A. 期权价值由内在价值和时间溢价构成

B. 期权的内在价值就是到期日价值

C. 期权的时间价值是"波动的价值"

D. 期权的时间溢价是一种等待的价值

参考答案:B。期权的内在价值,是指期权立即执行产生的经济价值,由内在价值和时间溢价构成,期权价值=内在价值+时间溢价。由此可知,选项A的说法正确。内在价值的大小取决于标的资产的现行市价与期权执行价格的高低。内在价值不同于到期日价值,期权的到期日价值取决于"到期日"标的资产市价与执行价格的高低,只有在到期日,内在价值才等于到期日价值。所以,选项B的说法不正确。时间溢价有时也称为"期权的时间价值",但它和"货币的时间价值"是不同的概念,时间溢价是"波动的价值",而货币的时间价值是时间的"延续价值",由此可知,选项C的说法正确。期权的时间溢价是一种等待的价值,如果已经到了到期时间,期权的时间溢价为零,因为不能再等待了。由此可知,选项D的说法正确。

18. 欧式看涨期权和欧式看跌期权的执行价格均为19元,12个月后到期,若无风险年利率为6%,股票的现行价格为18元,看跌期权的价格为0.5元,则看涨期权的价格为(　　)。

A. 0.5元　　B. 0.58元　　C. 1元　　D. 1.5元

参考答案:B。由"看涨期权价格－看跌期权价格＝标的资产的价格－执行价格的现值"有:看涨期权价格＝18－19/(1＋6%)＋0.5＝0.58(元)。

19. 当前资本市场较为动荡，投资人王某预计某股票市价将发生剧烈变动，那么他最适合的期权投资策略为(　　)。

A. 购买该股票的看涨期权　　B. 保护性看跌期权

C. 抛补看涨期权　　D. 多头对敲

参考答案:D。多头对敲是同时买进一只股票的看涨期权和看跌期权，它们的执行价格和到期日都相同。只要股价不等于执行价格，组合净收入就大于 0。

20. 某公司股票看涨期权和看跌期权的执行价格均为 30 元，均为欧式期权，期限为 1 年，目前该股票的价格是 20 元，期权费(期权价格)均为 2 元。如果在到期日该股票的价格是 15 元，则购进股票、购进看跌期权与购进看涨期权组合的到期净损益为(　　)元。

A. 13　　B. 6　　C. －5　　D. －2

参考答案:B。购进股票的到期日净损益＝15－20＝－5(元)，购进看跌期权到期日净损益＝(30－15)－2＝13(元)，购进看涨期权到期日净损益＝0－2＝－2(元)，购进股票、购进看跌期权与购进看涨期权组合的到期净损益＝－5＋13－2＝6(元)。

21. 某公司股票的当前市价为 10 元，有一种以该股票为标的资产的看跌期权，执行价格为 8 元，到期时间为 3 个月，期权价格为 3.5 元。下列关于该看跌期权的说法中，正确的是(　　)。

A. 该期权处于实值状态

B. 该期权的内在价值为 2 元

C. 该期权的时间溢价为 3.5 元

D. 买入一股该看跌期权的最大净收入为 4.5 元

参考答案:C。由于标的股票市价高于执行价格，对于看跌期权来说处于虚值状态，期权的内在价值为 0，由于期权价格为 3.5，则期权的时间溢价为 3.5 元，所以选项 A、B 错误，选项 C 正确；看跌期权的最大净收入为执行价格 8 元，最大净收益为 4.5 元，所以选项 D 错误。

22. 某人售出 1 股执行价格为 100 元，1 年后到期的 ABC 公司股票的看跌期权。如果 1 年后该股票的市场价格为 80 元，则该期权的到期日价值为(　　)元。

A. 20　　B. －20　　C. 180　　D. 0

参考答案:B。空头看跌期权到期日价值＝－Max(执行价格－股票市价，0)＝－Max(100－80，0)＝－20(元)。

23. 某人买入一份看涨期权，执行价格为 21 元，期权费为 3 元，则下列表述中不正确的是(　　)。

A. 只要市场价格高于 21 元，投资者就能盈利

B. 只要市场价格高于 24 元，投资者就能盈利

C. 投资者的最大损失为 3 元

D. 投资者的最大收益不确定

参考答案:A。看涨期权的买入需要支付期权费 3 元，因此，未来只有标的资产市场价格与执行价格的差额大于 3 元(即标的资产的市场价格高于 24 元)，才能获得盈利，所以选项 A 的说法错误，选项 B 的说法正确；如果标的资产价格下跌，投资者可以放弃权利，从而

只损失期权费 3 元,因此选项 C 的说法正确;看涨期权投资者的收益根据标的资产价格的上涨幅度而定,由于标的资产价格的变化不确定,从而其收益也就是不确定的,因此选项 D 的说法正确。

24. 下列关于实物期权的说法,不正确的是(　　)。

A. 项目的不确定性越大,实物期权价值越大

B. 从时间选择来看,任何投资项目都具有期权的性质

C. 扩张期权的执行价格是二期扩张项目的投资额

D. 放弃期权的执行价格是项目的继续经营价值

参考答案:D。放弃期权是一项看跌期权,其标的资产价值是项目的继续经营价值,执行价格是项目的清算价值,因此选项 D 不正确。

25. 如果已知期权的价值为 5 元,期权的内在价值为 4 元,则该期权的时间溢价为(　　)元。

A. 0　　B. 9　　C. 1　　D. －1

参考答案:C。期权价值＝内在价值＋时间溢价,由此可知,时间溢价＝期权价值－内在价值＝5－4＝1(元)。

26. 下列有关期权内在价值的表述,不正确的是(　　)。

A. 期权价值＝内在价值＋时间溢价

B. 内在价值的大小,取决于期权标的资产的现行市价与期权执行价格的高低

C. 期权的内在价值取决于"到期日"标的股票市价与执行价格的高低

D. 如果现在已经到期,则内在价值与到期日价值相同

参考答案:C。内在价值不同于到期日价值。内在价值的大小,取决于期权标的资产的现行市价与期权执行价格的高低;期权的到期日价值取决于"到期日"标的股票市价与执行价格的高低。

27. 看跌期权出售者收取期权费 5 元,售出 1 股执行价格为 100 元,1 年后到期的 ABC 公司股票的看跌期权,如果 1 年后该股票的市场价格为 120 元,则该期权的净损益为(　　)元。

A. 20　　B. －20　　C. 5　　D. 15

参考答案:C。由于 1 年后该股票的价格高于执行价格,看跌期权购买者会放弃行权,因此,看跌期权出售者的净损益就是他所收取的期权费 5 元。或者:空头看跌期权到期日价值＝－Max(执行价格－股票市价,0)＝0,空头看跌期权净损益＝空头看跌期权到期日价值＋期权价格＝0＋5＝5(元)。

28. 标的资产均为 1 股 A 股票的两种欧式期权的执行价格均为 30 元,6 个月到期,股票的现行市价为 35 元,看跌期权的价格为 3 元。如果 6 个月的无风险利率为 4%,则看涨期权的价格为(　　)。

A. 5 元　　B. 9.15 元　　C. 0 元　　D. 10 元

参考答案:B。看涨期权价格－看跌期权价格＝标的资产价格－执行价格的现值,看涨期权的价格＝看跌期权的价格＋标的资产价格－执行价格的现值＝3＋35－30/(1＋4%)＝9.15(元)。

29. 下列说法正确的是(　　)。

A. 对于买入看涨期权而言,到期日股票市价高于执行价格时,净损益大于 0

B. 买入看跌期权,获得在到期日或之前按照执行价格购买某种资产的权利

C. 多头看涨期权的最大净收益为期权价格

D. 空头看涨期权的最大净收益为期权价格

参考答案:D。买入看涨期权到期日价值=Max(股票市价−执行价格,0),买入看涨期权净损益=买入看涨期权到期日价值−期权价格,由此可知,选项 A 的结论不正确,正确的结论应该是"到期日价值大于 0"。"看跌期权"也称为"卖出期权","看涨期权"也称为"买入期权",所以期权名称与解释不一致,混淆概念。选项 B 的说法不正确,正确的说法应该是:买入看跌期权,获得在到期日或之前按照执行价格卖出某种资产的权利;或:买入看涨期权,获得在到期日或之前按照执行价格购买某种资产的权利。"买入看涨期权"也称"多头看涨期权",对于多头看涨期权而言,最大净损失为期权价格,而净收益没有上限,所以,选项 C 的说法不正确。空头看涨期权净损益=到期日价值+期权价格=期权价格−Max(股票市价−执行价格,0),由此可知,由于"Max(股票市价−执行价格,0)"的最小值为 0,所以,空头看涨期权的最大净收益为期权价格。选项 D 的说法正确。

30. 对于看涨期权来说,期权价格随着股票价格的上涨而上涨,当股价足够高时(　　)。

A. 期权价格可能会等于股票价格　　B. 期权价格可能会超过股票价格

C. 期权价格不会超过股票价格　　D. 期权价格会等于执行价格

参考答案:C。期权价格如果等于股票价格,无论未来股价高低,购买股票总比购买期权有利。

31. 下列有关期权时间溢价的表述,不正确的是(　　)。

A. 期权的时间溢价是指期权价值超过内在价值的部分,时间溢价=期权价值−内在价值

B. 在其他条件确定的情况下,离到期时间越远,美式期权的时间溢价越大

C. 如果已经到了到期时间,期权的价值就只剩下内在价值

D. 时间溢价是"延续的价值",时间延续得越长,时间溢价越大

参考答案:D。时间溢价是"波动的价值",时间越长出现波动的可能性越大,时间溢价越大。而货币的时间价值是时间"延续的价值",时间延续得越长,货币的时间价值越大。

32. 下列有关实物期权估价的表述,不正确的是(　　)。

A. 实物期权估价模型首选 BS 模型

B. BS 模型的优点是计算精确

C. 在 BS 模型束手无策的复杂情况下,二叉树模型往往能解决问题

D. 二叉树模型适用范围窄,不够灵活

参考答案:D。二叉树模型虽然没有 BS 模型精确,但是比较灵活。

33. 对于欧式期权,下列说法不正确的有(　　)。

A. 股票价格上升,看涨期权的价值增加

B. 执行价格越高,看跌期权价值越大

C. 股价波动率增加，看涨期权的价值增加，看跌期权的价值减少

D. 期权有效期内预计发放的红利越多，看跌期权价值增加

参考答案：C。无论是看涨期权还是看跌期权，股价波动率增加，都会使期权的价值增加。

34. 下列有关看涨期权的表述，正确的有（　　）。（多选）

A. 看涨期权的到期日价值，随标的资产价值下降而上升

B. 如果在到期日股票价格低于执行价格则看涨期权没有价值

C. 期权到期日价值没有考虑当初购买期权的成本

D. 期权到期日价值也称为期权购买人的“净损益”

参考答案：B、C。当标的资产到期日价值高于执行价格时，看涨期权的到期日价值，随标的资产价值上升而上升；当标的资产到期日价值低于执行价格时，看跌期权的到期日价值，随标的资产价值下降而上升。期权的购买成本称为期权费，是指期权购买人为获得在对自己有利时执行期权的权利，所必须支付的补偿费用。期权到期日价值没有考虑当初购买期权的成本，期权到期日价值减去期权费后的剩余称为期权购买人的“净损益”。

35. 期权到期日期权损益表示方法正确的是（　　）。

A. 欧式看涨期权空头 $\max(S_t-X,0)$

B. 欧式看涨期权多头 $\min(S_t-X,0)$

C. 欧式看跌期权多头 $\max(S_t-X,0)$

D. 欧式看跌期权空头 $\min(S_t-X,0)$

参考答案：D。欧式期权到期日期权损益如表 1—4—1 所示。

表 1—4—1　　欧式期权到期日期权损益

	亏　损	盈　利
欧式看涨期权空头	$\text{Max}(S_t-X,0)$	C
欧式看涨期权多头	C	$\text{Max}(S_t-X,0)$
欧式看跌期权多头	P	$\text{Max}(X-S_t,0)$
欧式看跌期权空头	$\text{Max}(X-S_t,0)=\min(S_t-X,0)$	P

36. 在期权价值大于 0 的前提下，下列关于期权价值的叙述中，错误的是（　　）。

A. 对于看涨期权而言，随着标的资产价格的上升，其价值也增加

B. 看涨期权的执行价格越高，其价值越小

C. 对于美式期权来说，较长的到期时间，能增加看涨期权的价值

D. 看涨期权价值与预期红利大小成正向变动

参考答案：D。在除息日之后，红利的发放引起股票价格降低，看涨期权价格降低。所以选项 D 的说法不正确。

37. 布莱克—斯科尔斯期权定价模型参数不包括（　　）。

A. 无风险利率　　B. 现行股票价格

C. 执行价格　　D. 预期红利

参考答案:D。布莱克一斯科尔斯期权定价模型有5个参数,即:现行股票价格、执行价格、至到期日的剩余年限、无风险利率和股票收益率的标准差。布莱克一斯科尔斯期权定价模型假设在期权寿命期内,买方期权标的股票不发放股利,因此,预期红利不是该模型的参数。

38. 利用布莱克一斯科尔斯期权定价模型估算期权价值时,下列表述不正确的是(　　)。

A. 在标的股票派发股利的情况下对期权估价时,要从股价中扣除期权到期日前所派发的全部股利的现值

B. 在标的股票派发股利的情况下对期权估价时,要从股价中加上期权到期日前所派发的全部股利的现值

C. 模型中的无风险利率应采用国库券按连续复利计算的到期收益率

D. 股票收益率的标准差可以使用连续复利的历史收益率来确定

参考答案:B。股利的现值是股票价值的一部分,但是只有股东可以享有该收益,期权持有人不能享有。因此,在期权估价时要从股价中扣除期权到期日前所派发的全部股利的现值。

39. 下列关于风险中性原理的说法,不正确的是(　　)。

A. 风险中性的投资者不需要额外的收益补偿其承担的风险

B. 股票价格的上升百分比就是股票投资的收益率

C. 风险中性原理下,所有证券的预期收益率都是无风险收益率

D. 将期权到期的价值的期望值用无风险利率折现可以获得期权价值

参考答案:B。在不派发红利的情况下,股票价格的上升百分比就是股票投资的收益率,所以选项B不正确。

40. 对于欧式期权,假定看涨期权和看跌期权有相同的执行价格和到期日,则下列表达式正确的是(　　)。

A. 看涨期权价格+看跌期权价格=标的资产价格一执行价格现值

B. 看涨期权价格一看跌期权价格=标的资产价格+执行价格现值

C. 看涨期权价格一看跌期权价格=标的资产价格一执行价格现值

D. 看涨期权价格+看跌期权价格=标的资产价格+执行价格现值

参考答案:C。依据教材看涨期权一看跌期权平价定理。

41. 某公司与政府签订一项公路协议,公路建成5年后若运行良好,该公司有权利扩建,其他公司无权参与,则公司拥有(　　)类型的实物期权。

A. 扩张期权　　B. 放弃期权　　C. 延迟期权　　D. 收缩期权

参考答案:A。扩张期权指在初始投资成功后,有权进行新一轮的投资。比如,买入未曾开发的土地、为获得先发优势而进行的项目投资等。

延迟期权是指为了解决当下投资项目的不确定性,项目持有人推迟对项目进行投资的权利。比如,油田开采项目、房地产开发项目虽然特别有价值,但是,这些项目投资额大、周期长、不确定性强,待不确定得到解决或确认后再进行投资。

收缩期权是指开发商面临市场环境变化,比预期相差较大的情况下,拥有缩减投资或撤出投资的权利。

放弃期权是指如果项目的收益不足以弥补投入的成本或市场条件变坏，则投资者有权放弃对项目的继续投资，并可能收回成本。

42. 下列关于布莱克—斯科尔斯期权定价模型的假设，不正确的有(　　)。

A. 股票或期权的买卖没有交易成本

B. 短期的无风险利率是已知的，并且在期权寿命期内保持不变

C. 允许卖空，卖空者将立即得到所卖空股票当天价格的资金

D. 期权可以在到期日前任何时间执行

参考答案:D。布莱克—斯科尔斯模型的假设有：

(1)在期权寿命期内，买方期权标的股票不发放股利，也不做其他分配；

(2)股票或期权的买卖没有交易成本；

(3)短期的无风险利率是已知的，并且在期权寿命期内保持不变；

(4)任何证券购买者能以短期的无风险利率借得任何数量的资金；

(5)允许卖空，卖空者将立即得到所卖空股票当天价格的资金；

(6)看涨期权只能在到期日执行；

(7)所有证券交易都是连续发生的，股票价格随机游走。

43. 下列关于风险中性原理的说法中，错误的是(　　)。

A. 假设投资者对待风险的态度是中性的，所有证券的预期收益率都应当是无风险利率

B. 风险中性的投资者不需要额外的收益补偿其承担的风险

C. 在风险中性的世界里，将期望值用无风险利率折现，可以获得现金流量的现值

D. 在风险中性假设下，期望报酬率＝上行概率×股价上升百分比＋下行概率×(－股价下降百分比)

参考答案:D。在风险中性假设下，期望报酬率＝上行概率×上行时收益率＋下行概率×下行时收益率。如果股票不派发红利，股票价格的上升百分比就是股票投资的收益率，此时，期望报酬率＝上行概率×股价上升百分比＋下行概率×(－股价下降百分比)。选项D的说法缺少不派发红利的前提，所以是不正确的。

44. 下列有关期权到期日价值和净损益的公式中，错误的是(　　)。

A. 多头看涨期权到期日价值＝Max(股票市价－执行价格，0)

B. 空头看涨期权净损益＝空头看涨期权到期日价值＋期权价格

C. 空头看跌期权到期日价值＝－Max(执行价格－股票市价，0)

D. 空头看跌期权净损益＝空头看跌期权到期日价值－期权价格

参考答案:D。空头看跌期权净损益＝空头看跌期权到期日价值＋期权价格，因此选项D的表达式错误。

45. 下列关于二叉树模型的表述中，错误的是(　　)。

A. 二叉树模型是一种近似的方法

B. 将到期时间划分为不同的期数，所得出的结果是不相同的

C. 期数越多，计算结果与布莱克—斯科尔斯定价模型的计算结果越接近

D. 二叉树模型和布莱克—斯科尔斯定价模型二者之间不存在内在的联系

参考答案:D。二叉树模型中，如果到期时间划分的期数为无限多时，其结果与布莱克

一斯科尔斯定价模型一致，因此，二者之间是存在内在的联系的。

46. **下列关于期权投资策略的说法中，不正确的是(　　)。**

A. 保护性看跌期权锁定了最低净收入和最低净损益，并不影响净损益的预期值

B. 抛补看涨期权指的是购买 1 股股票，同时出售该股票的 1 股股票的看涨期权

C. 多头对敲是同时买进一只股票的看涨期权和看跌期权，它们的执行价格、到期日都相同

D. 多头对敲策略对于预计市场价格将发生剧烈变动，但是不知道升高还是降低的投资者非常有用

参考答案：A。保护性看跌期权锁定了最低净收入和最低净损益，同时净损益的预期值也因此降低了。

47. **所谓抛补看涨期权是指(　　)。**

A. 股票加多头看涨期权组合

B. 出售 1 股股票，同时买入 1 股该股票的看涨期权

C. 股票加空头看涨期权组合

D. 出售 1 股股票，同时卖出 1 股该股票的看涨期权

参考答案：C。抛补看涨期权，是股票加空头看涨期权组合，即购买 1 股股票，同时卖出 1 股该股票的看涨期权。

48. **简述现货市场与期货市场之间的反射性关系。**

参考答案：

两个市场价格的反射性关系分析如下：

在金融期货交易中，现货和期货的价格变动是同方向的。从市场微观结构的角度，我们发现市场交易机制决定的价格，在很大意义上是一种信息价格。这种信息价格通过交易者的策略互动，在交易均衡达成时形成。所以理解现货市场价格与期货市场价格的关键，在于理解价格中所包含的信息的确切含义。在两个市场各自的交易过程中，与资产价格相关的源信息以及投资者对这些源信息的理解、处理、反应和预期，都会进入市场微观结构意义上的定价机制，分别形成现货价格和期货价格，两者之间正是通过进入市场定价机制的市场预期性信息，从而相互关联并互为反射。

现货市场价格和期货市场价格相对变化程度的差异，又取决于市场微观结构意义上的市场特质，这种市场特质主要决定于市场参与者的构成变化以及其所导致的市场买卖势力的相对比较。不仅市场中风险规避者和投机者的构成及其交易量的权重将影响市场交易的价格变化，而且两类交易各自的结构性差异所导致的市场影响力差异，也会影响市场交易的价格变化。

49. **简述金融期货市场的基本功能。**

参考答案：

期货市场是为期货交易提供场所的市场。期货交易(Futures Trading)是买卖双方约定在将来某个日期按成交时双方商定的条件交割一定数量某种商品的交易方式。金融期货交易是发达国家金融创新的主要品种。将期货交易引入证券市场，不仅增加了交易的品种，提高了交易量，而且拓展了证券市场功能。

金融期货市场具有以下功能：

(1)风险规避

风险规避是金融期货的首要功能。投资者购买相关的金融期货合约，在金融期货市场上建立和现货市场相反的头寸，并根据市场的不同情况采取在期货合约到期前对冲平仓或到期履约交割的方式，实现其规避风险的目的。

(2)价格发现

金融期货合约是一种远期合约，其所包含的远期成本和远期因素必然会通过期货价格反映出来。金融期货合约的买卖转手相当频繁，这样连续形成的价格能够连续不断地反映市场的供求情况及变化，对生产经营者、投资者以及投机者有很强的价格指导作用。

(3)优化资产配置、提高交易效率

金融衍生品首先能有效地降低交易成本，金融期货的多空双向交易制可以使投资者在金融工具价格涨跌时都可以参加交易，以避免资金在金融工具价格下跌时出现闲置。其次，金融期货可以方便投资者进行组合投资，从而提高交易的投资收益率。最后，金融期货还可以提高资金使用效率，方便进行现金流管理。

50. 简述远期利率协议的功能。

参考答案：

远期利率协议(Forward Rate Agreement，FRA)是一种远期合约，买卖双方商定在未来某一特定的时期内按协议利率借贷一笔数额确定、以具体货币表示的名义本金的协议。

远期利率协议具有如下功能：

(1)通过固定将来实际交付的利率而避免利率变动风险。签订远期利率协议后，不管市场利率如何变动，协议双方将来收付资金的成本或收益总是固定在合同利率水平上。

(2)由于远期利率协议的本金不用交付，利息是按差额结算的，所以资金流动量较小，这就给银行提供了一种管理利率风险而无需改变其资产负债结构的有效工具。

51. 比较期货合约和远期合约的异同。

参考答案：

尽管期货合约和远期合约都是在交易时约定在将来某一时间按约定的条件买卖一定数量的某种标的物的合约，仍然是存在区别，如表1—4—2所示。

表1—4—2　远期合约与期货合约的区别

区　别	远期合约	期货合约
标准化程度不同	遵循"契约自由"原则，具有很大的灵活性；但流动性较差，二级市场不发达	标准化合约，流动性强
交易场所不同	没有固定的场所，是一个效率较低的无组织分散市场	在交易所内交易，一般不允许场外交易。期货市场是一个有组织的、有秩序的、统一的市场
违约风险不同	合约的履行仅以签约双方的信誉为担保，违约风险很高	合约的履行由交易所或清算公司提供担保，违约风险几乎为零
价格确定方式不同	交易双方直接谈判并私下确定，存在信息不对称，定价效率很低	在交易所内通过公开竞价确定，信息较为充分、对称，定价效率较高

续表

区　别	远期合约	期货合约
履约方式不同	绝大多数只能通过到期实物交割来履行	绝大多数是通过平仓来了结
合约双方关系不同	必须对双方的信誉和实力等方面作充分的了解	可以对双方完全不了解
结算方式不同	到期才进行交割清算,其间均不进行结算	每天结算,浮动盈利或浮动亏损通过保证金账户体现
交割时间不同	通常有具体的交割日期	不指定具体交割日期,交割期限通常为整个交割月

52. **简述套期保值面临的风险。**

参考答案:

投资者可以使用套期保值策略来规避风险,套期交易有空头套期保值和多头套期保值两种类型。空头套期保值是指通过出售期货合约来对冲其所承受的风险,实现套期保值。多头套期保值是指通过购入期货合约来对冲风险,实现套期保值的目标。

在空头套期保值和多头套期保值中,假设风险可以被完全抵消。但实际中,套期保值通常是非完全套期保值。以空头套期保值为例,无法排除的风险包括:

(1)基差风险。基差是指现货价格与期货价格之差,在期货价格收敛于现货市场的过程中,基差会随着期货价格和现货价格变动幅度的差距而变化。当现货价格的增长大于期货价格的增长时,基差也随之增加,称为基差增大。当期货价格的增长大于现货价格增长时,称为基差减少。基差风险会直接影响企业的套期保值效果。

(2)违约风险。应收账款存在违约风险,即存在坏账的可能性,而期货合约则没有违约风险。

(3)延迟或提前收款风险。应收账款可能提前或延迟收回,因此,其预期到期期限可能长于或短于期货合约的到期期限。此种风险也属于基差风险。

53. **简述金融互换与平行贷款、背对背贷款的联系与区别。**

参考答案:

金融互换是约定两个或两个以上当事人按照商定条件,在约定的时间内交换一系列现金流的合约。它是 20 世纪 80 年代在平行贷款和背对背贷款基础上发展起来的,因此二者既有联系,又有区别。

平行贷款是 20 世纪 70 年代在英国首先出现的为逃避外汇管制而创新的一种业务,是指在不同国家的两个母公司分别在国内向对方公司在本国境内的子公司提供金额相当的本币贷款,并承诺在指定到期日,各自归还所借贷币。

平行贷款既可满足双方子公司的融资需要,又可逃避外汇管制,但它存在信用风险问题,这是因为平行贷款包含两个独立的贷款协议,它们分别具有法律效力,其权利义务不相联系,当一方出现违约时,另一方仍不能解除履约义务。

背对背贷款是为了解决平行贷款中的信用风险问题而产生的。它是指两个国家的母公司相互直接贷款,贷款币种不同但币值相等,贷款到期日相同,各自支付利息,到期各自偿还原借款货币。

但背对背贷款还不是真正的互换，因为它是一种贷款行为，在法律上会产生新的资产和负债（双方互为对方的债权人和债务人），从而影响资产负债结构。为了解决这个问题，互换于1981年8月应运而生。由于互换是负债或资产的交换，其现金流的流出和流入是互为条件的，是一种表外业务，并不改变资产负债结构，因此深受欢迎，并得到了飞速的发展。

若把利息支出和偿还贷款本金用一系列远期合约来规定，则平行贷款和背对背贷款相当于现货交易和一系列远期交易的组合。

54. **比较利率互换与货币互换。**

参考答案：

互换（Swaps）是约定两个或两个以上当事人按照商定条件，在约定的时间内交换一系列现金流的合约。它的历史虽然较短，但品种创新却日新月异。互换主要分为利率互换和货币互换。

（1）利率互换（Interest Rate Swaps）是指双方同意在未来的一定期限内根据同种货币的同样的名义本金交换现金流。其中一方的现金流根据浮动利率计算，而另一方的现金流根据固定利率计算。双方进行利率互换的主要原因是双方分别在固定利率市场和浮动利率市场上具有比较优势。利率互换只交换利息差额，因此信用风险很小。

影响利率互换价值的因素主要有：

①固定利率和浮动利率的选取。对收到固定利率、支出浮动利率的企业来说，在互换中收到的固定利率越高、支出的浮动利率越低，互换的价值也就越高。对另一方结论则相反。

②中介机构的存在。在现实中，要寻找两家借款金额相同并且借款期限相同的公司是十分困难的。这就要求由金融机构介入，发挥中介作用。这意味着总的潜在收益就要在互换双方和金融中介之间分配。

定价：利率互换的浮动利率方式一旦确定，互换的定价问题就是怎样计算互换的固定利率从而使互换的价值为零。

（2）货币互换（Currency Swaps）是将一种货币的本金和固定利息与另一货币的等价本金和固定利息进行交换。货币互换的主要原因是双方在各自国家中的金融市场上具有比较优势。货币互换涉及本金交换，因此当汇率变动很大时，双方就将面临一定的信用风险。当然这种风险仍比单纯的贷款风险小得多。

定价：与利率互换的定价不同的是，货币互换交换本金。

55. **简述期权交易和期货交易的区别。**

参考答案：

期权（Option），是指它的持有者有权在规定期限内按双方约定的价格（简称协议价格或执行价格）购买或出售一定数量某种金融资产（称为标的金融资产）的合约。期货（Futures）是由期货交易所统一制定的、在将来某一特定时间和地点交割一定数量标的物的标准化合约。期权交易与期货交易存在如下几种区别：

（1）权利和义务方面

期货合约的双方都被赋予相应的权利和义务，除非用相反的合约抵消，这种权利和义务在到期日必须行使，也只能在到期日行使，期货的空方甚至还拥有在交割月选择在哪一天交割的权利。而期权合约只赋予买方权利，卖方则无任何权利，他只有在对方履约时进行对应买卖标的物的义务。特别是美式期权，买者可在约定期限内的任何时间执行权利，也可以不行使这种权利；卖者则随时准备履行相应的义务。

（2）标准化方面

期货合约都是标准化的，它们在交易所中交易，而期权合约则不一定。在美国，场外交易的现货期权是非标准化的，但在交易所交易的现货期权和所有的期货期权则是标准化的。

（3）盈亏风险方面

期货交易双方所承担的盈亏风险都是无限的。而期权交易卖方的亏损风险可能是无限的（看涨期权），也可能是有限的（看跌期权），盈利风险是有限的（以期权费为限）；期权交易买方的亏损风险是有限的（以期权费为限），盈利风险可能是无限的（看涨期权），也可能是有限的（看跌期权）。

（4）保证金方面

期货交易的买卖双方都需缴纳保证金。期权的买者则无需缴纳保证金，因为他的亏损不会超过他已经支付的期权费，而在交易所交易的期权卖者也要缴纳保证金，这跟期货交易一样。场外交易的期权卖者是否需要缴纳保证金则取决于当事人意见。

（5）买卖匹配方面

期货合约的买方到期必须买入标的资产，而期权合约的买方在到期日或到期前则有买入（看涨期权）或卖出（看跌期权）标的资产的权利。期货合约的卖方到期必须卖出标的资产，而期权合约的卖方在到期日或到期前则有根据买方意愿相应卖出（看涨期权）或买入（看跌期权）标的资产的义务。

（6）套期保值方面

运用期货进行套期保值，在把不利风险转移出去的同时，也把有利风险转移出去。而运用期权进行套期保值时，只把不利风险转移出去，而把有利风险留给自己。

56. 简述场内交易的期权合约与场外交易的期权合约的区别。

参考答案：

期权合约可以在场内交易（即交易所交易），也可以在场外交易（即柜台交易）。场内交易和场外交易的交易机制存在差异。

场内交易的期权有以下几个特点：

第一，履约面值到期日标准化。以芝加哥国际货币市场为例，一份英镑期权的面值为31 250英镑，一份欧元期权的面值为62 500欧元，一份日元期权的面值为250 000日元，到期日为3月、6月、9月和12月的第三个星期三的前一个星期六。

第二，对期权卖方有保证金要求。期权买方遭受的最大损失仅限于其所支付的期权价格，因此，期权买方支付期权价格之后，期权结算所对其不再有保证金要求；期权卖出方获得买入方支付给他的期权价格，但必须承受所有不利的情形，因此，结算所对合约卖出方有保证金要求，以防止卖出方违约，避免合约买入方蒙受损失。

第三，在交易所交易的期权可以是美式期权，也可以是欧式期权。由于美式期权被允许在到期日之前行权，因此，美式期权的价格高于欧式期权。由于欧式期权的避险成本较低，在规避风险上，欧式期权的使用更为普遍。

第四,交易所内的交易成本较低。

场外交易又称柜台交易(Over-the Counter Option),是指银行等金融机构应客户不同要求(包括期权面值和到期日的特殊要求),为其量身定做的期权,因此,柜台交易更能够满足客户的特殊要求。但是,柜台交易也有一些缺陷:

第一,无法形成次级市场。柜台交易的期权不是标准化的合约,因而其流动性很差,缺乏竞争的期权价格得不到合理的评估。然而,如果投资者将柜台交易视为其资产/负债管理的一部分,那么,他们会将期权持有至到期日,而不大关注期权自身的流动性。

第二,违约风险较大。柜台交易由交易双方直接交易,没有期权结算所参与其中。因此,期权的卖出方存在违约风险,致使合约部分甚至完全不能履行。

第三,交易成本高。因为银行等机构为投资者量身定做了期权合约,因此,他们要求投资者付出较高的成本。

第五章　商业银行

扫码听课

考点1　商业银行的业务

1. 商业银行的负债业务是(　　)。

A. 资金来源业务　　B. 资金运用业务　　C. 中间业务　　D. 存款业务

参考答案:A。商业银行的负债业务是资金来源业务,因为商业银行必须首先吸收存款才能发放贷款。

2. 下列业务中属于商业银行的资产负债表业务的是(　　)。

A. 证券投资　　B. 代理业务　　C. 租赁业务　　D. 咨询顾问业务

参考答案:A。证券投资是商业银行的资产业务,代理、租赁、咨询都是中间业务。

3. 商业银行向中央银行借款通常有两种方式:(　　)。

A. 再贷款和转贴现　　B. 转贴现和政府作担保

C. 再贴现和信贷配给　　D. 再贴现和再贷款

参考答案:D。商业银行主要的负债业务包括存款负债、借款负债以及结算中的负债。向中央银行借款的形式有两种,一种是直接借款,也称再贷款;另一种为间接借款,即所谓的再贴现。

4. 下列存款类型中具有很强的衍生能力的是(　　)。

A. 定期存款　　B. 活期存款　　C. 储蓄存款　　D. 企业存款

参考答案:B。活期存款是存款创造的基础,所以是衍生能力最强的。

5. 商业银行的资产业务是指(　　)。

A. 资金来源业务　　B. 资金运用业务　　C. 中间业务　　D. 存款业务

参考答案:B。商业银行的资产业务是指商业银行将吸收的资金加以运用的业务,这是商业银行取得收入的主要途径。

6. 商业银行在经营中,由于借款人不能按时还贷而遭受损失的风险是(　　)。

A. 国家风险　　B. 信用风险　　C. 利率风险　　D. 汇率风险

参考答案:B。本题考查信用风险的定义。

7. 下列业务中不属于商业银行的表外业务的是(　　)。

A. 贷款承诺　　B. 担保业务　　C. 票据发行便利　　D. 租赁业务

参考答案:D。表外业务是指那些未列入资产负债表,但同表内资产业务和负债业务关系密切,并在一定条件下可能会转为表内资产业务和负债业务的经营活动。主要包括:贷款承诺、担保业务、金融衍生工具、投资银行业务。而租赁业务则是中间业务。

8. 下列业务属于中间业务的是(　　)。

A. 贴现业务　　B. 代理业务　　C. 担保业务　　D. 证券投资业务

参考答案:B。中间业务是指银行不需要运用自己的资金,而只代理客户承办收付或其他委托事项,收取手续费的业务。主要类型有:信托与咨询服务、支付与结算、代理人服务、与贷款有关的服务、进出口服务。

9. 信托与租赁属于商业银行的(　　)。

A. 资产业务　　B. 负债业务　　C. 中间业务　　D. 表外业务

参考答案:C。商业银行的中间业务包括结算、租赁、信托、代理以及信用卡。

10. 简述商业银行的资产负债业务。

参考答案:

(1)商业银行的资产业务是指将自己通过负债业务所聚集的货币资金加以运用的业务。这是取得收益的主要途径。对于所聚集的资金,除了必须保留一定部分的现金和在中央银行的存款以应付客户提存和转账结算的需求外,其余部分主要是以贴现、贷款和证券投资等方式加以运用。

贴现这项业务的内容是银行应客户的要求,买进尚未到付款日期的票据。贷款又称放款,是银行将其所吸收的资金,按一定的利率贷给客户并约定归还期限的业务,根据不同的依据,贷款可以分为不同的类型。

(2)商业银行的负债业务是指形成其资金来源的业务。其全部资金来源包括自有资金和吸收的外来资金两部分。自有资金包括其成立时发行股票所筹集的股份资本以及公积金和未分配的利润。这一部分也称权益资金。外来资金的形成渠道主要是吸收存款、向中央银行借款、向其他银行和货币市场拆借及从国际货币市场借款等,其中又以吸收存款为主。吸收存款的业务是银行接受客户存入的货币款项,存款人可随时或按约定时间支取款项的一种信用业务。这是银行的传统业务,在负债业务中占有最主要的地位。可以说,吸收存款是银行与生俱来的基本特征。

其他负债业务包括:从中央银行借款、银行同业拆借、从国际货币市场借款、发行金融债券等。

①从中央银行借款:商业银行资金不足,必要时可向中央银行借款。一般说来,商业银行向中央银行借款,其主要的、直接的目的在于缓解本身资金的暂时不足,而非用来营利。向中央银行借款主要有两种形式:一是再贴现,即把自己办理贴现业务所买进的未到期票据,如商业票据、短期国库券等,再转卖给中央银行;二是直接借款,即用自己持有的合格票据、银行承兑汇票、政府债券等有价证券作为抵押向中央银行取得抵押贷款。

②银行同业拆借:它是指银行相互之间的资金融通。在这种拆借业务中,借入资金的银行主要是用以解决本身临时资金周转的需要,一般均为短期的,有的只有一日。

③从国际货币市场借款:在国际货币市场上广泛地通过办理定期存款,发行大额定期存单,出售商业票据、银行承兑票据及发行债券等方式筹集资金。

④发行金融债券本身也是一种融资行为,也是商业银行的负债业务。

11. 与其他金融机构相比，商业银行有哪些基本特征？

参考答案：

商业银行是以追求最大利润为目标，以多种金融负债筹集资金，以多种金融资产为其经营对象，能利用负债进行信用创造，并向客户提供多功能、综合性服务的金融企业。商业银行在现代经济活动中所发挥的基本功能主要有信用中介、支付中介、金融服务、信用创造和调节经济五项功能。商业银行已成为国民经济活动的中枢，对全社会的货币供给具有重要影响，是全社会资本运动的中心，并成为国家实施宏观经济政策的重要途径和基础。

相对于其他金融机构，商业银行的基本特征有：

①商业银行处于货币政策传递的枢纽地位。从金融体系来说，金融体系一般由中央银行、商业银行、非银行金融机构及金融市场组成。中央银行是一国的金融管理机关和政策制定机构，它的政策效应首先是通过商业银行传递的。中央银行具有货币创造的能力，而它创造货币的能力正是它通过向商业银行体系发放贷款或进行再贴现而实现的。现代经济中，货币已经不是金属货币，它首先是由中央银行通过自己的信用或政府给予的货币发行权而创造出一部分高能货币。这些高能货币贷放给商业银行以后成为商业银行放款的基础。商业银行将得到的高能货币发放给企业或个人，转化为他们在银行的存款，除一部分上交中央银行作为存款准备金之外，这些存款又一次成为商业银行的可用资金。如此循环，最终使得社会资金量增大。相反，如果中央银行要在某一时间紧缩货币量，则可采用反向操作。从这一过程可以看出，中央银行作为一个货币的最终供给者与管理者，在调控货币时，需要通过商业银行才能进行。所以，商业银行处于货币政策传递的枢纽地位。

②商业银行处于金融体系的核心位置。商业银行从资金盈余单位吸收存款，为企业和个人资金提供了获利的渠道。商业银行向资金缺乏单位发放贷款，推动生产的进行，特别是对于许多企业来说，商业银行的贷款成为生产经营得以进行的第一推动力，生产经营单位首先要得到一笔货币资金才可能进行生产，而这笔资金往往来自商业银行的贷款。商业银行向企业和个人提供结算服务，提供资金划拨的便利，从而使资金能够快速有效地服务于社会，起到节约社会资金的作用。

12. 简述商业银行的作用。

参考答案：

商业银行的主要作用有以下几点：

①充当信用中介。充当货币供应者与货币需求者之间的中介，这是银行最基本的职能。一方面，它动员集中社会上各种暂时闲置的资金，作为银行的资金来源；另一方面，它再将集中起来的货币资金贷放出去，投向需要资金的企业和部门。将闲置资金转换到生产用途中。这个职能对于提高全社会的资金使用效率，促进经济发展具有重大作用。

②充当支付中介。银行可接受企业或客户的委托，办理货币的收付与结算、货币与贵金属的保管等业务。银行为客户办理非现金结算，对于加快资金的流通、节省货币流通费用有重要的作用。

③创造信用流通工具。银行能创造出信用工具，执行货币支付手段和流通手段职能。银行最初创造的信用工具是银行券，在中央银行垄断货币发行权以后，纸币由中央银行发行。而后，银行产生的支票又逐步成为现代经济社会最主要的支付工具。

④作为信用创造的主体。商业银行吸收的存款，在留足法定准备金与超额准备金之后，可以基于盈利的动机，利用剩余的准备金进行贷款或投资，形成存款的增加和信用的扩张。由于商业银行接受存款和提供各种金融服务的能力远远超过其他金融机构，所以在信用创造方面起着不可替代的主导作用。

⑤ 提供广泛的金融服务。商业银行利用自身的资源、技术、信息等方面的优势，可以开展广泛的金融服务，来满足不同层次的服务需求。例如，商业银行开展的代转工资、信息咨询、电脑处理等服务都超出了传统的资产负债业务范畴，既增加了自身的盈利，又可以借以扩张自身的资产负债业务。

13. 试述商业银行中间业务的主要类型，并说明这类业务为什么越来越受到商业银行的重视。

参考答案：

中间业务是指商业银行在资产业务和负债业务的基础上，利用技术、信息、机构网络、资金和信誉等方面的优势，不运用或较少运用银行的资财，以中间人和代理人的身份替客户办理收付、咨询、代理、担保、租赁及其他委托事项，提供各类金融服务并收取一定费用的经营活动。在资产业务和负债业务两项传统业务中，银行是作为信用活动的一方参与；而中间业务则不同，银行不再直接作为信用活动的一方，扮演的只是中介或代理的角色，通常实行有偿服务。

(1)种类和作用

按收入来源分：

目前国际上最常见划分中间业务种类的依据是收入来源标准，美国银行业根据收入来源将中间业务分为以下五类：

①信托业务，指信托部门产生的交易和服务收入；

②投资银行和交易业务，指证券承销、从事金融交易活动所产生的收入；

③存款账户服务业务，包括账户维护等；

④手续费类收入，包括信用卡收费、贷款证券化、抵押贷款再融资服务收费、共同基金和年金的销售、自动提款机(ATM)提款收费等；

⑤ 其他手续费类收入，包括数据处理服务费、各种资产出售收益等。

按功能和性质分：

①支付结算类中间业务，指由商业银行为客户办理因债权债务关系引起的与货币支付、资金划拨有关的收费业务，如支票结算、进口押汇、承兑汇票等。

②银行卡业务，是由经授权的金融机构向社会发行的具有消费信用、转账结算、存取现金等全部或部分功能的信用支付工具。

③代理类中间业务，指商业银行接受客户委托、代为办理客户指定的经济事务、提供金融服务并收取一定费用的业务，包括代理政策性银行业务、代收代付款业务、代理证券业务、代理保险业务、代理银行卡收单业务等。

④担保类中间业务，指商业银行为客户债务清偿能力提供担保，承担客户违约风险的业务。包括银行承兑汇票、备用信用证、各类保函等。

⑤承诺类中间业务，是指商业银行在未来某一日期按照事前约定的条件向客户提供约

定信用的业务，包括贷款承诺、透支额度等可撤销承诺和备用信用额度、回购协议、票据发行便利等不可撤销承诺两种。

⑥交易类中间业务，指商业银行为满足客户保值或自身风险管理的需要，利用各种金融工具进行的资金交易活动，包括期货、期权等各类金融衍生业务。

⑦托管业务，是指有托管资格的商业银行接受基金管理公司委托，安全保管所托管的基金的全部资产，为所托管的基金办理基金资金清算款项。

⑧顾问类业务，是商业银行依靠自身在信息和人才等方面的优势，收集和整理有关信息，结合银行和客户资金运动的特点，形成系统的方案提供给客户，以满足其经营管理需要的服务活动，主要包括财务顾问和现金管理业务等。

⑨其他类中间业务，包括保管箱业务以及其他不能归入以上八类的业务。

(2)为什么中间业务受到商业银行的重视？

中间业务指的是不构成商业银行表内资产、表内负债，形成银行非利息收入的业务。

①中间业务是商业银行实现利润最大化的需要。银行是企业，以提供服务追求利润最大化为目的，我国商业银行传统资产负债业务资产品种单一、质量低下、筹资成本高；同时，受人民币汇率改革的影响，存贷利差越来越小，利差收益提高困难，靠传统资产负债业务维持生存发展越来越困难。因此，必须寻找新的利润增长点。中间业务不仅可以改善资产负债结构、分散风险，而且通过增强服务创造效益，已经成为商业银行收益的重要来源。发展中间业务是商业银行实现利润最大化的需要。

②中间业务是商业银行经营发展的需要。按照《巴塞尔协议》，银行的资本对风险资产比率达8%，这就要求商业银行必须增加资本储备，这必然影响银行盈利。中间业务具有成本低、收益高、风险小的优势，有助于商业银行积累大量资本，增强竞争能力，是商业银行未来发展和竞争的主要阵地。

考点2 商业银行的管理理论

1. 商业银行经营原则中不包含(　　)。

A. 盈利性原则　　B. 安全性原则　　C. 流动性原则　　D. 保密性原则

参考答案：D。商业银行经营原则包括：盈利性、安全性和流动性。

2. 下面不属于负债管理思想的是(　　)。

A. 销售理论　　B. 购买理论　　C. 存款理论　　D. 预期收入理论

参考答案：D。考查负债管理理论中各个子理论。记住考点：销售理论、购买理论和存款理论，预期收入理论是资产管理理论。

3. 负债管理理论的基本思想是依靠(　　)的方法来保持资金的流动性。

A. 借入资金　　B. 扩大资金运用范围

C. 增加贷款发放　　D. 减少贷款发放

参考答案：A。负债管理理论是对负债进行管理，也就是对资金来源进行管理，所以本题选A。

4. 资产管理理论的核心是(　　)。

A. 认为商业银行的利润主要来源是资产业务

B. 认为商业银行的利润主要来源是负债业务

C. 认为商业银行的资金来源是存款

D. 认为商业银行的管理主要是对存款管理

参考答案:A。资产管理理论的核心是商业银行的利润主要来源是资产业务。

5. 下面不属于资产管理思想的是(　　)。

A. 真实票据理论　B. 转换理论　C. 销售理论　D. 预期收入理论

参考答案:C。资产管理理论包括真实票据理论、转换理论和预期收入理论。

6. 根据资金分配法,银行股本应该用于(　　)。

A. 中长期贷款　B. 准备金　C. 证券投资　D. 固定资产投资

参考答案:D。商业银行把现有的资金分配到各类资产上时,应使各种资金来源的流通速度或周转率与相应的资产期限相适应,即银行资产与负债的偿还期应保持高度的对称关系。

7. 最早出现的商业银行经营管理理论是(　　)。

A. 资产管理理论　B. 负债管理理论

C. 资产负债管理理论　D. 资产负债比例管理理论

参考答案:A。早期,人们认为资金来源是不可管理,取决于存款人的意愿。银行只能在资金的运用方面进行管理,所以最早出现的是资产管理理论。

8. 试论述商业银行在经营管理中必须坚持的基本原则。

参考答案:

通常认为,商业银行经营管理的原则是保证资金的安全,保持资产的流动,争取最大的盈利,即安全性、流动性和盈利性。

(1)安全性:安全性要求银行在经营活动中,必须保持足够的清偿能力,经得起重大风险和损失,能随时应付客户提存,使客户对银行保持坚定的信任。和一般企业不同,商业银行是负债经营,它的安全性在很大程度上取决于其资产安排的规模、资产的结构、资产的风险度及现金储备的多少。所以商业银行必须做到以下三点:

①合理安排资产规模和结构,注重资产质量;

②提高自有资本在全部负债中的比重;

③必须遵纪守法,合法经营。

(2)流动性:流动性是指商业银行保持随时能以适当的价格取得可用资金的能力,以便随时应付客户提存及银行其他支付的需要。商业银行要保持足够的流动性,以适当的价格取得可用资金的方法有两种:

①实行资产变现;

②通过负债的途径,或者以扩股增资的方式取得资金,或者以吸收存款或借款的方式筹得资金。

(3)盈利性:盈利性要求商业银行的经营管理者在可能的情况下,尽可能地追求利润最大化。根据商业银行业务收入与业务支出的主要内容,商业银行实现盈利的途径主要有:

①尽量减少现金资产,扩大盈利资产比重;

②以尽可能低的成本,取得更多的资金;

③减少贷款和投资损失;

④加强内部经济核算,提高银行员工劳动收入,节约管理费用开支;

⑤严格操作规程,完善监管机制,减少事故和差错,防止内部人员因违法犯罪活动而造成银行重大损失。

实现安全性、流动性和盈利性目标,是商业银行经营管理的基本要求所决定的,也是商业银行实现自身微观效益和宏观经济效益相结合、相一致的要求所决定的。商业银行经营安全性好,有利于整个宏观经济的稳定;商业银行盈利水平高,既可以提高社会经济效益,也为再生产和扩大再生产积累更多的资金,扩大产业资本规模,增加有效供给。

三性统一面:流动性是商业银行正常经营的前提条件,是商业银行资产安全性的重要保证。安全性是商业银行稳健经营的重要原则,离开安全性,商业银行的盈利性也就无从谈起。盈利性原则是商业银行最终目标,保持盈利是维持商业银行流动性和保证银行安全性的重要基础。

三性矛盾面:商业银行的安全性与流动性之间呈现正相关。流动性较大的资产,风险就小,安全性也就高。商业银行的盈利性与安全性和流动性之间呈反方向变动。盈利性较高的资产,由于时间一般较长,风险相对较高,因此流动性和安全性就比较差。

9. 简述银行负债管理理论的基本观点。

参考答案:

银行负债管理理论主要包括存款理论、购买理论、销售理论。

(1)存款理论认为:存款是商业银行最主要的资金来源,是其资产业务的基础;银行在吸收存款过程中是被动的,为保证银行经营的安全性和稳定性,银行的资金运用必须以其吸收存款沉淀的余额为限;存款应当支付利息,作为对存款者放弃流动性的报酬,付出的利息构成银行的成本。该理论强调应该按照存款流动性来组织贷款,将安全性原则摆在首位,反对盲目存款和贷款,反对冒险谋取利润。

(2)购买理论认为:商业银行对存款不是消极被动,而是可以主动出击,购买外界资金,除一般公众外,同业金融机构、中央银行、国际货币市场及财政机构等,都可以视为购买对象;商业银行购买资金的基本目的是为了增强其流动性;商业银行吸收资金的适宜时机是在通货膨胀的情况下,此时,实际利率较低甚至为负数,意味着银行的资金成本较低。

(3)销售理论认为:商业银行是金融产品的制造企业,银行负债管理的中心任务就是迎合顾客的需求,努力推销金融产品,扩大商业银行的资金来源和收益水平。

10. 简述银行资产管理理论的基本观点。

参考答案:

银行资产管理理论主要包括真实票据理论、转换理论、预期收入理论。

(1)真实票据理论认为,存款是银行贷款资金的主要来源,而银行存款的大多数是活期存款,这种存款随时可能被提取;为保证资金的流动性,商业银行只能发放短期的与商业周转有关的,与生产物资储备相适应的自偿性贷款,而不能发放不动产等长期贷款。这类贷款用于生产和流通过程中的短期资金融通,一般以 3 个月为限,它以商业行为为基础,以商业票据为凭证,随着商品周转的完结而自动清偿,不会引起通货膨胀和信用膨胀。故此,称之为“真实票据理论”。

(2)转换理论认为,为了保持足够的流动性,商业银行最好将资金用于购买变现能力强的资产。这类资产一般具有以下条件:信誉高,如国债或政府担保债券以及大公司发行的债券;期限短,流通能力强;易于出售。

(3)预期收入理论是一种关于商业银行资产投向选择的理论。银行的流动性应着眼于贷款的按期偿还或资产的顺利变现。无论是短期商业贷款还是可转让资产,其偿还或变现能力都以未来收入为基础。如果某项贷款的未来收入有保证,即使期限长,也可以保证其流动性;反之,即使期限短,也可能出现到期无法偿还的情况。

11. 简述资产负债管理理论的基本观点。

参考答案:

资产负债管理理论,又称相机抉择资金管理理论,认为在融资计划和决策中,银行主动地利用对利率变化敏感的资金,协调和控制资金配置状态,使银行维持一个正的净利息差额或正的资本净值。在该理论下,所有的商业银行都必须遵循一定的基本原则:

(1)总量平衡原则。该原则也称为规模对称原则,是指资产规模与负债规模相互对称、统一平衡。这里的对称不是简单的对等,而是建立在合理的经济增长基础上的动态平衡。

(2)结构对称原则。该原则也称为资产分配原则,主要是指银行的资产结构和资金运用长短、利息高低要以负债结构和资金来源的流转速度及利率的高低来决定。它包括资产和负债的偿还期的对称及利率结构的对称。

(3)分散性原则。该原则是指商业银行在将资金分配运用于放款、证券投资以及实业开发时,应尽量做到数量和种类分散,避免放款或投资过于集中而增加风险。

考点 3　商业银行的风险特征

1.《巴塞尔协议》是关于(　　)的国际协议。

A. 银行资本金问题　　B. 共同抵御银行风险

C. 银行间相互代理支付问题　　D. 银行信用卡联网

参考答案:A。《巴塞尔协议》是巴塞尔委员会制定的在全球范围内主要的银行资本和风险监管标准,故本题选 A。

2. 关于《巴塞尔协议》,下列说法错误的是(　　)。

A. 银行核心资本充足率必须超过 4%

B. 银行资本充足率必须超过 8%

C. 银行资本占风险总资产的比重必须超过 8%

D. 银行附属资本充足率必须超过 4%

参考答案:D。《巴塞尔协议》规定商业银行的资本充足率不低于 8%,其中核心资本至少达到 4%的标准,并且附属资本不得超过核心资本的总额。

3. 下面属于金融监管三道防线的是(　　)。

A. 存款保险制度　　B. 存款准备金制度　　C. 信息披露制度　　D. 公司治理制度

参考答案:A。金融监管的三道防线:预防性风险管理、存款保险和最后贷款人制度。

4.《巴塞尔协议Ⅲ》中，对核心资本充足率的要求是(　　)。

A. 4%　　B. 6%　　C. 8%　　D. 2%

参考答案：B。核心资本充足率在《巴塞尔协议Ⅲ》中提高到了6%。

5. 简述商业银行所面临的风险种类，以及商业银行管理利率风险的方法。

参考答案：

(1)商业银行所面临风险的种类

商业银行的风险分类有很多种：按风险的主体构成分为资产风险、负债风险、中间业务风险和外汇风险；按风险产生的原因分为客观风险和主观风险；按风险的程度可分为低度风险、中度风险和高度风险；按业务面临的风险分为流动性风险、利率风险、信贷风险、投资风险、汇率风险和资本风险等等。最后一种风险的分类方法最为常见。

第一，流动性风险，是指商业银行没有足够的现金来弥补客户取款需要和未能满足客户合理的贷款需求或其他即时的现金需求而引起的风险，该风险将导致银行出现财务困难，甚至破产。评判商业银行流动性风险及其程度的指标主要有：存贷比率、流动比率、大面额负债率和存贷变动率等。

第二，利率风险，是指由于市场利率波动造成商业银行持有资产的资本损失和对银行收支的净差额产生影响的金融风险。该风险因市场利率的不确定性而使银行的盈利或内在价值与预期值不一致。

第三，信贷风险，是指接受信贷者不能按约偿付贷款的可能性。信贷风险将导致银行产生大量无法收回的贷款呆账，将严重影响到贷款资产质量，过度的信贷风险可导致银行倒闭。信贷风险对银行的影响往往不是单一的。信贷风险常常是流动性危机的起因，贷款不能按时收回将直接影响银行的流动性。同时，利率风险会波及信贷风险，当利率大幅度上升时，借款人偿债能力下降，银行信贷风险加大，信贷风险与利率风险和流动性风险之间有着内在联系，具有互动效应。

第四，投资风险，是商业银行因受未来不确定性的变动而使其投入的本金和预期收益产生损失的可能性。按商业银行投资的内容分类，投资风险包括证券投资风险、信托投资风险和租赁风险等等。投资风险属银行信用风险之列。商业银行投资风险来自三个方面：经济风险，政治风险和道德、法律风险。

第五，汇率风险，是指银行在进行国际业务过程中，其持有的外汇资产或负债因汇率波动而造成价值增减的不稳定性。

第六，资本风险，是指商业银行最终支持清偿债务能力方面的风险。该类风险的大小说明银行资本的耐力程度。银行的资本越充足，它能承受违约资产的能力就越大。但是银行的资本风险下降，盈利性也随之下降。

(2)商业银行管理利率风险的方法

利率风险是银行的基本金融风险之一，利率风险管理也成为银行进行资产负债管理的重要内容。资金缺口管理和持续期管理是利率风险管理的主要方法。

①资金缺口管理

资金缺口管理是银行在对利率进行预测的基础上，调整计划期利率敏感性的资产与负债的对比关系，规避利率风险或从利率风险中提高利润水平的方法。

当银行进行资金缺口管理时，通常将资金缺口和利率敏感比率两项指标结合起来共同考察银行资产、负债的利率敏感程度，这样才能有利于做出科学的决策。其中：

$$资金缺口(GAP)=利率敏感资产(RSA)-利率敏感负债(RSL)$$

$$利率敏感比率(SR)=\frac{利率敏感资产(RSA)}{利率敏感负债(RSL)}$$

第一，银行资产负债结构的利率敏感性分析。资金缺口管理就是在银行对利率预测的基础上，调整计划期内的资金缺口的正负和大小，以维持或提高利润水平。当预测利率将要上升时，银行应尽量减少负缺口，力争正缺口；当预测利率将要下降时，则设法把资金缺口调整为负值。资金缺口管理的关键是对资金缺口的调整，而调整的基础是对资产负债结构的利率敏感程度的分析，所以银行资金配置状况的利率敏感性分析是资金管理的基础。

第二，利率波动周期与资金缺口管理。对于银行而言，利率波动是由市场因素决定的外生变量，其变动独立于银行经营管理决策之外。所以对于银行管理人员来讲，进行资金缺口管理就是要力争准确预测利率的变动方向，及时调整资金缺口的方向与大小。

②持续期缺口管理

当市场利率变动时，不仅仅是各项利率敏感资产与负债的收益与支出会发生变化，利率不敏感的资产与负债的市场价值也会不断变化。持续期缺口管理就是银行通过调整资产负债的期限与结构，采取对银行净值有利的持续期缺口策略来规避银行资本与负债的总体利率风险。持续期缺口管理能够综合反映银行资金配置状态对利率变动的敏感性，以银行净值即股东权益最大化为其管理目标。

持续期缺口是银行资产持续期与负债持续期和负债资产现值比乘积的差额。用公式表示为：

$$D_{GAP}=D_A-UD_L$$

式中，D_{GAP} 为持续期缺口；D_A 为资产持续期；U 为资产负债系数；D_L 为负债持续期。

以下公式表明了银行净值变动、持续期缺口与利率变动三者之间的关系：

$$\frac{\Delta NW}{P_A}=\frac{\Delta i}{1+i}\cdot D_{GAP}$$

其中 ΔNW 为银行净值的变动额。

6. 简述《新巴塞尔协议》的三大支柱的内容。

参考答案：

《新巴塞尔协议》的三大支柱分别是最低资本要求、监管部门的监督检查和市场约束。希望通过对这三大支柱的建设来强化商业银行的管理，规避越来越多层出不穷的金融创新风险。

(1)最低资本要求。《新巴塞尔协议》继承了《旧巴塞尔协议》以资本充足率为核心的监管思路，将最低资本要求视为最重要的支柱。其主要针对市场风险、信用风险和操作风险三个方面提出资本要求。

监管资本的定义将继续沿用 1988 年协议的规定，总的资本比率不得低于 8%，二级资本仍然不得超过一级资本，即限制在一级资本的 100%以内。在计算资本比率时，市场风险和操作风险的资本要求乘以 12.5(即最低资本比率 8%的倒数)，再加上针对信用风险的风险加权资产,就得到分母,即总的风险加权资产。分子是监管资本,两者相除得到资本比率的数值。关于信用风险度量有标准法和内部评级法,其中内部评级法还分为初级法和高级法。有资格采用内部评级法的银行可以根据自己对风险要素的估计值决定对特定暴露的资本要求,风险要素包括违约损失率、违约暴露、违约率以及年期等。操作风险是指由于内部程序、人员、系统不足或者运行失当,以及因为外部事件的冲击等导致的直接或间接损失的风险,为了计量方便,这一定义包含法律风险但不包含战略风险和声誉风险。关于操作风险的度量主要有三种方法,即单一指标法、标准法、高级计量法。

(2)监管部门的监督检查。《新巴塞尔协议》强化了各国金融监管当局的职责,提出了较为详尽的配套措施。巴塞尔委员会希望监管当局担当起三大职责:全面监管银行资本充足状况,培育银行的内部评级体系,加快制度化进程。一般情况下监管当局监督检查有四大原则,分别是:银行应具备与其风险状况相适应的评估总量资本的一整套程序,以及维持资本水平的战略;监管当局应检查和评价银行内部资本充足率的评估情况及其战略,以及银行监测和确保满足监管资本比率的能力;监管当局应希望银行的资本高于最低监管资本比率,并应有能力要求银行持有高于最低资本标准的资本;监管当局应争取及早干预从而避免银行的资本低于抵御风险所需的最低水平。

(3)市场约束。为确保市场对银行约束的效果,巴塞尔委员会提出全面信息披露的理念。新协议在适用范围、资本构成、风险暴露的评估和管理程序以及资本充足率四个领域制定了更为具体的定量及定性的信息披露内容。新协议还将披露信息划分为核心信息与补充信息:核心信息包括银行集团内部风险控制系统的细节信息、实收资本数量、已披露储备量、信贷损失措施、资本构成等。附加信息是指信贷风险方面的细节信息,包括区域性经济崩溃、地区和部门的坏账、信用风险、不利于资产管理的技术、信用风险调节策略、市场风险管理等。

7. 简述《巴塞尔协议Ⅲ》的主要内容以及对世界主要经济体的影响。

参考答案:

《巴塞尔协议Ⅲ》的主要内容包括以下三个方面:

(1)明确了三个最低资本充足率要求:分别是普通股(含留存收益)最低要求为4.5%,一级资本最低要求为6%,总资本最低要求为8%。

(2)明确了两个超额资本要求:一个是资本留存超额资本要求水平为2.5%,设立资本留存超额资本要求是为了确保银行具有充足的资本用于吸收经济压力时期的损失,并规定银行必须用普通股来满足资本留存超额资本要求;另一个是反周期超额资本要求,水平为0~2.5%,只有当出现系统性贷款高速增长的情况下,商业银行才需计提反周期超额资本,大多数时期反周期超额资本为0。

(3)明确过渡期安排。为了防止过快实施更高的资本标准影响全球经济的复苏,巴塞尔银行监督管理委员会要求,自2019年开始正常条件下商业银行的普通股(含留存收益)充足率、一级资本充足率和总资本充足率最低应分别达到7%、8.5%和10.5%。

由于各国银行盈利模式及债务水平的差异,《巴塞尔协议Ⅲ》对全球银行的影响程度也有所差别。以欧洲和美国为代表的西方国家银行为例。

(1)对欧洲银行的影响

对于仍处在债务危机阴影之中的欧洲银行业，新监管规则的影响尤为明显。首先，欧洲银行普遍存在着资本充足率紧张的局面，需要募集资本，因欧洲银行大多是混业经营，《巴塞尔协议》对商业银行提出了更高的资本要求；其次，对受债务危机影响的国家来说，要满足更高的资本金要求，无论是从资本市场融资，还是用国家财政增资，当前情况都难以行得通。

(2)对美国银行的影响

《巴塞尔协议Ⅲ》对美国银行的影响不大。首先，自全球金融危机爆发以来，美国各银行已经筹集了大量的新资本，主要商业银行基本已经达到《巴塞尔协议Ⅲ》的要求；其次，美国大型银行当前的一级普通股权益资本比率的平均值已经达到甚至超过协议所要求的比例。

(3)对我国商业银行的影响

《巴塞尔协议Ⅲ》对我国商业银行的影响甚微。首先，由于我国商业银行资本结构相对西方商业银行要简单，同时批发性融资比例低，所以《巴塞尔协议Ⅲ》对我国商业银行市值影响小；其次，目前我国银监会对资本充足率的要求已经高于此次新规的要求；第三，我国商业银行已达到巴塞尔监管标准；第四，对我国商业银行可能有影响的是新规中逆周期的2.5%充足率缓冲要求，如果推行2.5%反周期缓冲，对于银行利润分配也会有所限制，未来银行分红率将有所下降，而再融资的时间会明显缩短；第五，中资银行的海外拓展也可能面临新的障碍；第六，长期来看，资本补充、风险的覆盖、反周期资本的提取以及对于重要金融机构附加值计提，银行面临较大的压力。

扫码听课

第六章　现代货币创造机制

考点1　中央银行的产生和发展

1. 中央银行的产生（　　）商业银行。

A. 早于　　B. 晚于　　C. 同时于　　D. 必然来源于

参考答案:B。中央银行产生的方式有两种,一种是由信誉好、实力强大的商业银行经过逐步演变,最终发展而成,如英国的英格兰银行和瑞典的瑞典银行;另一种就是由政府出面直接组建而成,如美国的联邦储备体系。所以中央银行的产生晚于商业银行。

2. 世界各国中央银行的组织形式以（　　）最为流行。

A. 单一型　　B. 复合型　　C. 跨国型　　D. 准中央银行型

参考答案:A。中央银行组织结构一般分为:①单一中央银行制,就是一国仅设立一家中央银行,作为中央金融管理机构,国家授权它掌握全国的货币发行,代理国库,制定和实施货币政策,管理和监督各金融机构的业务活动。②联邦中央银行制,是指在实行联邦制的国家中,中央银行的结构也采用联邦制,即中央银行作为一个体系存在。③复合式中央银行制度,是指国家不单独设立专司中央银行职能的中央银行机构,而是由一家集中央银行和商业银行职能于一身的国有大银行兼行中央银行职能的中央银行制度。这一制度往往与中央银行初级发展阶段和国家实行计划经济体制相适应。④准中央银行制度,是指有些国家或地区只设立类似中央银行的金融管理机构或授权若干商业银行执行部分中央银行职能的中央银行制度。⑤跨国中央银行制度,是指由若干国家联合组建一家中央银行,由这家中央银行在其成员国范围内行使全部或部分中央银行职能的中央银行制度。这一制度与区域性多国经济的一致性和货币联盟制相对应。

3. 中央银行业务经营的目标是（　　）。

A. 盈利

B. 作为商业银行的最后贷款人

C. 制定、实施、实现货币政策目标

D. 开展公开市场业务实现货币政策目标

参考答案:C。中央银行业务经营的目标是制定、实施、实现货币政策目标;而商业银行经营目标是盈利最大化。

4. 目前,我国实行的中央银行制度属于（　　）。

A. 单一型中央银行制度　　B. 混合型中央银行制度
C. 跨国型中央银行制度　　D. 准中央银行制度

参考答案:A。我国中央银行制度属于单一型中央银行制度。

考点2　中央银行的职能

1. 下面不属于中央银行职能的是(　　)。

A. 政府的银行　　B. 发行的银行　　C. 银行的银行　　D. 监管的银行

参考答案:D。中央银行职能包括政府的银行、发行的银行和银行的银行。

2. 作为政府的银行,下列不属于中央银行的职责范围的是(　　)。

A. 垄断货币发行权　　B. 向政府提供信用
C. 充当政府金融政策的顾问和参谋　　D. 代理国库

参考答案:A。中央银行的"政府的银行"职能包括:代理国库;向政府提供信用;作为政府的金融代理人代办各种金融事务;充当政府金融政策的顾问和参谋。A选项属于中央银行的"发行的银行"职能。

3. 下列属于中央银行"发行的银行"职能的是(　　)。

A. 最后贷款人　　B. 发行货币
C. 票据清算中心　　D. 管理存款准备金

参考答案:B。中央银行作为发行的银行的主要职能是发行货币,在商业银行出现流动性危机时作为最后贷款人解决临时的流动性困难、票据清算中心和管理存款准备金是中央银行"银行的银行"职能的体现。

4. 中央银行的独立性集中反映在中央银行与(　　)的关系上。

A. 财政　　B. 政府　　C. 商业银行　　D. 其他监管部门

参考答案:B。中央银行的独立性主要体现在和政府的关系上。

5. 作为银行的银行,中央银行的主要职能是(　　)。

A. 统一货币发行、调控货币供给
B. 集中金融机构的现金准备和"最后贷款人"
C. 代理国库、为政府筹措资金
D. 代表国家管理金融业

参考答案:B。中央银行"银行的银行"职能体现在:中央银行只与商业银行和其他金融机构直接发生业务关系,在业务上和政策上对所有金融机构进行指导、管理和监督,同时也为金融机构提供各种服务,主要表现在以下几个方面:(1)保管商业银行的存款准备金。(2)对商业银行提供信贷。(3)办理商业银行之间的清算业务。

6. 什么是中央银行的独立性,中央银行为何要保持独立性?

参考答案:

(1)现代中央银行的独立性,是指中央银行在国家权力机构或政府的干预和指导下,根据国家的总体的社会经济发展目标,独立制定和执行货币金融政策,也就是所谓的相对独立性。中央银行没有完全独立于政府之外,不受政府约束,或凌驾于政府之上,而是在政府或国家权力机构的控制和影响下体现独立性。

(2)中央银行的独立性主要表现在：建立独立的货币发行制度，以维持货币的稳定；独立地制定或执行货币金融政策；独立地管理和控制整个金融体系和金融市场。这是一种相对独立性，即在政府的监督和国家总体经济政策指导下的独立性。它的两条原则是：第一，中央银行的货币金融政策的制定及整个业务操作必须以国家的宏观经济目标为基本的出发点。要考虑自身所承担的任务及责任，不能自行其是更不能独立于国家的宏观经济目标之外，甚至与国家的宏观经济目标相对立。第二，中央银行的货币金融政策的制定及业务操作都必须符合金融活动自身的规律。中央银行既不能完全独立于政府，也不能对政府唯命是从，成为政府附庸。

(3)中央银行保持相对独立性有以下几点意义(原因)：

①避免财政赤字货币化的需要。中央银行货币政策的主要目标是稳定货币，虽然作为政府的银行，有义务帮助政府平衡财政预算和弥补赤字，但只能是一般支持，而不是无条件的支持，更不能通过发行货币去弥补财政赤字，因为这样只会进一步推动通货膨胀。

②为了稳定经济与金融的需要。中央银行具有较大的独立性，地位应当比较超然，明确其首要任务是稳定币值、健全金融体制，以促进经济稳定增长和充分就业。这样，中央银行才能制定和执行正确的货币政策，对政府推行通货膨胀政策也可以起到约束作用。如果中央银行受政府的完全控制，在政治经济动荡中，受到党派政治的干扰，中央银行制定的货币政策难以具有连贯性，其结果只能是更便于政府推行通货膨胀政策，这将使经济更加不稳定。中央银行对政府的贷款一般只限于短期贷款，而且贷款金额规定有最高限额。其目的之一就在于限制政府推行通货膨胀政策。

③为了适应中央银行特殊业务和地位的需要。中央银行既不是行政部门，也不同于一般的国有企业，它的业务具有高度技术性，而且它的政策直接影响国民经济的各个部门，因此，中央银行的最高层管理人员必须具有丰富的国内外经济知识、熟练的技术和经验来制定货币政策，调节资金流向。中央银行的主要客户虽然是政府和外国的中央银行，但它同时还要为其他客户(商业银行和其他金融机构)服务，从这些方面看，中央银行也不应受政府的完全控制。

④避免政治性经济波动产生的影响。由于政府的更迭以及每一任政府目标的不同，若政府可以随意地干涉中央银行的货币政策则可能导致政策的紊乱以及经济波动的加剧。如果中央银行有很强的独立性，就可以避免这类政治和经济动荡对货币政策的干扰。

7. 简要论述中央银行的职能。

参考答案：

(1)中央银行是“发行的银行”

所谓发行的银行是指中央银行垄断了全国的货币发行权，成为一国唯一的货币发行机关。这是其与商业银行和其他金融机构的不同之处，也是中央银行发挥其职能的基础。中央银行垄断货币的发行权，有利于其调节与管理货币流通，控制货币供应量，维持货币的稳定。

(2)中央银行是“政府的银行”

中央银行作为政府的银行是指其拥有管理全国金融机构的权力，是一国货币政策的制定者与执行者,又是国家信用的提供者,并代理国家财政收支及提供各种金融服务。具体地说,其职能有:第一,代理国库业务;第二,对政府提供信用;第二,管理金融活动,调节一国经济;第四,代表政府参与国际金融活动;第五,经政府授权,保管全国的黄金与外汇储备。

(3)中央银行是“银行的银行”

作为中央银行的特殊职能,其对商业银行和其他金融机构发挥着特殊的作用。第一,吸收与保管存款准备金,以加强存款机构的清偿能力。一旦发生信用危机,中央银行可给予资金支持。中央银行也可通过存款准备金率的变动来调节一国的货币供应量。第二,充当最后贷款人,对商业银行提供信贷。当商业银行和其他金融机构发生资金短缺或周转不灵时,可以向中央银行要求资金融通。中央银行一般通过票据的再贴现向商业银行提供融资贷款,而贴现率的高低也就成了中央银行调控货币供应量的重要工具。第三,作为全国票据清算中心,组织全国票据清算事宜。中央银行作为清算银行可为各商业银行和金融机构间货币的收付转账提供快捷便利的服务,解决单个银行清算的困难。

考点 3　中央银行的业务

1. 以下针对中央银行负债的变动中,会导致商业银行体系准备金增加的是(　　)。

A. 外国在中央银行存款增加　　B. 财政部在中央银行存款增加

C. 流通中的货币减少　　D. 其他负债增加

参考答案:C。关于商业银行准备金变化主要受中央银行操作和居民持有通货数量变化的影响。其中外国在中央银行存款增加、财政部在中央银行存款增加、其他负债增加使得商业银行的准备金减少,而流通中的货币减少则反映为商业银行体系的准备金增加。

2. 下列变动会使商业银行的准备金减少的是(　　)。

A. 中央银行在国外的资产增加　　B. 政府对中央银行债权增加

C. 金融机构对中央银行的债务增加　　D. 中央银行的政府存款减少

参考答案:B。中央银行资产负债等式为:资产=负债+准备金+所有者权益,当准备金下降时,只有政府对中央银行债权增加,也就是中央银行的负债增加,才能等式平衡。故选 B。

考点 4　其他金融机构

1. 投资银行的主要业务是(　　)。

A. 短期贷款　　B. 转账结算　　C. 票据贴现　　D. 证券承销

参考答案:D。虽然现在投资银行的业务发展呈现多元化,但是证券承销还是投资银行的主要业务,也是其最本源的业务。

2. 下面不属于政策型金融机构的是(　　)。

A. 国家开发银行　　B. 中国进出口银行

C. 中国农业发展银行　　D. 国际货币基金组织

参考答案:D。国际货币基金组织属于政府间国际金融组织,其主要的角色是核数师,工作是记录各国之间的贸易数字，和各国间的债务，并主持制定国际货币经济政策。

3. 有发行货币权力的金融机构是(　　)。

A. 商业银行　　B. 中央银行　　C. 政策性银行　　D. 外汇管理局

参考答案：B。中央银行“发行的职能”反映其独占货币发行权，所以本题选 B。

4.(　　)属于契约型金融机构。

A. 金融公司　　B. 封闭型基金　　C. 保险公司　　D. 信用社

参考答案：C。契约型机构主要包括保险公司和养老基金。

5.(　　)不是投资基金的特点。

A. 专家理财　　B. 投资组合　　C. 规模经营　　D. 收益率特别高

参考答案：D。投资基金(或共同基金)的特点及优势就是投资组合、分散风险、专家理财、规模经济。

扫码听课

第七章　货币供求与均衡

考点 1　货币层次划分

1. 根据中国人民银行对货币口径的定义，个人到银行将现金转为活期存款，会使(　　)。

A. M0 下降，M1 上升　　B. M1 下降，M2 不变

C. M1 不变，M2 不变　　D. M1 下降，M2 下降

参考答案：B。本题考查两个点，一是中国货币口径的定义，二是个人活期存款到底属于哪种统计口径，知道这两个信息，这个题就很简单了。

我国的货币口径：

M0＝流通中现金

M1＝M0＋单位活期存款

M2＝M1＋准货币(定期存款＋储蓄存款＋其他存款＋个人活期储蓄)

所以，将现金转为个人活期时，流通中现金减少，M1 也会减少，而 M2 不变。故选 B。

2. 用储蓄存款消费，(　　)。

A. M1、M2 都上升　　B. M1 上升，M2 不变

C. M1 不变，M2 上升　　D. M1、M2 都不变

参考答案：B。储蓄存款只属于 M2，不属于 M1。用储蓄存款消费，会导致 M1 上升，但是由于 M1 也在 M2 里，所以 M2 不变。

3. 在我国，以下属于 M2 而不属于 M1 的是(　　)。

A. 企业活期存款　　B. 现金

C. 优先股　　D. 准货币

参考答案：D。现阶段我国货币供应量划分为以下三个层次：

M0＝流通中的现金

M1＝M0＋企业单位活期存款＋机关团体部队存款＋农村存款

M2＝M1＋企业单位定期存款＋自筹基本建设存款＋个人储蓄存款＋其他存款

M1 是狭义货币供应量，M2 是广义货币供应量，M1 与 M2 之差是准货币。

考点 2 存款货币的创造机制和货币供给理论

1. 西方学者所主张的货币层次划分依据是(　　)。

A. 购买力　　B. 支付便利性　　C. 流动性　　D. 金融资产的期限

参考答案:C。货币层次主要是根据流动性来划分的。

2. 中央银行采取盯住利率措施,则货币供给(　　)。

A. 繁荣期间将会递增　　B. 萧条期间将会递增

C. 繁荣期间将会递减　　D. 货币数量维持不变

参考答案:A。繁荣期间,货币需求曲线 L 向上移动,要是采取盯住利率的政策,应该增加货币供给。

3. 下面措施是中央银行调控货币乘数进而调控货币供给的办法的是(　　)。

A. 再贴现率　　B. 法定准备金率　　C. 超额准备金率　　D. 存贷款基准利率

参考答案:B。对于 A 选项而言,通过货币供给的乘数模型,易发现它是影响基础货币的因素,而不是影响货币乘数的因素。所以 A 错误。对于 B 选项而言,法定准备金率影响货币乘数中的分母。对于 C 而言,超额准备金是商业银行确定的,并不是中央银行调控的。所以 C 错误。对于 D 选项而言,通过货币供给的乘数模型,存贷款基准利率并不是中央银行直接的调控货币供给的措施。它只是通过影响银行和个人调整资产选择来影响货币供给,具体是影响银行准备金和通货比率。所以 D 错误。

4. 假定其他条件不变,以下关于货币乘数说法正确的是(　　)。

A. 与法定准备金率正相关　　B. 与超额法定准备金率正相关

C. 与现金比率正相关　　D. 与再贴现率负相关

参考答案:D。再贴现率越高,商业银行的超额准备金率越高,从而货币乘数越小。

5. 下面说法错误的是(　　)。

A. 在卡甘模型中,所有因素与货币乘数成正相关关系,而弗里德曼—舒瓦茨模型中,所有因素与货币乘数成负相关关系

B. 卡甘模型与弗里德曼—舒瓦茨模型只存在形式上的差别,并无重大理论区别

C. 卡甘模型不仅分析了货币供给的决定因素,还深入地检验了各因素对货币存量变化率的作用

D. 卡甘模型和弗里德曼—舒瓦茨模型采用的是广义货币定义

参考答案:A。在弗里德曼—舒瓦茨的理论中,货币供给量与 D/C、D/R 成正相关关系,而在卡甘的理论中,货币供给量与 C/M、R/D 成负相关关系。

6. 根据货币乘数模型,(　　)是由公众决定的。

A. 超额准备金率 e　　B. 通货比率 C/D

C. 法定存款准备金 r　　D. 基础货币 H

参考答案:B。总结论:通货比率 C/D 是由公众决定的;超额准备金率 e 是由商业银行决定的;法定存款准备金 r 是由中央银行决定的。

7. 下面说法正确的是(　　)。

A. 商业银行超额准备金率具有逆周期特性

B. 市场利率上升使得通货比率上升

C. 再贴现率与超额准备金率呈反向关系

D. 支票存款账户和利率提高,导致通货比率上升

参考答案:A。当经济处于下降周期,资金的投资收益率下降,商业银行持有超额准备金的机会成本变小,因此商业银行会增加超额准备金,具有逆周期特性,所以 A 正确。市场利率上升,公众持有通货的机会成本越大,则通货比率下降,所以 B 错误。再贴现率越高,则中央银行再贴现的成本越高,所以银行会提高超额准备金率。所以 C 错误。支票存款账户利率提高,公众持有通货的机会成本越大,则通货比率下降,所以 D 错误。

8. 下面不属于托宾"新观点"的基本思想是(　　)。

A. 强调商业银行与其他金融机构的同一性

B. 强调货币与其他金融资产的同一性

C. 采用了一般均衡的分析方法

D. 货币供给的内生性主要表现为中央银行面对压力的无奈上

参考答案:D。选项 D 是温特劳布、卡尔多理论的主要思想。

9. 什么是基础货币,影响基础货币的因素有哪些?

参考答案:

基础货币一般由存款准备金和流通在银行体系以外的现金两部分组成,因此存款准备金和现金是影响基础货币投放的主要因素。下面具体来说影响这两部分的二级因素:

(1)影响商业银行存款准备金变动的因素

第一,存款准备金率。如果中央银行提高存款准备金的比率,则商业银行上缴存款准备金越多,基础货币量增加。

第二,流通中的现金量。流通中的现金流入银行系统的数量增加,能使商业银行上缴存款准备金随之增加。

第三,中央银行买卖信用证券以及外汇的数量。买进有价证券和外汇,就能使商业银行的上缴存款准备金增加。

第四,中央银行对商业银行放款、贴现的松紧。如果中央银行扩大或放松对商业银行的放款、贴现,商业银行在中央银行的存款准备金也能够增加。

(2)影响流通在银行体系以外的现金量变动的因素

第一,公众收入增加和消费倾向。公众收入增加,手持现金量也会增加,消费倾向的变化也会引起现金量的复杂变化。

第二,物价变动状况。在币值不稳定和物价不稳定的情况下,往往会出现提取存款、手持现金、抢购商品等混乱状况。

第三,经济发展和体制的变动情况。如商品交易发展、就业人数增加、集贸市场扩大等因素往往会促使流通中现金量增加。

第四,存款和现金比例变化。如收购农副产品付现比重提高,农业贷款、个人贷款中相当部分的付现等,也会促使现金流量增加。

第五,信用开展程度。如银行存款利率的提高、储蓄网点的增多、非现金结算的广泛开

展等，这些因素往往会影响流通中的现金量。

此外，中央银行对基础货币的控制，控制基础货币是中央银行的一项基本任务，就我国而言，假如中央银行与商业银行先前的资产负债已经平衡，基础货币就是指中央银行向商业银行的再贷款，也就是整个金融体系的原始资金来源。

考点3　货币需求理论

1.（　　）的货币需求的决定因素不包括利率。

A. 货币主义学派　　B. 现金余额数量说

C. 凯恩斯的货币需求理论　　D. 新凯恩斯的货币需求理论

参考答案：B。凯恩斯最早将利率引入了货币需求函数，提出了流动性偏好理论。此前，现金交易数量说和现金余额数量说都不包含利率因素。

2.（　　）的货币需求的决定因素包括了人的偏好因素。

A. 货币主义学派　　B. 现金交易数量说

C. 凯恩斯的货币需求理论　　D. 新凯恩斯的货币需求理论

参考答案：A：货币主义一个很重要的特征就是把人的偏好引入货币需求函数中。

3.（　　）的货币需求的决定因素包括了制度因素。

A. 现金交易数量说　　B. 凯恩斯的货币需求理论

C. 货币主义学派　　D. 新凯恩斯的货币需求理论

参考答案：C。货币主义学派认为制度因素也影响货币的需求。现金交易数量说的交易方程为 $M=PT/V$，费雪认为，货币制度和交易技术影响了公众所采用的交易方式，而交易方式决定了货币流动速度 V，例如公众更多地采用记账和信用卡方式进行交易会导致货币流动速度的提高。但费雪同时认为，交易技术和制度性因素对流通速度的影响是很缓慢的，所以短期内货币的流动速度可以被看作是一个常数。由于假定 V 是恒定的，所以制度性因素对货币的需求没有影响，即现金交易数量说的货币决定因素没有包括制度因素，所以A是错误的。

4. 根据凯恩斯流动性偏好理论，当预期利率上升时，人们会（　　）。

A. 只持有货币　　B. 只持有债券

C. 抛售债券而持有货币　　D. 抛售货币而持有债券

参考答案：C。如果预期利率上升，则债券预期价格下跌，从而导致债券投资者的资本利得为负。如果利率上升幅度超过一定量，资本损失将超过利息收入，债券的预期回报率将为负，则人们减少对债券资产的需求，而增加货币资产的需求。

5. 鲍莫尔模型对凯恩斯的货币需求理论做了发展，强调了（　　）。

A. 收入对交易动机货币需求的正相关

B. 收入对预防动机货币需求的正相关

C. 利率对交易动机货币需求的负相关

D. 利率对预防动机货币需求的负相关

参考答案：C。将利率引入交易动机货币需求函数是鲍莫尔模型的重要特征，是对凯恩斯流动性偏好理论的重要拓展。

6. 托宾资产选择理论对凯恩斯的货币需求理论做了发展,(　　)。

A. 将利率因素引入了交易性需求函数中

B. 将利率因素引入了预防性需求函数中

C. 证明了货币需求函数的稳定性

D. 解释了现实中人们为什么同时持有货币和债券

参考答案:D。托宾资产选择理论对凯恩斯的货币需求理论的发展是解释了现实中人们为什么会同时持有货币和证券而不是像凯恩斯说的那样,只能持有货币和债券中的一种。

7. 惠伦模型对凯恩斯的货币需求理论做了发展,强调了(　　)。

A. 收入对交易动机货币需求的正相关

B. 收入对预防动机货币需求的正相关

C. 利率对交易动机货币需求的负相关

D. 利率对预防动机货币需求的负相关

参考答案:D。将利率引入预防动机货币需求函数是惠伦模型的重要特征,是对凯恩斯流动性偏好理论的重要拓展。

8.(　　)不是弗里德曼货币需求理论的政策含义。

A. 主张膨胀的货币政策对经济具有刺激作用

B. 主张实行“单一规则”的货币政策

C. 不能把充分就业作为货币政策目标

D. 不能把利率作为货币政策目标

参考答案:A。货币主义理论的政策有主张实行“单一规则”的货币政策、不能把充分就业作为货币政策目标、不能把利率作为货币政策目标。

9. 试比较费雪方程式与剑桥方程式。

参考答案:

(1)费雪方程式的定义

费雪方程式又称为交易方程式,是美国耶鲁大学教授欧文·费雪提出的关于货币数量理论的方程式。其基本表达式为:

$$MV=PT$$

式中,P 表示一般物价水平,M 表示流通中的货币量,V 表示货币流通速度,T 表示社会总交易量。费雪认为,在交易方程中,货币流通速度 V 受支付制度与支出习惯的支配,是相对稳定的,而社会总交易量 T 受社会资源总量、社会资源利用程度以及社会经济商品化程度的影响,也是相对稳定的。因此,在货币的流通速度与商品交易量不变的条件下,物价水平是随货币流通数量的变动而成正比例变动的。

(2)剑桥方程式的定义

剑桥方程式是瓦尔拉、马歇尔和庇古等人提出的关于货币余额与一般物价水平之间关系的一种货币数量论方程式。这一理论的一般表达式即剑桥方程式为:

$$M=kY \text{ 或 } M=kPy$$

式中,M 表示货币余额,k 表示以货币形态持有的备用购买力占社会总收入的比例,Y

表示社会名义总收入，y 表示实际总收入，P 表示物价水平。剑桥方程式表示：货币数量与名义国民收入间有直接的关系。若假定人们以货币形态持有的备用购买力占社会总收入或总财富的比率不变，即假定人们持币时间与持币量既定，则货币数量与名义国民收入成正比例变动。假定在充分就业条件下，社会实际总收入不变，则可推出货币数量与物价水平间成正比例变动关系。

(3)费雪方程式和剑桥方程式的比较

①相同点

从表达式可以看出，前者为 $P=MV/T$，后者为 $M=kPy$。假若把费雪方程式中的 T 代替成等同于剑桥方程式中的 y，即用交易商品量等同于收入量，再把 V 视作既代表交易货币的流通次数，又代表与收入水平对应的流通速度，$1/V=k$，就容易产生这样的看法：费雪方程式和剑桥方程式是两个意义大体相同的模型。

②不同点

两个方程式存在着明显的差异。主要有以下几点：

A. 对货币需求分析的侧重点不同。费雪方程式强调的是货币的交易手段功能，而剑桥方程式则重视货币作为一种资产的功能。

B. 费雪方程式把货币需求和支出流量联系在一起，重视货币支出的数量和速度，而剑桥方程式则是从用货币形式拥有资产存量的角度考虑货币需求，重视这个存量占收入的比例。所以对费雪方程式也有人称之为现金交易说，而剑桥方程式则称现金余额说。

C. 两个方程式所强调的货币需求决定因素有所不同。费雪方程式用货币数量的变动来解释价格，反过来，在交易商品量给定和价格水平给定时，也能在既定的货币流通速度下得出一定的货币需求结论。而剑桥方程式则是从微观角度分析的产物。出于种种经济考虑，人们对于拥有货币有个满足程度的问题：拥有货币要付出代价，比如不能带来收益的特点，又是对拥有货币数量的制约。这就是说，微观主体要在两者相比较中决定货币需求。显然，剑桥方程式中的货币需求决定因素多于费雪方程式。

10. 试比较凯恩斯主义和货币主义的货币需求理论。

参考答案：

凯恩斯主义和货币主义的货币需求理论是西方两大主流的货币理论。它们在理论内容和政策主张上差异很大，这种差异也构成了两大学派的长期争论。

其异同点主要表现在以下几个方面：

(1)从货币需求的表达形式来看，凯恩斯主义和货币主义的货币需求理论存在相似之处，都认为收入和利率是影响货币需求的因素。但两者的目的不同，凯恩斯主义的目的在于要说明货币固然重要，但是支出却是就业和收入的决定因素，货币对经济具有间接影响。而货币主义的目的在于说明货币在经济中的极端重要性，强调货币存量对产出和价格起着决定性作用，对经济具有直接影响。

(2)货币主义吸收了凯恩斯主义重视货币的价值贮藏职能的观点，认为货币是“购买力的暂栖所”，但它却摒弃了凯恩斯主义的持币动机分析。

(3)货币主义吸收了凯恩斯主义把货币看作可相互替代的多种资产之一的基本观点，因而用人们选择资产的一般理论来解释货币的需求，但它没有局限于凯恩斯主义的两分法(资产仅分为货币和债券),而包括了更丰富多样的资产(如股票、实物资产等)。

(4)尽管货币需求函数形式相似,但是两者得出的结论却不同。凯恩斯主义认为,货币需求取决于当前收入和市场利率。而货币主义认为,人们对货币的需求主要取决于永恒性收入和货币相对其他资产的预期收益。根据货币主义的分析,由于货币的预期回报率不是常量,而是随市场利率作同向变动,因此利率的变动对货币相对其他资产的预期收益率影响甚微,货币需求对利率并不敏感。

(5)与凯恩斯主义相反,货币主义认为,由于"永恒性收入"具有稳定性,货币需求是稳定的。因此,经济波动和收入变动是由货币供给决定的。

(6)凯恩斯主义主张"相机抉择"的政策规则,而货币主义主张"单一规则"的政策规则,反对货币政策的波动。

(7)与凯恩斯主义的货币需求相比,货币主义的货币需求函数的内容更为丰富,是一个多因素的货币需求函数。而凯恩斯主义的货币需求函数只是包括利率和收入的双因素货币需求函数。

考点 4 通货膨胀和通货紧缩

1. 需求政策治理的是(　　)。

A. 需求拉上通货膨胀　　B. 成本推进通货膨胀

C. 结构型通货膨胀　　D. 暂时性的通货膨胀

参考答案:A。需求政策主要是运用财政紧缩政策和货币紧缩政策来抑制通货膨胀,主要针对的是总需求过度膨胀引起的通货膨胀。

2. 由于进口商品的物价上升导致普遍物价上涨的通货膨胀属于(　　)。

A. 输入型通货膨胀　　B. 输出型通货膨胀

C. 结构型通货膨胀　　D. 供给型通货膨胀

参考答案:A。输入型通货膨胀是指由于进口商品的物价上升、费用增加而使得物价上涨,导致通货膨胀。

3. 下列说法错误的是(　　)。

A. 成本推动型通货膨胀和利润推动型通货膨胀都属于供给型通货膨胀

B. 由于经济中存在二元结构而导致的通货膨胀属于结构型通货膨胀

C. 上游产品成本和工资率的过度上升而导致通货膨胀属于成本推动型通货膨胀

D. 本质上财政赤字型通货膨胀属于供给型通货膨胀

参考答案:D。财政赤字型通货膨胀属于需求拉动型通货膨胀。所以 D 选项表达错误。

4. 弗里德曼认为,通货膨胀产生的原因是(　　)。

A. 货币供给增加　　B. 需求增加

C. 工资水平增加　　D. 产量增加

参考答案:A。以弗里德曼为代表的货币主义认为通货膨胀是一种货币现象。当货币供给超过货币需求时,则产生通货膨胀。

5. 工资上涨引起的通货膨胀称为(　　)。

A. 需求拉上型通货膨胀　　B. 成本推进型通货膨胀
C. 结构型通货膨胀　　D. 需求移动型通货膨胀

参考答案:B。成本推进型通货膨胀主要是由工资上涨和原材料价格上涨引起的。

6. 在下列引起通货膨胀的诸因素中,(　　)导致成本推进型通货膨胀。

A. 银行信贷扩张　　B. 财政赤字增加
C. 世界性物价上涨　　D. 投资率下降

参考答案:C。世界原材料价格上涨导致本国原材料价格上涨,进而引起通货膨胀,这属于成本推进型的通货膨胀。

7. 根据北欧模型,其他条件不变情况下,如果开放部门比重增加,而非开放部门比重减少,则(　　)。

A. 通货膨胀增加　　B. 通货膨胀减少
C. 通货膨胀不变　　D. 无法判断

参考答案:B。北欧模型关于通货膨胀的国际传递的理论模型,又称"输入型通货膨胀模型"或"斯堪的纳维亚模型",因创设这种模型的最初经济学家大多来自斯堪的纳维亚国家而得名。北欧模型的主要论点是:

(1)世界价格决定暴露部门的产品价格,而这个价格经汇率转化为本国货币价格后,又与技术和生产率一起决定利润率。

(2)暴露部门的利润率然后决定该部门的工资率;一般而论,工资率将调整至该部门能维持正常的利润率为止,否则该部门无法在外来竞争压力下生存。

(3)通过全国性的集体谈判,暴露部门任何工资增加将导致隐蔽部门工资率的相应增加,但因后者的劳动生产率低于前者,而工资则作同比例的调整,这便会不可避免地引起由工资引起的通货膨胀。

(4)国内的通货膨胀率,是两个部门工资上涨率的加权平均。

8. 凯恩斯认为,通货紧缩产生于(　　)。

A. 经济周期　　B. 有效需求不足
C. 过度负债　　D. 货币因素

参考答案:B。凯恩斯认为,通货紧缩产生的原因是有效需求不足。

9."认为通货紧缩是由促成经济萧条的生产结构失调所引起"的观点属于(　　)。

A. 凯恩斯有效需求不足理论　　B. 奥地利学派的经济周期理论
C. 费雪的债务—通货膨胀理论　　D. 货币主义分析

参考答案:B。奥地利学派认为通货紧缩是由于促成经济萧条的生产结构失调所引起的。

10. 费雪认为,通货紧缩产生于(　　)。

A. 经济周期　　B. 有效需求不足　　C. 过度负债　　D. 货币因素

参考答案:C。根据费雪的观点,通货紧缩产生的原因主要是过度负债。

11. 货币主义学派认为,通货紧缩产生于(　　)。

A. 经济周期　　B. 有效需求不足
C. 货币供应的增长慢于经济的增长　　D. 过度负债

参考答案:C。货币主义学派认为通货紧缩的主要原因是货币供给增长慢于经济增长。

12. 试论述通货膨胀形成的原因,对经济活动的影响,以及相对应的治理方式。

参考答案:

(1)通货膨胀的主要成因有:需求拉上、成本推进、混合型通货膨胀以及结构型通货膨胀等。

①需求拉上的通货膨胀。这是从总需求的角度来分析的原因,它是指商品市场在现有的价格水平下,经济的总需求水平超过总供给水平,导致的一般物价水平上升引起的通货膨胀。引起总需求过多的因素有两大类:

一类被称为实际因素,如消费需求和投资需求扩大,政府支出增加、减税以及一国净出口增加等因素都会使 *IS* 曲线向右移动,引起总需求曲线的向右移动,使经济在现有的价格水平下总需求超过总供给。

另一类被称为货币因素,即货币供给量的增加或实际货币需求的减少。这会使得 *LM* 曲线向右移动,也会导致总需求在现有价格水平下扩大。在经济的总供给没有达到充分就业的产出水平之前,总需求的增加在使价格水平上升的同时,也使总产出增加。随着经济接近充分就业产出水平,总需求再增加,产出也不会再增加,而只会导致价格水平的上升。

②成本推进的通货膨胀。这是从供给的角度来分析通货膨胀的原因,它是指由于生产成本的提高而引起的一般物价水平的上升。供给就是生产,根据生产函数,生产取决于成本。因此,从总供给的角度看,引起通货膨胀的原因在于成本的增加。成本的增加意味着只有提高原有的价格水平才能达到原来的产出水平,即总供给曲线向左上方移动。在总需求不变的情况下,总供给曲线向左上方移动会使国民收入减少,价格水平上升。根据引起成本增加的原因不同,成本推进的通货膨胀可以分为工资成本推进的通货膨胀和利润推进的通货膨胀两种。

③混合型通货膨胀。这是把总需求与总供给结合起来分析通货膨胀的原因,许多经济学家认为,通货膨胀的根源不是单一的总需求拉上或总供给推进,而是两者共同作用的结果。

④结构型的通货膨胀。结构型通货膨胀是由于各经济部门劳动生产率的差异、劳动力市场的结构特征和各经济部门之间收入水平的攀比等引起的通货膨胀。

(2)通常,通货膨胀对经济活动的影响主要表现为以下两个方面:

①通货膨胀的再分配效应。

A. 降低固定收入阶层的实际收入水平。即使就业工人的货币工资与物价同比例增长,在累进所得税下,货币收入增加使人们进入更高的纳税等级。税率的上升也会使工人的部分收入丧失。

B. 通货膨胀对储蓄者不利。随着价格上涨,存款的实际价值或购买力就会降低。通货膨胀还可以在债务人和债权人之间发生收入再分配的作用。具体地说,通货膨胀靠牺牲债权人的利益而使债务人获利,只要通货膨胀率大于名义利率,实际利率就会为负值。

②通货膨胀的产出效应。

A. 在短期,需求拉动的通货膨胀可促进产出水平的提高;成本推动的通货膨胀却会导致产出水平的下降。

B. 需求拉动的通货膨胀对就业的影响是清楚的，它会刺激就业减少失业；成本推动的通货膨胀在通常情况下，会减少就业。

C. 超级通货膨胀会导致经济崩溃。

(3)从国际国内治理通货膨胀的一般经验来看，主要的治理措施有：

①紧缩的货币政策，其主要措施，一是减少货币供应量，具体操作手段是中央银行提高法定存款准备金率、减少基础货币的投放；二是提高利率，具体操作手段是中央银行提高对商业银行的再贴现率、抵押贷款利率和信用贷款利率，同时这也会使得存款利率、债券利率相应提高。

②紧缩的财政政策，主要是指增加收支、减少赤字。其中增收的措施主要是增加赋税；节支的措施主要是压缩政府机构费用开支甚至精简机构、减少军费开支，控制公共事业投资，减少各种补贴和救济等福利性支出。

③紧缩的收入政策，主要用于治理成本推动型的通货膨胀，是指政府对工资和物价进行管制，具体措施是确定工资—物价指导线，即政府当局规定允许货币总收入在一定年份增长的目标数值线，并据此相应地采取使每个部门的工资和价格的增长收敛于指导线的措施。

④积极的供给政策，是指以积极刺激生产的办法增加供给，同时压缩总需求来抑制通货膨胀的政策，其主要措施包括：大幅度降低税率；减少国家对经济的干预和对企业经营活动的限制；在采取上述措施的同时，也要减少政府支出。

⑤ 货币改革，是指政府下令废除旧币，发行新币，变更钞票面值，对货币流通秩序采取一系列强硬的保障性措施等。这种强有力的货币改革措施，一般是针对恶性通货膨胀的。当物价上涨已经显示出不可抑制的状态，货币制度和银行体系已经濒临崩溃时，才会迫使政府进行货币改革。

除了上述治理通货膨胀的一些主要措施外，还存在一些比较特殊的政策主张或做法，如推行指数化政策。所谓指数化，简单说就是收入指数化。它是将主要经济变量如工资收入、利率等与物价指数挂钩，当物价指数上升时，这些经济变量自动随之调整。制定反托拉斯法限制垄断高价，不少发达的工业国家将其作为价格政策的基本内容。

13. 什么是通货紧缩？在货币供应量仍然增长的条件下，能否出现通货紧缩？应采取怎样的宏观经济政策才能摆脱通货紧缩？

参考答案：

(1)通货紧缩是指经济中货币供应量少于客观需求量，社会总需求小于总供给，导致商品和劳务的货币价格总水平持续明显下降的经济现象。

(2)货币总供应量少于客观需求量，既包括客观需求量一定时货币供应量减少的情况，也包括在一定的货币供应量下客观需求量增加的情况。它反映的是经济中的货币购买力与商品供给能力的对比状况或社会总需求与社会总供给的对比状况。即商品供给能力相对货币购买能力而过剩或者社会总需求相对总供给不足。引起通货紧缩的原因有很多，比如生产能力过剩、技术进步和竞争等因素引起的成本下降、投资和消费预期发生变化等，而不单单因为银行系统的货币发行量或是因为货币政策扩展不够或收缩过度。

通货紧缩的标志是价格总水平下降。从理论上讲，只要价格下降不是存在于个别部门、个别地区、部分产品，也不存在相对短的时间，而是存在于所有的或绝大多数的部门、地区和产品,表现出普遍的、持续的下降,就可以断定经济出现了通货紧缩。

所以,在货币供应量仍然增长的条件下,如果是经济中的货币供应量相对于客观需求量来说减少了,则仍然会出现通货紧缩。

(3)对于我国的通货紧缩的治理要采取财政、货币、产业政策相互搭配、灵活运用的方式,使经济总量恢复均衡状态。具体的宏观经济政策包括:

①积极的财政政策。积极的财政政策一般有三种组合形态:一是减轻税负的同时,扩大财政支出;二是税收不减,扩大财政支出;三是税收增加,但财政支出比税收增长更大幅度的增加。无论采取何种形态组合,其结果都是财政赤字增加、债务扩大。我国政府采取了扩张的财政政策,以发行国债来扩大对基础设施建设的资金投入。

另外,在税收方面,对不同行业应给予不同的税收优惠,这样不但可以刺激社会投资,还可以推动国家产业结构的调整。值得注意的是在推行积极的财政政策时要掌握好力度,既要减小"挤出效应",又要避免市场物价的强烈反弹。

②在货币政策方面实行扩张的货币政策。我国连续降低存贷款利率、取消贷款规模限制,降低商业银行的存款准备金以及发展个人消费信贷等措施。这些措施在一定程度上刺激了消费、投资需求,从而起到扩大内需、拉动经济的有效作用。

③加快结构的调整。供需总量矛盾的背后,通常存在着结构性矛盾。

扫码听课

第八章 货币政策

考点1 货币政策目标

1.(　　)不是美联储的货币政策目标。

A. 稳定物价　　B. 稳定联邦基金利率

C. 促进就业　　D. 保持适度水平的长期利率

参考答案:B。稳定物价、保持适度水平的长期利率和促进就业这三点,是美联储明确表示的货币政策目标,联邦基金利率是美国的同业拆借利率,调控联邦基金利率是美联储的货币政策手段之一,所以本题选B。

2. 凯恩斯主义主张以(　　)作为货币政策传导的中间目标。

A. 利率　　B. 货币供给量　　C. 通货膨胀率　　D. 存款准备金

参考答案:A。凯恩斯很注重货币政策的利率传导。

3. 货币主义主张以(　　)作为货币政策传导的中间目标。

A. 利率　　B. 货币供给量　　C. 通货膨胀率　　D. 存款准备金

参考答案:B。货币主义不认为利率对宏观经济产生重要影响,相反他们认为维持货币供给的稳定对宏观经济有重要意义。

4. 我国货币政策最终目标是(　　)。

A. 国际收支平衡、充分就业　　B. 物价稳定、国际收支平衡

C. 内外均衡、经济增长　　D. 人民币币值稳定、经济增长

参考答案:D。根据《中华人民共和国中国人民银行法》第三条规定:"货币政策的目标是保持人民币币值稳定,并以此促进经济增长。"

5. 关于货币政策最终目标相互联系,下列说法正确的是(　　)。

A. 货币政策最终目标彼此间都是相矛盾的

B. 货币政策最终目标彼此间都是相统一的

C. 除充分就业与经济增长二者关系外,其他各项最终目标间都是相矛盾的

D. 除了国际收支平衡和经济增长二者关系外,其他各项最终目标间都是相统一的

参考答案:C。根据菲利普斯曲线可知,一个国家要减少失业或实现充分就业,通货膨胀率就会上升。如果要控制通货膨胀,使物价上涨率下降,必须承受较高的失业率。所以充分就业与物价稳定相矛盾,B和D都是错误的。经济增长使得消费增加、投资增加,从而创

造的就业机会也增加，所以充分就业和经济增长是相统一的，A 错误。

6. 货币政策中间目标选择标准不包括(　　)。

A. 可测性　　B. 可控性　　C. 相关性　　D. 灵活性

参考答案:D。货币政策中间目标选择标准包括可测性、可控性和相关性。

7. 下列货币政策操作中，可以减少货币供给的是(　　)。

A. 降低法定存款准备金率　　B. 降低再贴现率

C. 降低超额存款准备金率　　D. 发行央票

参考答案:D。降低货币供给的货币政策就为紧缩的货币政策，A、B、C 都为扩张的货币政策，只有发行央票为紧缩的货币政策，选 D。

8. 中间目标必须与最终目标密切相关，是指中间目标具备(　　)。

A. 相容性　　B. 可控性　　C. 相关性　　D. 准确性

参考答案:C。中间目标的选择标准是可测、可控、相关、抗干扰，具体来说，要可以观测、可以控制、相关性强、抗干扰性强。

9. 菲利普斯曲线反映(　　)之间此消彼长的关系。

A. 通货膨胀率与失业率　　B. 经济增长与失业率

C. 通货紧缩与经济增长　　D. 通货膨胀与经济增长

参考答案:A。本题考查菲利普斯曲线的性质，较简单。

10. 简述什么是货币政策的“双重目标论”。

参考答案:

(1)双重目标论的定义

货币政策的“双重目标论”是指在制定和执行货币政策时，要将币值稳定和经济增长同时作为货币政策的目标。货币政策的目标指的是中央银行制定和执行货币政策所要达到的最终目标，一般来说，货币政策的目标包括币值稳定、经济增长、充分就业、国际收支平衡四个方面。根据对货币政策目标的选择不同，可以分为货币政策的单一目标论、双重目标论、多重目标论。

(2)双重目标论的内容

双重目标论认为，货币政策的目标不可能是单一的，而应当是同时兼顾稳定币值和经济增长这双重目标。经济增长是币值稳定的物质基础，而币值稳定又有利于经济的长期稳定增长。二者相互制约和互相影响，只偏重某一目标的结果不仅不可能在长期经济运行中实现该目标，对整个国民经济的稳定协调发展也是不利的。

《中国人民银行法》规定，我国货币政策的目标是保持物价稳定，并在此基础上促进经济发展，在一定程度上，也属于双重目标论。

考点 2　货币政策工具

1. 在以下货币政策工具中，属于一般性货币政策工具的是(　　)。

A. 信贷配给　　B. 消费信用控制

C. 公开市场业务　　D. 窗口指导

参考答案：C。一般性的货币政策工具包括法定存款准备金、再贴现率和公开市场操作。而选择性的货币政策工具主要包括消费信用控制、证券市场信用控制、不动产信用控制、信贷配给、道义劝告、窗口指导。

2. 在货币政策工具中，消费信用控制属于(　　)。

A. 一般性货币政策工具　　B. 选择性货币政策工具

C. 特殊性货币政策工具　　D. 临时性货币政策工具

参考答案：B。消费信用控制是一种选择性货币政策工具，它主要通过是调节居民的消费结构以达到调整货币供给的目的。

3. 在下列货币政策工具中，政策调控效果最猛烈的工具是(　　)。

A. 公开市场操作　　B. 存款准备金率

C. 再贴现率　　D. 利率

参考答案：B。一般性的货币政策工具之中，货币政策效果最猛烈的货币政策工具是调整存款准备金率。

4. 关于存款准备金，下面说法错误的是(　　)。

A. 存款准备金缺乏弹性，不宜作为中央银行日常调控货币供给的工具

B. 存款准备金的调整对整个经济和社会心理预期都产生显著的影响，以致使得它有了固定化的倾向

C. 存款准备金的调控效果最猛烈，不宜作为经常性的货币政策调节工具

D. 通常，在经济繁荣阶段具有较低的存款准备金率

参考答案：D。在经济繁荣阶段，一般具有通货膨胀压力，社会流动性过剩等特征，中央银行通常会使用提高存款准备金率来回收资金，以实现物价稳定的政策目标。

5. 若中央银行在公开市场上大量抛售有价证券，意味着货币政策(　　)。

A. 放松　　B. 收紧　　C. 不变　　D. 不一定

参考答案：B。中央银行抛售债券，回收货币，基础货币减少，货币供给减少，意味着货币政策收紧。

6. 中央银行在金融市场中的"相机抉择式的交易行为"属于(　　)。

A. 再贴现率　　B. 公开市场操作

C. 存款准备金率　　D. 窗口指导

参考答案：B。相机抉择是指中央银行根据经济情况在金融市场上进行公开操作，因为公开操作能够使中央银行掌握主动性，同时还能适时适量地进行调控。所以本题选 B。

考点 3　货币政策传导机制

1. 关于货币政策传导机制，下列说法错误的是(　　)。

A. 在信贷配给传导机制理论提出以前，经济学家们只考虑了利率对借款者的影响，而忽视了利率对贷款者的影响

B. 财富调整理论认为，扩张性货币政策导致的财富增加和相对资产价格变动是货币政策传导的关键

C. 根据托宾Q理论，当央行增加货币供给，则托宾Q值减少

D. 米什金提出了货币政策的汇率传导机制

参考答案：C。根据托宾Q理论的货币传导机制理论，当中央银行增加货币供给，则导致利率下降，股票价格上升，Q值增加。这是因为Q值等于企业市值/企业重置成本，当股票价格上升，企业市值也随之上升。

2. 根据托宾Q理论，货币政策将通过对(　　)的影响而作用于实际的经济活动，从而达到预期的最终目标。

A. 利率　　B. 货币供应量

C. 股票价格　　D. 货币的价格

参考答案：C。托宾Q值是企业市值与其重置价值的比值，所以货币政策是通过股价对预期目标产生作用。

3. 在货币政策的传导机制中，既可以作为操作目标，又可以是中介目标的是(　　)。

A. 基础货币　　B. 货币供应量　　C. 短期利率　　D. 长期利率

参考答案：C。操作目标是短期的中间目标，中介目标是长期的中间目标。一般常见的短期目标是基础货币和超额准备金。常见的长期目标是利率和货币供应量，既可以作为短期目标和长期目标的只有短期利率。

4. 根据货币政策传导的资产负债渠道论分析，货币政策可以通过(　　)的变动影响消费支出。

A. 利率效应　　B. 信用供给　　C. 银行贷款需求　　D. 股票价格

参考答案：D。本题考查资产负债渠道的传导机制，该机制主要是通过资产价格的变化带来的财富效应使人们的消费支出增加，从而增加产出。

5. 货币政策传导的渠道主要有哪些？你对我国货币政策传导效率的现状作何评价和解释？你认为应如何进一步提高我国的货币政策传导效率？

参考答案：

(1)尽管货币政策传导机制理论在不断发展，各种学派对货币政策的传导机制有不同看法，但归纳起来货币政策影响经济变量主要是通过以下四种途径：

第一，利率传递途径。利率传导机制的基本途径可表示为：货币供应量 $M\uparrow\rightarrow$ 实际利率水平 $i\uparrow\rightarrow$ 投资 $I\uparrow\rightarrow$ 总产出 $Y\uparrow$。

第二，信用传递途径。信用传导机制的基本途径可表示为：货币供应量 $M\uparrow\rightarrow$ 贷款供给 $L\uparrow\rightarrow$ 投资 $I\uparrow\rightarrow$ 总产出 $Y\uparrow$。

第三，非货币资产价格传递途径。资产价格传导理论强调资产相对价格与真实经济之间的关系，其基本途径可表示为：货币供应量 $M\uparrow\rightarrow$ 实际利率 $i\downarrow\rightarrow$ 资产(股票)价格 $P\uparrow\rightarrow$ 投资 $I\uparrow\rightarrow$ 总产出 $Y\uparrow$。

第四，汇率传递途径。货币政策的汇率传导机制的基本途径可表示为：货币供应量 $M\uparrow\rightarrow$ 实际利率 $i\downarrow\rightarrow$ 汇率 $E\downarrow\rightarrow$ 净出口 $NX\uparrow\rightarrow$ 总产出 $Y\uparrow$。

(2)中国货币政策传导的途径包括：货币供应量、信贷机制、利率机制等，但是利率机制并不是我国货币政策主要传导机制，利率政策在调节我国实际经济中存在阻滞因素，使其无法正常发挥效应。国内许多学者也通过研究论证得出，利率机制在我国不起主要作用，而信

贷传导渠道和货币渠道在实际中发挥的作用更大。从以上两点的差异分析可知，利率市场化的完成是运用利率政策调节的基础和前提，通畅的利率传导机制是利率政策能够发挥作用的有力保证。

(3)提高我国货币政策传导效率，要从以下几个方面着手。

第一，增强传统货币政策工具灵活性，增强欠发达地区基层央行贯彻实施货币政策的效力。

第二，创造条件，降低门槛，成立地区性商业银行，使货币政策传导的渠道更为广泛和深入。

第三，推动金融市场建设，强化货币政策传导载体。引导金融机构通过多种方式有序地参与货币市场，培育和壮大交易主体。

第四，规范金融客体行为，提高其对货币政策反应的灵敏度。

考点4　货币政策的有效性

1. 下列属于内部时滞范畴的是(　　)。

A. 认识时滞、决策时滞　　B. 操作时滞、市场时滞

C. 认识时滞、操作时滞　　D. 决策时滞、市场时滞

参考答案：A。本题考查不同时滞的区别。认识时滞指从经济中发生了引起不稳定的变动到政策制定者认识到有必要采取某种经济政策之间的时间间隔。决策时滞指认识到了有采取政策的必要，到采取行动之前的时间间隔。二者统称为内部时滞。

2. 下列属于外部时滞范畴的是(　　)。

A. 认识时滞、决策时滞　　B. 操作时滞、市场时滞

C. 认识时滞、操作时滞　　D. 决策时滞、市场时滞

参考答案：B。本题考查不同时滞的区别。操作时滞指从调整政策工具到其对中介指标发生作用所需耗费的时间间隔。市场时滞指从中介目标发生反应到其对目标变量产生作用所需要的时间间隔。二者统称为外部时滞。

3. 简述货币学派的货币政策主张。

参考答案：

货币学派是作为凯恩斯学派的对立面出现的，它的货币政策主张也主要是针对凯恩斯学派的政策主张而提出的。

(1)凯恩斯学派相机抉择的货币政策主张

西方市场经济国家用来干预经济生活的现代宏观经济政策包括有货币政策，始于20世纪30年代凯恩斯主义的建立。凯恩斯否定了西方古典经济学派关于经济人是理性人的假设、关于供给可以创造同等需求的论点以及市场本身的机制即可实现充分就业均衡的论点，他认为有效需求不足是必然的，因而必须由国家干预经济生活予以补足，相应地提出了相机抉择的货币政策主张。

凯恩斯学派认为，中央银行应该根据经济形势的变化，灵活地运用各种货币政策工具从而控制货币供应量来调节利率进而影响投资和整个经济以达到一定的经济目标。

(2)货币学派"单一规则"的货币政策主张

相机抉择的货币政策对促进西方国家经济的增长曾经起到过非常大的作用,但是第二次世界大战后一些年代的实践说明,国家干预的结果却是经济增长与通货膨胀并存。在这样的背景下,出现了把这两者视为具有相互替代关系的菲利普斯曲线。到了20世纪70年代,又出现了"滞胀"的局面,即就业已不能用通货膨胀的代价来换取,通货膨胀存在的同时却是经济停滞和严重的失业问题。而且,货币政策的时滞等问题给政策的实施带来困难,并产生不良后果,这就相应地出现了货币学派"单一规则"的货币政策主张。

货币学派强烈反对凯恩斯学派关于国家干预经济生活的主张,认为国家的过多干预阻碍了市场自我调节机制的作用发挥,从而促成经济紊乱。这是因为:

①相机调节货币供给的金融政策,由于要在长期时滞之后才能生效,其是否有效实际上难以肯定;

②多变的金融政策还会加剧经济的波动;

③由于时滞的存在和人为判断失误等因素相机抉择货币政策往往不能稳定经济,反而成为经济不稳定的制造者。

他们论证,货币需求函数的变动从长期看是相当稳定的,因而他们的货币政策主张是保持货币供应按"规则"增长,即中央银行应长期一贯地维持一个固定的或稳定的货币量增长率,而不应运用各种权力和工具企图操纵和管制各种经济变量。这是因为:

①货币主义相信市场机制的稳定力量,认为在经济繁荣、需求过旺时,固定货币供给增长率低于货币需求增长率,因此具有自动收缩经济过度膨胀的能力;而在经济不景气、需求不足时,固定货币供给增长率高于货币需求增长率,因而又具有自动刺激经济恢复的能力。

②固定货币供给规则的支持者称该规则可以促进形成稳定的经济环境,提高人们的信心,从而有助于长期计划和投资,弗里德曼指出美国历史上所有的主要通货膨胀都与货币供给速度加快有关。同样,所有严重的经济收缩都伴有货币供给的绝对减少或者货币供给增长速度的明显放慢。采用固定货币规则可消除货币供给的易变性,这样,人们会预期经济前景更加稳定,不会出现两位数的通货膨胀和严重的经济衰退。厂商预见到经济的波动幅度将会变小,就会稳定他们的投资支出,从而提高经济整体的稳定性。

货币学派的货币政策主张是作为凯恩斯学派相机抉择货币政策的对立面而出现的,它可以提示中央银行到底应该如何正确地估量货币政策的总体效应。

4. 简述影响货币政策实施效果的因素

参考答案:

(1)货币政策时滞。货币政策时滞是指货币政策从研究、制定到实施后发挥实际效果的全部时间过程。它是影响货币政策效果的重要因素。这一时滞包括内部时滞和外部时滞。

①内部时滞。内部时滞是指从政策制定到货币当局采取行动这段时间。内部时滞的长短取决于货币当局对经济形势发展的预见能力、判定对策的效率和行动的决心等。它可分为认识时滞和决策时滞两个阶段。

认识时滞是指从形势变化需要货币当局采取行动到它认识到这种需要的时间。这是因为搜集各种资料、对各种复杂的经济现象进行综合分析,做出符合实际的判断需要耗费一定的时间。

决策时滞，也称行动时滞，是指从货币当局认识到需要采取行动到实际采取行动这段时间。这一时滞的长短取决于中央银行占有的各种信息资料和对经济形势发展的预见能力。

②外部时滞。是指从货币当局采取行动开始到对政策目标产生影响为止的这段时间。它主要取决于政策的操作力度和金融部门、企业部门对政策工具的反应大小等。外部时滞可分为操作时滞和市场时滞。

操作时滞是指从调整政策工具到对中间目标发生作用的时间。这一时滞的长短主要取决于各金融机构对中央银行政策的态度、对政策工具的反应能力和金融市场对中央银行政策的敏感程度。

市场时滞指从中间目标发生反应到其对最终目标产生作用所需要的时间。这一时滞的长短主要取决于调控对象对中间指标变动能否对最终目标发生作用的反应程度。

(2)理性预期因素。理性预期因素就是人们根据中央银行货币政策的变化来理性预期将来货币供应量、物价等经济因素的变化，从而调整自己的行为，这个调整不是有利于货币政策效果的发挥，而是抵消了货币政策效果。比如中央银行采取扩张性货币政策，是希望刺激经济的增长，但企业预期货币供应量增加，物价上涨，它不去扩大生产规模，而是提前提高产品价格，这就抵消了货币政策效果。

(3)其他因素的影响。除以上因素外，货币政策的效果也受到其他外来或体制因素的影响。一项既定的货币政策出台后总要持续一段时期，在这一时期内，如果经济条件发生某些始料不及的情况，而货币政策又难以做出相应的调整时，就可能出现货币政策效果下降甚至失效的情况。政治因素对货币政策效果的影响也是巨大的，当政治压力足够大时，就会使货币政策进行调整或影响其效果。

扫码听课

第九章　国际收支及国际资本流动

考点1　国际收支

1. 在国外直接投资的利息收益在国际收支结算中应当记入(　　)。

A. 经常账户　　B. 金融账户　　C. 资本账户　　D. 储备和其他账户

参考答案:A。经常账户或称经常项目。经常账目的净差额是计量一经济体储蓄水平的重要内容。反映一国同其他国家之间资源的转移。投资收益:包括直接投资项下的利润利息收支和再投资收益、证券投资收益(股息、利息等)和其他投资收益(利息)。它计入经常账户。

2. 国际收支平衡表中将投资收益计入(　　)。

A. 贸易收支　　B. 经常账户　　C. 资本账户　　D. 官方储备

参考答案:B。国际收支平衡表的经常账户包括四个二级项目:货物、服务、收入和经常转移。有关直接投资、证券投资和其他投资的收入和支出以及储备资产的收入都属于收入项目下应记载的内容。

3. 资本与金融项目反映的是资产所有权的国际流动,它包括资本项目和金融项目;其中包括直接投资、证券投资和其他投资的项目是(　　)。

A. 经常项目　　B. 错误与遗漏项目

C. 资本项目　　D. 金融项目

参考答案:D。根据金融项目的科目内容,本题选 D。

4. 根据国际收支账户的记账规则,以下(　　)包含的内容都应该记入借方。

A. 反映进口实际资源的经常项目,反映资产减少的金融项目

B. 反映进口实际资源的经常项目,反映资产增加的金融项目

C. 反映出口实际资源的经常项目,反映负债增加的金融项目

D. 反映出口实际资源的经常项目,反映负债减少的金融项目

参考答案:B。借方项目包括:反映进口实际资源的经常项目;反映资产增加或负债减少的金融项目。

5. 国际收支平衡表中的综合账户差额计算是根据(　　)。

A. 商品的进口和出口

B. 商品和服务的进口和出口

C. 经常账户和资本与金融账户

D. 经常账户和资本与金融账户中剔除官方储备后的余额

参考答案:D。综合账户差额是指经常账户和资本与金融账户中的资本转移、直接投资、其他投资账户所构成的余额,也就是将国际收支账户中官方储备账户剔除后的余额(如果考虑基本账户差额的话,综合账户差额可以理解为基本账户差额加上了短期资本流动)。综合账户的意义在于可以衡量国际收支对一国储备持有所造成的压力,因为综合账户差额必然导致官方储备的相反方向变动。

考点 2 国际收支理论

1. 下列关于马歇尔—勒纳条件的论述,不正确的是( )。

A. 此条件的假设前提是进口供给弹性和出口供给弹性无穷大

B. 满足此条件,意味着出口数量增加和进口数量减少幅度之和大于汇率上升所导致的出口外币价格下降和进口本币价格上升幅度之和

C. 此条件是本币贬值能够改善贸易收支的充要条件

D. 此条件是出口需求价格弹性和进口需求价格弹性之和大于 1

参考答案:C。马歇尔勒纳条件是贬值能改善贸易收支的必要条件。

2. 下面关于国际收支乘数分析法的表述中,正确的是( )。

A. 乘数分析法考虑了国际资本流动

B. 乘数分析法分析的是收入不变前提下价格变动对国际收支调整的作用

C. 乘数分析法分析的是汇率和价格不变前提下收入变动对国际收支调整的作用

D. 乘数分析法分析的是收入不变前提下汇率变动对国际收支调整的作用

参考答案:C。乘数分析法是指在考虑汇率变动的贸易效应中加入了乘数效应,将汇率变动对贸易收支的影响分为直接和间接两方面。首先,汇率变动直接影响到商品的外币价格进而对贸易收支产生影响,其次由于乘数效应的存在,自主性支出的变动导致国民收入的变动,进口支出是国民收入的增函数,进口支出随之变动,因此国民收入的变动对贸易收支的状况造成了影响。这说明对贸易收支的调整不仅仅可以从汇率的角度出发,还可以通过对需求的管理来调整贸易收支。

3. 国际收支的弹性理论认为,与其他因素相比,影响一国贸易收支的最重要因素是( )。

A. 实际利率　　B. 实际汇率　　C. 价格水平　　D. 货币供应

参考答案:B。弹性理论研究的就是本币贬值取得成功的条件以及其对贸易收支和贸易条件的影响,故本题选 B。

4. 按照国际收支的货币论,一国基础货币的来源是中央银行的( )。

A. 国内信贷　　B. 国内信贷与外汇储备之和

C. 外汇储备　　D. 国内信贷与外汇储备之差

参考答案:B。货币论的贡献之一就是从货币角度为分析国际收支提供了新思路,其认为一国的基础货币主要分为国内和国外两部分,也就是国内信贷和外汇储备之和,本题选 B。

考点3 国际收支的调节

1. 当一国处于通货膨胀和国际收支逆差的经济状况时，应采用的政策搭配是(　　)。

A. 紧缩国内支出，本币升值　　B. 扩张国内支出，本币升值

C. 紧缩国内支出，本币贬值　　D. 扩张国内支出，本币贬值

参考答案：C。此题考查治理内外失衡政策组合选择的斯旺模型。针对实现内外均衡的政策搭配，斯旺主要使用支出转换政策(汇率政策)和支出调整政策(需求政策)的搭配，即侧重通过调整汇率来解决外部均衡，而调整国内支出以解决内部均衡。当出现逆差时和通货膨胀时，政府应该采取措施使本币贬值，同时紧缩国内支出。

2. 简述国际收支失衡的原因。

参考答案：

导致国际收支失衡的原因是多种多样的，有经济因素的，也有非经济因素的。概括地讲，主要有以下五种原因。

(1)季节性和偶然性原因。由于生产、消费有季节性变化，一个国家的进出口也随之而变。季节性变化对进出口的影响并不一样，由此造成了季节性失衡。典型的季节性国际收支失衡发生在以农产品作为主要出口商品的发展中国家。无规律的短期灾害如洪水、地震等自然灾害，也会造成一国出口减少，进口增加，引起国际收支失衡。季节性和偶然性国际收支失衡都是临时性的，它们对国内经济的危害相对较小。

(2)周期性原因。因经济周期波动使经济条件变动而发生的盈余和赤字交互出现的国际收支失衡。例如，在经济繁荣时期，进口需求增加，可能出现经常项目赤字；在经济萧条时期，进口需求下降，可能出现经常项目盈余。

从资本与金融项目看，经济繁荣时期，投资前景看好，资本流入增加；经济萧条时期，投资前景黯淡，资本流出增加。第二次世界大战后，主要工业国的商业周期波动极易传播至其他国家，从而引起世界性的周期波动，致使各国国际收支出现周期性失衡。

(3)货币性原因。由于一国的价格水平、利率水平等货币性因素与其他国家比较发生相对变动所引起的国际收支失衡，称为货币性失衡。例如，一国货币供应量增加过多，相对于其他国家而言，该国一般物价水平和生产成本便会普遍上升，该国的出口便会受到抑制，而进口则受到鼓励，从而造成该国经常项目收支恶化。

另外，货币供应量过多，还会引起本国利率下降和资本流出增加，从而造成资本与金融项目的逆差。两者结合在一起，会造成一国国际收支逆差。货币性失衡不仅与一国经常项目有关，也同资本与金融项目有关。

(4)结构性原因。当国际分工格局或国际需求结构等国际经济结构发生变化时，一国的产业结构及相应的生产要素配置不能完全适应这种变化，从而发生的国际收支失衡，称为结构性失衡。各国由于地理环境、资源分布、技术水平、劳动生产率等经济条件不同步形成了各自的经济布局和产业结构，从而形成各自的进出口商品结构。当国际间对某些商品的生产和需求发生变化时，如果一国不能相应地调整其生产结构和出口商品结构，则会引起贸易和国际收支的失衡。

(5)外汇投机和资本外逃造成的失衡。投机性资本流动是利用利率差别和预期的汇率变动来谋利的资本流动。投机性资本流动可能是稳定的,也可能是不稳定的。不稳定的投机使汇率变动更加恶化,投机造成贬值,贬值又进一步刺激投机,从而使外汇市场变得更为混乱,资本大量外流。资本外逃是保值性资本流动。

当一个国家面临货币贬值、外汇管制、政治动乱或战争威胁时,在这个国家拥有资产的居民与非居民就把其资金转移到他们认为稳定的国家,造成该国资本的大量外流。不稳定的投机和资本外逃具有突发性、规模大的特点,在国际资本迅速流动的今天,它们已成为一国国际收支失衡的一个重要原因。

3. 简述纸币流通的固定汇率制度下国际收支逆差的自动调节机制。

参考答案:

国际收支自动调节机制的功效在金本位和纸币本位的货币制度下是不同的,纸币本位的固定汇率制度下的国际收支逆差自动调节机制比金本位汇率制度下自动调节过程复杂一些,具体调节过程通过以下三种机制来实现。

(1)利率机制。一国国际收支出现赤字时,为了维持固定汇率,一国货币当局必须减少外汇储备,造成本币货币供应量的减少。这使利率上升,利率上升又会导致资本流入增加,从而改善资本与金融账户,使赤字减少或消除。反之,国际收支盈余则会通过利率下降使资本流出,从而恶化资本与金融账户,使盈余减少或消除。

(2)收入机制。收入机制是指国际收支逆差表明国民收入水平下降,国民收入下降引起社会总需求下降,进口需求下降,从而贸易收支得到改善,使赤字减少或消除;反之国际收支顺差表明国民收入水平上升,国民收入增加引起社会总需求增加,进口需求增加,从而贸易收支恶化。

(3)相对价格机制。国际收支赤字时,货币供给量减少会导致国内物价水平下跌,物价相对外国产品价格下跌会增强本国产品竞争力,使出口增长,进口减少,从而改善经常账户余额,使赤字减少或消除。同样,盈余会通过物价上升而减少或消除。

在固定汇率制度下,国际收支自动恢复均衡是通过国内宏观经济变量来实现的,这就意味着对外均衡目标的实现是以牺牲国内经济均衡(充分就业,物价稳定)为代价的。

4. 简述国际收支失衡的政策调整措施。

参考答案:

一国国际收支失衡会对国家经济的稳定和发展产生不利影响,因而,必须保持国际收支平衡。如果一国国际收支经常出现失衡而收支差额较大,特别是发生长期性逆差时,必然要进行调节。

国际收支调节可以分为自动调节和政策调节。自动调节通过汇率机制、收入机制和货币机制的调节能从一定程度上缓解一国的国际收支失衡,但自动调节只能在某些条件或经济环境下起作用,而且作用效果和程度也无法保证。因此,各国都采取一定的政策来调节国际收支,使国际收支朝着有利于本国经济稳定的方向发展。

一般来说,国际收支失衡的政策调节主要有以下几种:

(1)外汇缓冲政策。外汇缓冲政策是指运用官方储备的变动或向外借款,来对付国际收支临时性失衡的政策。一般做法是建立外汇平准基金,当国际收支失衡后,货币当局运用该基金在公开市场操作，买进或卖出外汇，消除超额的外汇供求。

这种政策以外汇为缓冲体，故称外汇缓冲政策。运用外汇缓冲政策调节季节性、偶然性失衡和不正常资本流动造成的失衡是一种非常好的选择，它可以使外部失衡的影响止于外汇储备阶段，而不影响国内经济与金融。但对长期性失衡，该政策不但无益，反而有害，因此，不宜用于调节长期性失衡。

(2)汇率调整政策。汇率调整政策就是指发生逆差时实行本币贬值，发生顺差时实行本币升值的政策。汇率调整旨在改变外汇的供求关系，经由进出口商品的价格变化、资本融进融出的实际收益成本的变化等渠道来实现政策目标。但通过汇率调整实现调节目标，要求本国进出口商品具有充分弹性，而且汇率调整，尤其是竞争性贬值容易引起贸易伙伴的报复，从而引发货币战。

(3)需求管理政策。需求管理政策是运用扩张或紧缩性财政政策和货币政策来控制需求总量，进而消除国际收支的失衡。这是战后各国普遍采用的方法。财政政策一般是从收支两个方面进行调节，其主要政策工具有税收、政府支出和国债政策。财政当局根据国际收支失衡的不同情况，分别采取松动的或紧缩的财政预算对总需求进行直接调节，并通过国内企业的传递，特别是涉外企业的传导来实现对国际收支的调节。

货币政策是货币当局运用各种政策工具调节货币供应量和利率，以实现一定的宏观经济目标的政策和措施总和。货币政策工具主要有法定准备金率、再贴现政策和公开市场业务等。对于由国内需求失衡引起的国际收支失衡，需求管理政策是一种有效的调节方式。

(4)直接管制政策。直接管制政策是指对国际经济贸易采取直接行政干预的政策。它包括外汇管制和贸易管制。以直接管制作为国际收支调节政策的优点首先在于其效果迅速而显著。其次，在国际收支失衡的原因为局部性因素时，较易针对该部分实行管制，因而不必使整个经济变动。但直接管制政策不利于资源优化配置，而且容易招致他国报复。一般来说，直接管制政策作为国际收支调节手段，应以其他政策难以迅速取得效果的情况为限。

考点 4　国际储备的基本内涵

1. 欧洲美元是(　　)。

A. 在欧洲区域的银行持有的美元

B. 存放于美国境外的外国银行及美国银行的海外支行的美元存款

C. 不受美国货币管理当局管辖的银行持有的美元

D. 欧洲中央银行发行的美元

参考答案：B。它并不是一种特殊的美元，与美国国内流通的美元是同质的，具有相同的流动性和购买力，所不同的是，欧洲美元不由美国境内金融机构监管，不受美联储相关银行法规、利率结构的约束。它存放在美国境外的各国银行，主要是欧洲和美国银行欧洲分行的美元存款，或是从这些银行借到的美元贷款。

2. 当今国际储备资产中比重最大的资产是(　　)。

A. 黄金储备　　B. 外汇储备　　C. 普通提款权　　D. 特别提款权

参考答案：B。外汇占绝大部分，其他多是辅助形式。

3. 我国货币当局资产负债表中的“储备货币”就是指(　　)。

A. 外汇储备　　B. 基础货币　　C. 法定存款准备　　D. 超额存款准备

参考答案:A。储备货币,是中央银行准备长期持有一种作为国际清偿力的货币。

4. 简述国际储备有何作用。

参考答案:

国际储备的持有是以牺牲储备资产的生产性运用为代价的,然而,一国持有适度国际储备并非是一种非理性的行为,因为持有国际储备会给该国带来一定的收益,其收益主要是通过国际储备的作用体现出来的。

第一,弥补国际收支差额,维持对外支付能力。一国在对外经济交往中,不可避免地会发生国际收支不平衡,如果这种不平衡得不到及时弥补,将不利于本国国内经济和对外经济关系的发展,为此政府必须采取措施予以纠正。如果国际收支不平衡是暂时性的,则可通过使用国际储备予以解决,而不必采取影响整个宏观经济的财政货币政策来调节;如果国际收支不平衡是长期的、巨额的或根本的,则国际储备可以起到一种缓冲作用,它使政府有时间渐进地推进财政货币政策,避免因猛烈的调节措施可能带来的冲击。

第二,干预外汇市场,稳定本国货币汇率。当本国货币汇率在外汇市场上发生剧烈动荡时,该国政府就可动用国际储备来缓和汇率的波动,甚至改变其变动的方向。各国用来干预外汇市场的储备基金,称为外汇平准基金,它由黄金、外汇和本国货币构成。当外汇汇率上升,超出政府限额的目标区间时,就可通过在市场上抛出储备购入本币缓和外币升值;反之,当本币升值过快时,就可通过在市场上购入储备放出本币方式增加本币供给,抑制本币升值。不过,国际储备作为干预资产的职能,要以充分发达的外汇市场和本国货币的完全自由兑换为其前提条件。而且外汇干预只能对汇率产生短期影响,无法根本改变决定汇率的基本因素。

第三,信用保证。国际储备的信用保证包括两层含义:其一,它是债务国债务到期还本付息的基础和保证,它是一国政府在国际上资信高低的标志。如果一国国际储备雄厚,则该国的国际信誉就高,在国际上借债就比较容易,成本也较低;反之,一国国际储备枯竭,则其国际信誉低,难以在国际上筹集资金,即使能筹到资金,条件也较恶劣。其二,它可以用来支持对本国货币价值稳定性的信心,持有足量的国际储备无论从客观上还是心理上都能提高本国货币在国际上的信誉。因此,比较充足的国际储备有助于提高一国的债信和货币稳定性的信心。

5. 简述国际储备管理的主要内容。

参考答案:

国际储备也称“官方储备”,是一国政府持有的,可以随时用来平衡国际收支差额、对外进行国际支付、干预外汇市场的国际上可以接受的资产总额。国际储备具有几个特征:①可得性,即能够随时、方便地被政府得到;②流动性,即变成现金的能力;③普遍接受性,即能够在外汇市场或政府间清算国际收支差额时被普遍接受;④稳定性,即储备资产的购买力不会在短时间内有剧烈波动,不便于国际清算。

国际储备的构成:自由储备和借入储备。自由储备包括一国的货币用黄金、外汇储备、在国际货币基金组织的储备地位以及 SDR 余额;借入储备资产包括备用信贷、互惠信贷和支付协议、本国商业银行的对外短期可兑换货币资产等。

国际储备管理包含了国际储备的需求管理和币种管理。需求管理是指国际储备的数量管理,通常政府需要综合考虑多种因素:

(1)本国的进出口规模。一般进出口规模越大,所需要持有的国际储备数量就越大。但是由于国际资本流动的增强,进出口规模对国际储备的影响日益减弱。

(2)国际收支调节机制与政策效率。国际收支调节的效率越高,则所需要持有的国际储备就越低。

(3)进出口贸易差额的波动幅度。一般而言,波动幅度越大,需要的国际储备就越多。

(4)汇率制度。一般实行浮动汇率制度的国家,由于政府无须为了维持汇率稳定而买入卖出外汇,故其国际储备持有量一般较实行固定汇率制度的国家低。

(5)持有国际储备的机会成本。持有国际储备的相对机会成本越高,持有量越低。

(6)金融市场发育程度。发达的金融市场能够提供较多的诱导性储备,对利率汇率等有较敏感的作用,故可以让政府减少国际储备的持有量。

(7)国际货币合作状况。如果一国货币当局和外国货币当局以及国际货币金融机构有良好的合作,则当发生国际收支逆差时,外国货币当局可以协同干预市场,减轻本国压力,故持有国际储备可减少。

(8)国际资金流动状况。国际资金流动一方面可以给货币当局提供新的资金来源,但另一方面却会对本国外汇市场造成冲击,故其具有双向性。

国际储备的币种管理则要遵循:①稳定性;②盈利性;③国际往来的方便性。

6. 国际储备与国际清偿能力有何关系?

参考答案:

国际储备(International Reserve)是各国官方持有的以平衡国际收支和维持汇率稳定的国际上普遍接受的流动资产,主要包括黄金和可自由兑换外汇。

国际清偿力(International Liquidity)亦称国际流动性,是指一国政府平衡国际收支逆差,稳定汇率而又无须采用调节措施的能力。参照国际货币基金组织关于国际储备的划分标准,国际清偿能力除了包括国际储备的内容之外,还包括一国政府向外借款的能力,即向外国政府或中央银行、国际金融机构和商业银行借款的能力。

因此,可以这么说,国际储备仅是一国具有的现实的对外清偿能力,其数量多少反映了一国在涉外货币金融领域中的地位;而国际清偿能力则是该国具有的现实的对外清偿能力与可能具有的对外清偿能力的总和,它反映了一国货币当局干预外汇市场的总体能力。

考点 5　国际储备供给和需求

1. 简述影响国际储备供给的主要因素。

参考答案:

一国对国际储备总量的管理,从根本上说,就是使国际储备的供应保持在最适度国际储备量的水平或区域上。IMF 会员国的国际储备是由货币性黄金、外汇储备、特别提款权和在 IMF 的储备头寸所组成的,所以一国国际储备供给以这四个要素的增减为转移。

具体地说，影响一国国际储备供给的主要因素有：

(1)国际收支顺差。国际收支盈余是国际储备最主要和最直接的来源。在汇率固定的情况下，国际收支顺差(逆差)意味着该国国际储备存量的增加(减少)，或者说是该国国际储备支出流量的减少(增加)。

(2)干预外汇市场。一国货币当局干预外汇市场可以改变该国国际储备存量。当一国货币面临较强劲的升值压力时，该国货币当局为避免汇率波动对国内经济及对外贸易带来不利影响，必然会进入外汇市场抛售本币收购外汇，由此收进的外汇便可以用于补充一国的国际储备。

(3)国际借贷。一国政府或中央银行向国外借款，如从国际金融机构或他国政府取得贷款，以及中央银行间的互惠信贷等均可补充其外汇储备。随着各国资本市场的对外开放，各国中央银行互换货币安排的增加，以及国际金融市场的迅速发展，各国通过国际借贷融通国际收支逆差和官方储备不足的能力有了很大提高，这就使各国国际储备的供应有了很大的弹性。反之，当一国政府向国外提供贷款(储备货币贷款)时，就减少了该国的国际储备。

(4)收购黄金。官方黄金存量的增加主要有两条渠道：一是从国内收购并由中央银行窖藏的黄金；二是在国际黄金市场上收购的黄金。对于大多数国家来说，由于其货币在国际上不被普遍接受，所以在国际黄金市场收购黄金仅仅改变了其国际储备的构成，而国际储备的总量并未有太大的改变。

(5)在 IMF 的储备头寸和特别提款权的分配。储备头寸的增加和特别提款权的分配都是 IMF 成员国国际储备的另一种来源。但是，由于其数量极有限，分配结构又不合理，加之各国一般无法主动增加其持有额，所以，这两个部分的变化对一国国际储备供给的影响有限。

(6)储备资产的收益。储备资产的收益包括两个部分：一部分是储备外汇存款利息，作为储备资产的国外债券、国库券等的收益；另一部分是由于汇率的变动所造成的一国外汇储备折成特别提款权或美元的溢价，也包括由于金价的上涨所造成的黄金储备数量不变的情况下黄金储备价值的增加。

2. 为何一国的国际储备需保持适度水平？应如何对国际储备进行管理？请联系实际，谈谈我国国际储备管理中的问题和改进措施。

参考答案：

(1)国际储备及其作用

国际储备，是指一国货币当局能随时用来干预外汇市场、支付国际收支差额的资产。其主要作用是：

①融通国际收支赤字。当一国发生国际收支困难时，通过动用外汇储备，减少在基金组织的储备头寸和特别提款权持有额，在国际市场上变卖黄金来弥补国际收支赤字所造成的外汇供求缺口，能够使国内经济免受采取调整政策产生的不利影响，有助于国内经济目标的实现。

②干预外汇市场，维持本国汇率稳定。国际储备可用于干预外汇市场，影响外汇供求，将汇率维持在一国政府所希望的水平上。在布雷顿森林体系下，国际储备既作为支付手段弥补了国际收支赤字，同时也作为干预资产维持了汇率的稳定。一国持有国际储备的多少

表明一国干预外汇市场和维持汇率的实力，一国拥有雄厚的国际储备不仅为当局客观上提供了干预资产，而且还通过增强国外市场人士心理上对本国货币的信心，维持了本币在外汇市场的坚挺走势。

③充当对外举债的保证。国际储备充足，可以加强一国的资信，吸引外国资金流入，促进经济发展。国际金融机构和银行在对外贷款时，往往要事先调查借债国偿还债务的能力。一国持有的国际储备状况是资信调查、评价国家风险的重要指标之一。

综上所述，如果一国国际储备过少，就无法有效发挥以上作用，比如当本国汇率波动时，当局无力干预，只能任由货币汇率波动，冲击本国经济。但国际储备也不是越多越好，如果保留过多的国际储备，会造成资源浪费。目前国际储备的主要来源是经常项目的顺差产生的，过多的国际储备，代表本国将更多的实际资源提供给外国使用，不一定符合居民福利最大化的目标，所以我们需要将国际储备保持在适度水平。

(2)国际储备的管理

①数量管理

一国应该保持多少国际储备才是合理的呢？美国经济学家罗伯特·特里芬认为一国国际储备应与它的进口额保持一定的比例关系。这一比例以40%为标准，以20%为最低限。如果该比例低于30%，就必须对国际收支进行调整。其局限性是忽略了因资本流动引起的对外支付及干预市场的储备需要。具体而言，很多因素都会影响到国际储备的需求，比如：

第一，进口规模。由于国际储备最基本作用是弥补国际收支逆差，进口规模大、占用外汇资金多，所以进口规模越大，对储备的需求越大，反之，则越少。

第二，进出口(或国际收支)差额的波动幅度。波动幅度越大，对储备的需求就越大；反之，则越少。

第三，汇率制度与外汇管制程度。国际储备很重要的一个作用是干预外汇市场，维持汇率稳定。若一国实行固定汇率制，相对地它就需要持有较多的储备以应付突发性巨额逆差或外汇上突然爆发的大规模投机。

第四，国际收支自动调节机制和调节政策的效率。调节政策的效率越高，储备需求越小；反之，需求就越高。

第五，持有储备的机会成本。机会成本越大，就越倾向少持有储备，反之亦然。

第六，进入国际金融市场筹借应急资金的能力与成本。若本国筹措资金的能力很强，平日就可少持有储备，需要时再进行筹措即可。

第七，金融市场的发育程度。金融市场越发达，其提供的诱导性储备对利率和汇率等调节政策的反应就越灵敏，储备的需求也可以相应越少。

②结构管理

第一，国际储备货币种类管理。

货币种类的安排主要分为交易性储备和预防性储备。交易性储备用于日常弥补赤字和干预外汇市场需要，与弥补赤字和干预市场所需货币保持一致。预防性储备用于不可预测的突发性的内外冲击，应按分散原则进行投资。

第二，流动性结构管理。

i. 一级储备或流动储备资产。

ii. 二级储备。

iii. 收益率高但流动性低的储备资产。

一国应拥有足够的一级储备来满足国际储备的交易性需求。一旦满足当局就可以将剩余的储备资产主要在各种二级储备与高收益储备之间进行组合投资，以期在保持一定的流动性条件下获取尽可能高的预期收益率。

(3)我国国际储备增加的原因

2018 年 7 月末，我国外汇储备规模较 6 月末增加 58 亿美元至 31 179 亿美元，升幅为 0.19%。就目前公布的外汇储备规模来说，我国外储规模偏大，而外汇储备增加的原因如下：

第一，在全球收支不平衡的大背景下，美国因经常项目持续逆差成为全球最大的借债国；包括中国在内的大多数东亚国家则由于经常项目的持续顺差，成为国际债权国。

第二，国际货币体系的安排使得我国面临“高储蓄两难”。

第三，外汇储备持续累积体现了我国贸易竞争力和对外资的吸引力增强，也反映了长期以来“有偏”的外贸、外资和外汇管理政策。

第四，人民币汇率对均衡汇率存在的一定程度的偏离，扭曲了国内外产品、贸易品和非贸易品、人民币资产和美元资产之间的价格，造成持续的贸易顺差和资源错配。

第五，汇率升值预期造成的短期投机资本的流入带来的外汇储备的“虚增”，进一步放大了人民币升值压力。

(4)针对我国外汇储备管理的建议

①外汇储备结构调整

第一，储备货币币种的选择以及比重安排。近年来由于美国贸易逆差和巨额财政赤字，使得美元兑换国际主要货币汇率持续下跌已成为不争的事实。我国可以提高新增外汇储备中非美元资产的比重，同时将美元资产的增长速度调整到适度的范围，从而降低美元资产在外汇储备中的比重。

第二，外汇储备资产的调整。外汇储备资产调整是我国面临的特殊问题。外汇储备资产种类包括长期国债、短期国债、企业债券，股票等。外汇储备的资产调整就是对以上资产比重进行重新配置。而我国外汇储备中美元资产配置过分强调储备的安全性而忽视了收益性。在我国当前外汇储备较为充裕的背景下，外汇储备的盈利性是我们必须充分考虑的目标之一。

②外汇储备规模调整

第一，对进口措施进行调整。进口政策调整不仅可以减少我国过高的贸易顺差，也有利于消除政策干预造成的价格扭曲，建立开放的市场体系和灵敏的市场机制。同时，通过进口先进的技术和设备，也有利于促进我国相关产业的技术升级和产能扩大。

第二，购买战略石油储备。石油是当今世界最重要的战略资源，但石油的蕴藏和使用却极不平衡，产油国和工业国之间进行着控制与反控制的博弈。为了避免国际原油价格波动对我国国内经济的冲击，我国可以在石油价格回落到合理的时候，利用我国的外汇储备，加紧购买石油，扩大石油战略储备。

第三，努力走出去。我国主要强调的是“引进来”，如学习国外的先进技术、管理经验、引进外资等，而随着中国经济的高速发展，应该加快本国企业“走出去”的步伐。利用雄厚的外汇储备投资国外的资源，对国外的资源进行开发投资利用，投资国外的能源型企业，进行战略性投资，这样才能配合国内的产业转型升级，促进中国经济的健康发展。

考点6 国际资本流动

1. 征收“托宾税”的目的在于(　　)。

A. 抑制外汇投机　　B. 抑制通货膨胀

C. 调节国际收支　　D. 减少财政赤字

参考答案：A。这一税种是美国经济学家、1981年诺贝尔经济学奖得主詹姆斯·托宾在1972年的普林斯顿大学演讲中首次提出的，他建议“往飞速运转的国际金融市场这一车轮中掷些沙子”。该税种的提出主要是为了缓解国际资金流动尤其是短期投机性资金流动规模急剧膨胀造成的汇率不稳定。托宾税的特征是单一税率和全球性。

2. 简述国际资本流动的类型、原因。

参考答案：

国际资本流动是指一个国家(或地区)与另外一个国家(或地区)之间，以及国际金融组织之间资本的流入和流出。

(1)国际资本流动的类型

长期资本流动是期限在一年以上的资本流动，包括直接投资、证券投资和国际贷款。

短期资本流动是期限在一年以下的资本流动，包括短期证券投资与贷款、保值性资本流动、投机性资本流动、贸易资金融通。

(2)国际资本流动的原因

①资本供给——谋取利润和规避风险

长期资本与短期资本流动的具体原因各不相同，但从总体上看，其动因不外乎两个：其一是追求利润，其二是规避风险。各国资本的预期收益率必然有差异。资本追逐利润最大化的本性驱使它从一国流向另一国。若一国资本的预期收益率高于他国，在其他因素相同的情况下，他国资本便会流入该国。

②资本需求

在发展中国家，由于国内储蓄不足以支持经济发展或起飞阶段所需要的投资需求，收入不足以支付进出口所需要的资金，为了开发本国资源、本国新产品、扩大生产能力以及引进先进技术和先进的管理经验，需要利用外资弥补经济发展的资金缺口，从而形成了对国际资本的持续需求。

3. 简述影响国际资本流动的主要因素。

参考答案：

由于国际资本流动有长期与短期之分，两种性质不同的国际资本流动受各种因素影响的程度也有一定的差异。总体而言，影响国际资本流动的主要因素有：

(1)经济增长的差异

从本质上看，资本是趋利的，因此，在何处投资，以何种方式投资，投资规模大小，主要取决于投资的预期利润。在国内市场经济增长相对缓慢，而其他国家经济增长势头强劲时，追逐更高收益的资本就会向国外流动。美国在 20 世纪 90 年代经济增长超过欧洲及日本，导致大量欧洲及日本资本流向美国。而亚太地区经济在 20 世纪 80 年代后持续保持高速增长，也对国际资本形成了强大吸引力。

(2)利率的差异

利率是引导国际短期资本流动的一个主要影响因素。往往表现为高利率国家资本流入，低利率国家资本流出。因此，在国际收支不平衡时提高利率吸引外国短期资本流入就成为一种较为普遍的做法。

(3)市场开放及成熟度

开放的市场不仅为国际资本的流动提供了可能，也意味着为资本提供了更多的市场机会。在国内市场相对饱和时，资本对正在开放的市场就会产生极大的兴趣。另外，市场的成熟程度对国际资本流动也有重要影响。市场的成熟主要表现为完善的法律法规体系、稳定的制度安排、规范的市场运作，这对国际资本获得正常投资收益具有重要的保障。

(4)成本的高低与市场需求的大小

这两个因素对国际直接投资具有极其重要的影响。从获得更高利润的角度进行分析，显然，选择劳动力成本低廉、原材料运输成本低廉的国家或地区投资是经济的。而从销售来看，选择贴近主要市场的国家和地区投资，可以更接近顾客，了解客户需求的变化，并可以绕开贸易壁垒的限制，使产品的市场更有保证。

(5)风险的大小

国际投资者对风险的考虑是左右国际资本流动的主要因素。导致风险的因素有很多，从宏观方面看，有外汇管制风险、货币贬值风险、国家信用风险(如没收投资、拒绝承认上届政府或政府担保的债务、拒绝偿还等)、经济波动风险等；从微观方面看，最主要的是违约风险。国际资本流动之所以主要在发达国家之间进行，最根本的因素就在于发达国家政治稳定，社会安定，法律健全，投资者的利益更有安全保证。

4. 请简述国际资本流动的影响。

参考答案：

(1)长期资本输出的正面影响

第一，可以提高资本的边际效益。

第二，带动商品出口。长期资本输出会对输出国的商品出口起推动作用，从而增加出口贸易的利润收入，刺激国内的经济增长。

第三，迅速地进入或扩大海外商品销售市场；可以为剩余资本寻求出路，生息获利。

第四，有利于提高国际地位。

(2)长期资本输出的负面影响

第一，必须承担资本输出的经济和政治风险。

第二，在货币资本总额一定的条件下，资本输出会使本国的投资下降，从而减少国内的就业机会，降低国内的财政收入，加剧国内市场竞争，进而影响国内的政治稳定与经济发展。

(3)短期资本输出的正面影响

第一，有利国际贸易的进行。对输出国来说，提供短期信贷可以促进本国的出口。

第二，短期资本输出有利于调节暂时性的国际收支顺差。

第三,国际资本流动加速了全球经济和金融一体化进程,极大地增加了国际金融市场的流动性。

第四,可以拓宽国内投资者的暂时闲置资金的投资渠道,提高短期资金的获利率。

(4)短期资本输出的负面影响

第一,当一国出现持续性国际收支逆差时,短期资本外流会加剧该国的国际收支逆差状态,甚至引发资本外逃和货币危机。

第二,短期资本流动加剧国际金融市场动荡,造成汇率大起大落,投机更加盛行。这些动荡同样会传播到各国,尤其是短期资本输出量较大的国家一般为经济较为开放、管制比较松的国家,也很快会受到影响。

考点7　债务危机和货币危机

1. 关于货币贬值预期的自我实现所导致的货币危机的学说,称为(　　)。

A. 第一代货币危机理论　　B. 第二代货币危机理论

C. 道德风险理论　　D. 金融恐慌理论

参考答案:B。关于货币危机产生原因,第二代货币危机理论强调,货币危机是由于贬值预期带来的投机冲击引起的,是贬值预期自我实现的危机,其注重危机的“自我实现”性质。

2. 关于货币危机产生原因,第一代货币危机理论认为是(　　)。

A. 投资不足　　B. 信贷过度扩张

C. 货币供给不足　　D. 汇率过度波动

参考答案:B。本题考查第一代货币危机理论定义,该理论认为,$Md=D+R$,因为货币需求稳定,随着国内信贷扩张,外汇储备下降,若外汇储备枯竭,则固定汇率崩溃,货币危机爆发。

3. 衡量一国外债规模的常用指标有哪些?

参考答案:

外债是指一切本国居民对非居民承担的、契约性的、以外国货币或者本国货币为核算单位的、有偿付义务的负债。衡量一国外债规模的常用指标有以下四个:

(1)偿债率

这是指当年中长期外债还本付息额加上短期外债付息额与当年货物和服务项下外汇收入之比,用以反映一个国家当年所能够承受的还本付息能力,警戒线为20%。突破20%这一警戒线,就有发生偿债危机的可能性。

当然这一限度只能作为参考,超过这一警戒线并不一定就会发生债务危机,因为一国的偿债能力还取决于所借外债的种类、期限和出口贸易增长速度等重要因素,尤其取决于一国的总体经济实力。

(2)债务率

这是指年末外债余额与当年货物和服务贸易外汇收入之比,用以反映一国国际收支口径的对外债总余额的承受能力,警戒线为100%。如果负债率超过100%,说明债务负担过重。但这也不是绝对的，因为即使一国外债余额很大，如果长期债务和短期债务期限分布合理，当年的还本付息额也可保持在适当的水平。

(3)负债率

这是指外债余额与国民生产总值之比，用于反映国民经济状况与外债余额相适应的关系，警戒线为20%。超过20%这个数值，就有可能对外资过分依赖，当金融市场或国内经济发生动荡时，容易出现偿债困难。

(4)短期债务比率

这是指当年外债余额中，一年及一年以下短期债务所占比重。这是衡量一国外债期限结构是否安全合理的指标，它对某一年债务还本付息额影响较大，一般不宜超过20%。

第十章　金融监管

扫码听课

考点 1　金融抑制、深化、创新

1. 什么是金融抑制，有哪些形式？

参考答案：

所谓金融抑制就是指政府通过对金融活动和金融体系的过多干预抑制了金融体系的发展，而金融体系的发展滞后又阻碍了经济的发展，从而造成了金融抑制和经济落后的恶性循环。这些手段包括政府所采取的使金融价格发生扭曲的利率、汇率等在内的金融政策和金融工具。

金融抑制有以下几种形式：

(1)名义利率限制

发展中国家一般都对贷款和存款的名义利率进行控制，时而采取规定上限的形式，时而又采用规定某一百分比的形式。这种低的或负的极不确定的实际存款利率，压制了社会对金融中介机构实际债权存量的需求。

同时，这些措施使间接融资表层化，限制了这一金融过程提供用于投资的储蓄的能力。存在贷款低利率甚至负利率时，只能依靠信贷配额来消除对中介机构贷款的过高要求。中介机构的贷款利率水平往往偏低，某些利率还为特殊类别的借款人带来净补贴收益。

(2)外汇汇率高估

发展中国家，为了保持本币的稳定，往往将本币价值盯住一种坚挺的硬通货。然而，发展中国家的经济情况却无法同拥有硬通货的发达国家相比，在实际执行过程中，出现了本币价值的高估。由于这种高估，汇率无法真实反映本币价值，国内商品的出口受到很大限制。于是，政府便采取出口补贴和出口退税等措施，鼓励国内企业扩大出口，而且这种出口往往也只是限定在政府规定的具有出口权的企业之中，更多的没有出口自主权的企业，则得不到这种补贴，只能将出口商品交给有出口自主权的企业，企业无法在同一水平上竞争。

(3)政府通过干预限制外源融资

在金融抑制下，政府对于外源融资进行控制，由政府决定了外源融资的对象。麦金农说，银行信贷仍然是某些飞地的一个金融附属物。甚至政府往来账户上的普通赤字，也常常预先占用存款银行的有限放款资源。而经济中其他部门的融资，则必须由放款人、当铺老板和合作社的不足的资金来满足。

(4)特别的信贷机构

发展中国家还通过一些特别的信贷机构进行金融抑制。中央银行掌握了这一非常重要的资源,将廉价的信贷资源导引至不同的特别银行机构,这些银行机构依次以非均衡的低利率将资金用于促进出口、对小农户的信贷和政府想补贴的工业项目,如此等等。于是,这些银行机构就承担了部分政府的功能,中央银行的信贷也可以直接流向财政部,以弥补政府的预算赤字。

2. 请简述金融抑制危害的主要表现。

参考答案:

(1)资本市场效率降低

任何加剧"金融抑制"的措施,都会降低已被限制的由银行导向的资本市场效率,这种代价将特别大。如果减少总需求而产生了商品和劳务的总供给瓶颈,这种需求下降就是自我打击的。如果相对于总供给的商品和劳务总需求被减少,价格水平只会下降(或停止上升)。价格不能真实反映供给与需求之间的关系,价格也不能起到刺激供给、限制需求的作用。

(2)经济增长达不到最佳水平

麦金农强调,不管怎样,金融抑制看来极其可能阻碍最初的经济增长。因为通过提高储蓄倾向和资本形成的质量,货币改革能够刺激实际产量增长,这个观点已得到确认了。反过来,一个增长经济中的高增长率对储蓄倾向和获得货币资产的倾向的积极影响也是需要肯定的。虽然麦金农的理论特别强调发展中国家的实际,而且认为凯恩斯理论没有照顾到发展中国家的这种实际,但这并不等于说他否定了凯恩斯理论的全部。

凯恩斯理论认为,经济增长的合意水平的前提条件是,投资等于储蓄。但在发展中国家,由于出现了金融抑制,使储蓄很难达到最佳水平,金融动员起来的储蓄也不能有效地转化为投资,导致了投资不能等于储蓄的结局,最后经济也就达不到合意的增长水平,金融抑制影响了经济增长。

(3)限制了银行体系适应经济增长的需要

抑制论者主张,银行体系应该扩大,其边界是直到持有货币的实际收益加上提供银行服务的边际成本等于新投资的边际收益时为止。并认为这个金融天堂就在 J 点,也就是最优货币化点。一个有效的银行体系,可以将私人储蓄引向高收益的投资。然而,在金融抑制下,银行体系的扩展受到了限制,根本达不到理论上的边界,货币实际收益与服务的边际成本往往大于新投资的边际收益,银行业本身出现了缺陷,更无法引导私人储蓄向高收益的领域进行投资。

(4)融资形式受到了限制

一个企业或个人的内部积累毕竟有限,于是,外源融资就成了一种被大家趋之若骛的权力,争取到外源融资的权力,就相当于拥有了一种稀有的金融资源,就相当于争取到了发展权。但是,金融抑制下对外源融资,尤其是对中小企业的外源融资是采取限制措施的,只有一些政府认为极为重要的大企业才有外源融资的权力。限制外源融资的后果是,阻止了大批企业进行获得最佳生产技术的连续投资。

3. 什么是金融深化,金融深化的主要措施有哪些?

参考答案:

金融深化就是政府放弃对金融市场和金融体系的过度干预,放松对利率和汇率的严格管制,使利率和汇率成为反映资金供求和外汇供求对比变化的信号,从而有利于增加储蓄和投资,促进经济增长。

(1)确定一个合理的实际利率水平。考虑到大多数发展中国家存在较高的通货膨胀率,因此需要提高银行存款利率的名义水平,使实际收益率为正,这样才能增加公众持有货币形式储蓄的收益,从而增加对实际货币的需求。

(2)放松对汇率的管制,纠正高估本币的现象,改固定汇率制为浮动汇率制,让市场供求决定本币汇率水平,通过本币的适度贬值刺激本国出口,改善国际收支状况。

(3)进行财政体制的改革,合理地规划财政税收,进而鼓励储蓄,减少不合理的财政补贴和配给,取消"信贷分配"中的特权。

(4)其他改革措施,包括放松对金融业务和金融机构的限制,发展多种金融工具和金融市场等。

4. 简述金融创新与金融风险管理的关系。

参考答案:

金融创新是金融深化的必然趋势,也是经济发展到一定程度后的客观要求。其内容包括:突破传统的金融格局和金融政策,在金融工具、金融技术、金融体制和金融市场等方面进行明显的变革。金融创新使金融工具多样化、灵活化,创新的工具具有更高的流动性和收益性,适合不同投资者的需要;金融创新增强了各国货币政策的复杂性,由于创新后的金融工具都增强了支付功能,这必然会增加货币当局在宏观调节中对货币层次划分和控制上的难度;金融创新使一些国家在既成事实面前被迫放宽某些金融管制,而这又成为推动创新的因素;金融机构传统的分工格局被突破,彼此业务全面交叉,同业竞争激烈,金融业务日益综合化、全面化。

金融创新与金融风险管理的辩证关系,具体如下:

(1)金融创新与风险管理是矛盾的统一体

①金融创新与风险管理具有统一的关系。金融创新以转移和分散风险为目的,可以为商业银行提供先进的风险管理理念和技术,促进商业银行风险管理能力提高。同时,风险管理的目的就是为了消除金融创新产生的负面作用,确保金融体系稳健运行,为再次金融创新创造良好的基础条件。

②金融创新与风险管理具有对立的关系。金融创新产生了新的风险,很大程度上是将一种金融风险转化为另一种金融风险,将一种产品风险扩大为整个行业风险,增大了金融体系的不稳定,削弱了风险管控体系的效用。同时,风险管控体系的规则作用,则可能抑制金融创新的效率。

(2)金融创新与风险管理是动态博弈关系

商业银行的发展一方面需要金融创新作为动力,另一方面又需要加强风险管控以维护安全,在相互依存中,不断扬弃,共同发展。商业银行通过金融创新逃避风险管控的规制,致使原有的风险管控体系不同程度失效,于是商业银行和监管当局不得不推出新的针对金融创新的风险管控措施进行规制。商业银行为了追逐利润,取得竞争优势,势必又将从事金融创新,多重博弈后,成功的金融创新将是总体上的金融发展加上可控制的风险水平和技术条件下的金融创新。

（3）金融创新与风险管理体现了效率与安全的关系

商业银行金融创新与风险管理之间的关系实际上是金融效率和金融安全的关系，具有相互补充和相互替代的特点。

①相互补充一方面体现在金融安全是金融效率的基础。因为没有安全的金融体系，金融效率将无从谈起。另一方面体现在金融效率的提高，有利于增强金融安全。有效的金融市场促使信息传导更充分，市场结构更合理，金融市场的风险分散、转移能力更强，金融体系更为安全。

②金融效率和金融安全之间的替代性表现为，偏重金融效率的提高，而放松金融风险管控可能会破坏金融安全；偏重金融安全，过度的风险管控可能会降低金融效率。

5. 请简述金融风险管理的作用。

参考答案：

（1）有效的金融风险管理可以使经济主体以较低的成本避免或减少金融风险可能造成的损失。资金借贷者、外汇头寸持有者、股票买卖者等市场参与者通过对利率、汇率、股票价格的变化趋势进行科学预测，并采取措施对这些市场风险加以规避，可以避免在金融交易中出现亏损。

债权人根据严密的资信评估体系对借款人进行筛选，可以在事前规避信用风险；发放贷款后，债权人还可以凭借完备的风险预警机制，及时发现问题并采取措施，防止借款人到期不履行还本付息的义务。金融机构或企业经过严格的内部控制，可以避免雇员利用职务之便从事违规金融交易，从而防止内部人为谋私利而损害所有者利益。

（2）有效的金融风险管理可以稳定经济活动的现金流量，保证生产经营活动免受风险因素的干扰，并提高资金使用效率。经济主体通过制定各种风险防范对策，就能够在经济、金融变量发生波动的情况下，仍然保持相对稳定的收入和支出，从而获得预期利润率。

（3）有效的金融风险管理为经济主体做出合理决策奠定了基础。表现为下述方面：

①金融风险管理为管理经济主体划定了行为边界，约束其扩张冲动，也对市场参与者的行为起到警示和约束作用；

②金融风险管理也有助于经济主体把握市场机会。

（4）有效的金融风险管理有利于金融机构和企业实现可持续发展。金融风险管理能够使金融机构或企业提高管理效率，保持稳健经营，避免行为短期化；同时，一个拥有健全的风险管理体系的金融机构或企业在社会中可以树立良好的形象，赢得客户信任，从而得以在激烈的竞争中不断发展壮大。

考点2　金融监管

1. 简述中央银行对商业银行的监管。

参考答案：

中央银行统领一国金融机构体系、控制全国货币供给、实施国家货币政策，是一个国家金融体系中居于“中心”地位的金融机构或组织，是最高的金融机构。它代表国家管理金融，制定和执行金融方针政策。中央银行代表政府对商业银行等金融机构实行监管包括两层含义：

一是中央银行对商业银行的业务程序进行全过程的监督和管理；二是通过国家的一系列法律法规来规范和约束商业银行等金融机构的运作，使商业银行等金融机构的业务经营活动符合社会公众利益。

(1)中央银行对商业银行实行监管的目的是为促进商业银行服务市场的竞争，提高商业银行经营效率，保持银行体系的稳定。具体表现如下：

①可以弥补银行财务信息公开程度不高的缺点，防止"多米诺效应"。

商业银行具有一定的商业保密性，因而商业银行所提供的财务信息公开程度不高，这使得存款人不能充分了解存款银行的财务状况。当一家出现危机时可能引发多米诺效应，从而威胁到整个银行体系安全。这就需要中央银行等金融管理当局出面进行干预，防止出现"多米诺骨牌"一倒皆倒的连锁反应，以保持银行体系的稳定。

②有利于稳定金融体系和保护存款人。

商业银行严重依赖外部资金来源。面临信用风险、利率风险、外汇风险等各种风险，稍有不慎，就会使得银行面临清偿力不足的危机，使存款人的利益受到影响。通过对银行业务管制，可以使银行资产负债结构保持合理状态，从而可能有效地避免金融危机。

③有利于保护和充分发挥商业银行在社会经济活动中的特殊作用，促进经济健康发展。

商业银行在社会经济生活中的特殊作用表现在：第一，商业银行能适应经济增长的需要，提供流动性。商业银行提供的流动性一方面来自它的信用创造活动，另一方面来自它所提供的金融业务与服务。第二，商业银行已成为社会经济活动中的支付中心。对商业银行实行监管，就是要使商业银行保持合理经营。

(3)中央银行对商业银行的监管原则为CAMEL(骆驼)原则。

C(Capital)，代表资本。要求银行具备国际上统一的资本标准以利于银行的平等竞争和银行的安全经营。

A(Asset)，代表资产。资产品质是中央银行关注的一个问题，这是对银行的盈利能力和财务状况的考察，有利于对银行经营的监督。

M(Management)，代表管理。用以评价银行管理人员(包括董事会成员)的品质和业绩。中央银行监管人员主要考查管理人员的素质、董事会职责的行使状况、银行战略计划的制定和执行情况等。

E(Earning)，代表收益。银行的盈利能力主要由银行的资产收益率和资本收益率来衡量。

L(Liquidity)，代表清偿能力。用来衡量银行满足提款和借款要求而又不必出售其资产的能力。政府监管主要是评价银行当前的清偿能力以及未来的变化趋势。而资本是否适度、资产质量高低直接影响到银行的清偿力，所以说监管的主要对象是这两方面要达到一定的规定。

(4)世界各国对商业银行监管的主要内容有：

①银行业的准入。中央银行对银行业监管的最初手段是对银行业准入进行监管，目的是防止银行的过度集中。中央银行对银行核准与否主要是考虑以下因素：

一是经济发展需要。中央银行要考察当地经济发展和金融竞争的需要。

二是银行业的最低注册资本金。银行资本是保证银行经营稳定和公众利益所必需的，所以中央银行对新设银行机构要规定最低注册资本金。

三是对金融机构法人及主要从业人员的要求。如主要从业人员品德、经验、业务素质等，以保证营业后机构的健康稳定运行。

四是对银行业务范围的限制。中央银行核定商业银行的业务范围或限制其进入某些活动领域。

②银行资本充足性。资本作为金融机构应付意外损失的缓冲器，对于保护存款人和其他债权人利益，维持市场信心方面有着重要意义。世界各国的金融监管机构通过立法或其他形式规定了商业银行的资本构成与充足率标准。

目前世界各国主要是按《巴塞尔协议》规定的资本充足率8%，对商业银行进行资本监管。银行的资本充足性与其准备金政策之间有着内在的关系。因此，对资本充足性的监督必须考虑准备金因素。除了中央银行要求提的法定存款准备金以外，一般还设有风险损失准备金。

③银行的清偿能力。银行清偿能力包括资产和负债两个方面。

从负债方面看，要考虑存款负债的异常变动，利率变动对负债的影响，银行筹集和调配资金的能力等；从资产方面，主要检查资产的流动性状况，各国金融监管当局都强调银行要保持一定数量的流动性较强的资产，作为当预期现金流入量无法实现时的应付措施，同时规定某些比例来量化对银行流动性的要求。

④贷款的集中程度。对贷款集中程度的监管是商业银行分散风险的需要，而分散风险既是银行的经营战略，也是金融监管的重要内容。从技术操作上来说，就是规定个别贷款对银行资本的最高比率。

2.什么是金融监管？谈谈金融监管理论的变化，并联系我国谈谈应如何提高监管水平。

参考答案：

(1)金融监管定义

狭义：指金融主管当局依据法律的授权对金融业(包括金融机构以及它们在金融市场上的业务活动)实施监督、约束、管制，使它们依法稳健运行的行为总称。

广义：狭义＋金融机构的内部控制与稽核、行业自律性组织的监督以及社会中介组织的监督等。

(2)金融监管理论

①社会利益论

金融监管的基本出发点首先就是要维护社会公众的利益。市场缺陷的存在，有必要让代表公众利益的政府在一定程度上介入经济生活，通过管制来纠正或消除市场缺陷，以达到提高社会资源配置效率、降低社会福利损失的目的。

②金融风险论

关注金融风险的角度，论述了对金融业实施监管的必要性。金融风险的特性(高杠杆，会传染，影响广)，决定了必须有一个权威机构对金融业实施适当的监管，以确保整个金融体系的安全与稳定。

③投资者利益保护论

保护投资者利益,对整个金融体系的健康发展至关重要,是显而易见的。这就提出了这样的监管要求,即有必要对信息优势方(主要是金融机构)的行为加以规范和约束,以为投资者创造公平、公正的投资环境。

(3)我国金融监管体制

目前我国金融监管体制属于集权多头式,监管权限高度集中于中央政府。具体的金融监管机构主要有中央银行、证监会、银保监会。

我国中央银行主要负责制定和执行货币政策,防范和化解金融风险,维护金融稳定。在国务院的领导下依法独立执行政策,履行职责,开展业务,不受地方政府、社会团体和个人的干涉。

我国证监会主要负责证券市场、证券业和投资基金的监管,统一监督管理全国证券期货市场,维护证券期货市场秩序,保障其合法运行。

我国银保监会是由原银监会和保监会重新组建而成。其主要职责是依照法律法规统一监督管理银行业和保险业,维护银行业和保险业合法、稳健运行,防范和化解金融风险,保护金融消费者合法权益,维护金融稳定。

(4)如何提高监管水平

①改革监管体制

目前我国金融监管的主要症结是一方面分业监管模式下,监管机构各自为政,甚至以邻为壑,难以统筹协调;另一方面,监管机构职责定位不清,同时承担行业监管和行业发展双重职责,两种职责互相冲突,监管部门与行业利益捆绑在一起,为了促进行业发展而倾向于过度干预金融市场和金融机构的日常运行,不能从监管者的角度中立地实行市场监管。

要解决现行体制存在的监管职责不清晰、交叉监管和监管空白等问题,必须要强化综合监管。所以成立金融稳定发展委员会和组建“银保监会”来协调和加强综合监管。未来监管体制可能还会进一步变化,比如组建国家金融监管委员会,与中央银行分设,形成双峰监管的模式。该方案的优点是能够打破分业监管的藩篱,有利于建立统一的金融市场和金融综合监管,弥补金融监管空白领域。但是也会产生两个强势监管部门,一来可能会造成重复监管,二来会造成二者的履行职责的矛盾。

②外部监管与金融企业内部控制相结合

只依靠自我约束和外部强制都不能做到有效监管,必须结合二者。金融企业本身要有防控风险机制的制度安排。如银行要有资本充足率的规定、提取备付金的规定、存贷比的规定;保险企业要有保证金、赔付准备金的规定。所以,必须加强内控制度建设。形成企业内控与外部监管相结合的模式,能够有效地提高监管效率和水平。

除此之外,依法依规管理,保持监管的权威性、严肃性、强制性和一贯性,保证监管的有效性,也有助于提高监管水平。还有借鉴国外先进监管经验,培养专业监管人才等措施都有助于提高我国的监管水平。

扫码听课

补充章节一 开放经济下的宏观经济政策

考点1 开放条件下的政策工具

1. 汇率波动受黄金输送点的限制，各国国际收支能自动调节，这种货币制度是（　　）。

A. 浮动汇率制　　B. 国际金本位制

C. 布雷顿森林体系　　D. 混合本位制

参考答案：B。国际金本位制度是以黄金作为国际本位货币的制度，其特点是各国货币之间的汇率由各自的含金量比例决定，黄金可以在各国间自由输出输入，国际收支具有自动调节机制；浮动汇率制度是指汇率完全由市场的供求决定，政府不加任何干预的汇率制度；布雷顿森林货币体系是指第二次世界大战后以美元为中心的国际货币体系；混合本位制是指货币发行以部分商品和部分信用为基础，既可以是浮动汇率制，也可以是固定汇率制。

2. 米德冲突分析的是（　　）。

A. 固定汇率制下，失业与经常账户逆差并存或通货膨胀与经常账户顺差并存两种经济状况下的政策困境

B. 固定汇率制下，失业与经常账户顺差并存或通货膨胀与经常账户逆差并存两种经济状况下的政策困境

C. 浮动汇率制下，资本自由流动和货币政策自主性之间的政策冲突

D. 固定汇率制下，资本自由流动和货币政策自主性之间的政策冲突

参考答案：A。米德冲突（Meade Conflict）：在开放的经济环境中，宏观经济政策不仅要实现内部均衡，即稳定通货、充分就业和实现经济增长，还须实现外部均衡，即保持国际收支平衡。一般是以财政政策和货币政策实现内部均衡，以汇率政策实现外部均衡。固定汇率制度下，汇率工具无法使用。要运用财政政策和货币政策来达到内外部同时均衡，在政策取向上，常常存在冲突。但国际收支逆差与国内经济疲软并存，或是国际收支顺差与国内通货膨胀并存时，财政、货币政策都会左右为难。

3. 假定中国资本市场开放，人民币可以自由兑换。如果利率提高，导致人民币相对美元升值，那么（　　）。

A. 中国采取的是固定汇率制度　　B. 中国采取的是自由汇率制度

C. 中国的出口会增加　　D. 中国的进口会增加

参考答案：D。人民币升值使得美元标价资产相对便宜导致进口增加。

4. 当一国同时处于通货紧缩和国际收支顺差时,应采用(　　)。

A. 紧缩的货币政策和紧缩的财政政策　　B. 紧缩的货币政策和扩张的财政政策

C. 扩张的货币政策和紧缩的财政政策　　D. 扩张的货币政策和扩张的财政政策

参考答案:D。扩张的货币政策鼓励进口,平衡国际收支。国内紧缩需要扩张的财政政策增加总需求。

5. 如果资本可自由流动,下面说法中较为确切的是(　　)。

A. 在固定汇率制和浮动汇率制下,财政政策对产出的影响是一样的

B. 相比浮动汇率制,在固定汇率下财政政策对产出的影响更大

C. 相对浮动汇率制,在固定汇率下财政政策对产出的影响更小

D. 以上都是错误的

参考答案:B。资本自由流动下,扩张财政政策导致IS曲线向右移动,均衡利率上升,外资流入,国际收支顺差,进而在经常账户局部均衡条件下,出现国际收支顺差。顺差会造成本币升值压力。为了维持固定汇率,中央银行会大量卖出本币买入外币,LM曲线也向右移动,最终产出水平提高。

6. 根据内外均衡的理论,当一个经济体处于通货膨胀和国际收支逆差的经济状况时,应该采用的政策搭配是(　　)。

A. 紧缩国内支出,本币升值　　B. 扩张国内支出,本币贬值

C. 扩张国内支出,本币升值　　D. 紧缩国内支出,本币贬值

参考答案:D。国内通货膨胀需要紧缩国内支出,国际收支逆差需要本币贬值抑制进口鼓励出口。

7. 简要论述开放条件下的几种国际收支调节的政策工具。

参考答案:

(1)外汇缓冲政策——融资或弥补(指一国货币当局运用官方储备的变动或临时向外筹借资金来抵消国际收支失衡所造成的超额外汇需求或外汇供给)

一般是建立外汇平准基金,该基金保持一定数量的外汇储备和本国货币,当国际收支失衡造成外汇市场的超额外汇供给或需求时,货币当局就动用该基金在外汇市场公开操作,买进或卖出外汇,消除超额的外汇供求。外汇缓冲政策运用的难点是如何判断失衡的类型,因为它只能用于解决短期性国际收支失衡,该政策不适于长期的根本性失衡。该政策的运用要具备一定的条件,即必须保持实施缓冲政策所需要的充足外汇,必须具备实施公开市场操作的有效条件。

(2)需求管理政策——财政和货币政策(政府运用紧缩性或扩张性的财政货币政策,通过收入效应、利率效应和相对价格效应加以调节)

财政货币政策可以通过三个渠道来影响国际收支,分别称为收入效应、利率效应和相对价格效应(或称替代效应)。当一国国际收支赤字时,政府当局应采取紧缩性的财政货币政策。首先,紧缩性财政货币政策通过乘数效应减少国民收入,由此造成本国居民商品、劳务支出的下降。只要它能够降低本国的进口支出,就可以达到纠正国际收支赤字的效果。这一收入效应的作用大小显然取决于一国边际进口倾向的大小。其次,紧缩性货币政策通过本国利息率的上升,吸引资金从国外的净流入来改善资本账户收支。这一利率效应的大小

取决于货币需求的利率弹性与国内外资产的替代性高低。再次，紧缩性财政货币政策还通过诱发国内生产的出口品和进口替代品的价格下降提高本国产品的国际价格竞争能力，刺激国内外居民将需求转向本国产品，从而获得增加出口、减少进口的效果。这一相对价格效应的大小主要取决于进出口供给和需求弹性。

(3)汇率政策

指运用汇率的变动来纠正国际收支失衡，可选择汇率制度的变更、外汇市场干预或官方汇率贬值。

(4)直接管制政策

直接管制包括外汇管制和贸易政策。从实施的性质来看，直接管制的措施有数量性管制和价格性管制之分。前者主要针对进口来实施，包括进口配额、进口许可证、外汇管制等各种进口非关税壁垒。后者既可用于减少进口支出，主要指进口关税，也可用来增加出口收入，如出口补贴、出口信贷优惠等。从实施的效果来看，数量性管制措施能够在短期内迅速削减进口支出，立竿见影；而价格性管制措施的作用渠道则基本上等同于汇率政策。

8. 简述直接管制政策的优缺点。

参考答案：

直接管制的优点：

(1)与汇率贬值同属于支出转换政策，但前者属于选择性控制工具，而后者属于全面性控制工具。其实施通常能使国际收支的改善收到非常迅速的效果。

(2)比较灵活，可以针对具体不同的进出口项目和资本流动有区别地予以实施。一国可以对维持生产和生活水平所必需的中间产品和消费品进口、对扩大生产能力所需的资本品(机器设备等)进口不实行限制，或者限制程度轻一些，而对奢侈品进口严加控制。

(3)同时在出口方面可以重点奖励重要的或非传统的产品生产和出口。因此，适当地运用直接管制措施，可以在纠正国际收支赤字的同时不影响整个经济局势。

缺点：

(1)往往是变显性赤字为隐性赤字。一旦予以取消，除非经济结构相应得到改善，否则国际收支赤字仍然会重新出现，因此许多国家采用直接管制措施，主要是用以配合产业政策的实施。

(2)直接管制还十分容易引起贸易伙伴国的报复。一旦对方国家也实行相应的报复性措施，往往导致国与国之间的“贸易战”，使原先实行直接管制措施的国家前功尽弃。

(3)实行直接管制，也容易造成本国产品生产效率低下，对外竞争力不振，引起官僚作风和贿赂风气的兴起。因此，西方国家对采用这项措施一般比较谨慎。

考点2　蒙代尔－弗莱明模型

1. 在 $IS-LM-BP$ 模型中，IS 曲线上每一点所对应的是(　　)。

A. 产品市场均衡　　B. 货币市场均衡

C. 劳动市场均衡　　D. 国际收支均衡

参考答案：A。在 $IS-LM-BP$ 模型中，BP 曲线上的点表示国际收支平衡，IS 曲线上的点表示产品市场均衡，LM 曲线上的点表示货币市场均衡，后两者的交点表示国内均衡(或者内部均衡)，三者的交点表示同时达到国内均衡和国外均衡(或者外部均衡)。

2. 从蒙代尔－弗莱明模型不能得出的结论包括(　　)。

A. 在浮动汇率制度下，货币政策作用较强

B. 在固定汇率制度下，货币政策作用较强

C. 在固定汇率制度下，财政政策作用较强

D. 固定汇率制度、资本流动和自主的货币政策是不可能同时并存的

参考答案：B。无论是小国的模型还是大国的模型，在固定汇率制下，货币政策的效果都是很小甚至是无效的。

3. 在资本可以流动的开放经济中，紧缩性货币政策会导致(　　)。

A. 产出下降和本国货币升值　　B. 产出上升和本国货币贬值

C. 产出上升和本国货币升值　　D. 产出下降和本国货币贬值

参考答案：A。参考蒙代尔－弗莱明模型，紧缩货币导致 LM 左移，产出下降，利率上升，进而造成资本内流，本币升值。

4."三元悖论"原则指出，一国不可能同时实现货币政策独立性、(　　)，以及资本自由流动三大目标，而只能同时选择其中两个。

A. 浮动汇率　　B. 汇率目标区　　C. 固定汇率　　D. 管理浮动

参考答案：C。根据蒙代尔的三元悖论，一国的经济目标有三种：①各国货币政策的独立性；②汇率的稳定性；③资本的完全流动性。这三者，一国只能三选其二，而不可能三者兼得。

5. 根据蒙代尔政策搭配原理，一国出现顺差与通货膨胀，应采取(　　)。

A. 紧缩性货币政策和紧缩性财政政策　　B. 紧缩性货币政策和扩张性财政政策

C. 扩张性货币政策和紧缩性财政政策　　D. 扩张性货币政策和扩张性财政政策

参考答案：C。扩张的货币政策鼓励进口，平衡国际收支。国内通货膨胀需要紧缩的财政政策减少总需求。

6. 资本完全流动时，货币政策有效，是因为有(　　)。

A. 自由贸易　　B. 市场化利率　　C. 固定汇率　　D. 浮动汇率

参考答案：D。根据三元悖论理论，要使得资本完全流动，货币政策有效，汇率政策必须是浮动的。

7. 在固定汇率制度下，如果资本完全流动，则(　　)。

A. 货币政策有效，财政政策无效　　B. 货币政策和财政政策均无效

C. 货币政策无效，财政政策有效　　D. 货币政策和财政政策均有效

参考答案：C。参照蒙代尔－弗莱明模型。

8. 根据蒙代尔－弗莱明模型，在固定汇率制下(　　)。

A. 财政政策无效　　B. 货币政策无效

C. 财政政策中立　　D. 货币政策有效

参考答案：B。参照蒙代尔－弗莱明模型。

9. 如果一国外汇市场实行间接标价法，而且该经济可以用浮动汇率的蒙代尔－弗莱明

模型准确描述，那么，在均衡状态下，给定其他条件不变，当增加国内税收时，会导致(　　)。

A. 总收入减少，汇率上升，贸易余额增加

B. 总收入不变，汇率上升，贸易余额减少

C. 总收入增加，汇率降低，贸易余额增加

D. 总收入不变，汇率降低，贸易余额增加

参考答案：D。增加国内税收相当于实行紧缩的财政政策，浮动汇率制度下财政政策无效，总收入不变，但是会造成贬值，间接标价法下汇率下降。

10. **根据 $IS-BP-LM$ 模型，在浮动汇率并且资本完全自由流动下(　　)。**

A. 财政政策有效　　B. 财政政策无效

C. 货币政策无效　　D. 货币政策有效

参考答案：B。参照蒙代尔－弗莱明模型。

考点 3　汇率政策

1. **一个国家的货币贬值，则(　　)。**

A. 降低了该国出口品的相对价格，同时也提高了进口品的相对价格

B. 提高了该国出口品的相对价格，同时也提高了进口品的相对价格

C. 降低了该国出口品的相对价格，同时也降低了进口品的相对价格

D. 提高了该国出口品的相对价格，同时也降低了进口品的相对价格

参考答案：A。货币贬值后以外币计价的进口品本币价格提高，以本币计价的出口品外币价格下降。

2. **试述一国汇率制度选择需要考虑的主要因素。**

参考答案：

对于一国的汇率制度选择需要考虑的主要因素归纳以下四个方面：

(1)本国经济的结构特征。小国由于与少数几个大国的贸易依存度较高以及经济内部价格调整的成本较低等原因，较适宜采用固定性较高的汇率制度；大国经济内部调整的成本较高，并倾向于追求独立的经济政策，因而一般选择固定性较低的汇率制度。

(2)特定的政策目的。这方面最突出的例子之一就是固定汇率有利于控制国内的通货膨胀。例如，本国高通货膨胀使本国货币不断贬值，本国货币贬值通过成本机制、收入工资机制等因素反过来进一步加剧了本国的通货膨胀。而在固定汇率制度下，政府政策的可信性增强，在此基础上的宏观政策调整比较容易收到效果。

又如，一国为防止从外国输入通货膨胀而往往选择浮动汇率政策。因为浮动汇率制下一国的货币政策自主权较强，从而有利于选择和控制通货膨胀。可见，这个政策意图在汇率制度选择上也发挥着重要作用。再例如，出口导向型与进口替代型国家对汇率制度的选择也是不一样的。

(3)地区性经济合作情况。当两国存在非常密切的贸易往来时，两国间货币保持固定汇率比较有利于相互间经济关系的发展，尤其是在区域内的各个国家，其经济往来的特点往往对它们的汇率制度有着重要影响。

(4)国际国内经济条件的制约。一国在选择汇率制度时还必须考虑国际条件的制约。例如,在国际资金流动数量非常庞大的背景下,对于一国内部金融市场与外界联系非常紧密的国家来说,如果本国对外汇市场干预的实力因各种条件限制而不是非常强的话,那么采用固定性较强的汇率制度的难度无疑是相当大的。

考点 4　宏观经济政策国际协调方案

1. 简述宏观经济政策国际协调的主要内容。

参考答案:

国际政策协调的含义有广义与狭义之分。从狭义讲,国际政策协调是指各国在制定国内政策的过程中,通过各国间的磋商等方式来对某些宏观政策进行共同的设置。

从广义看,凡是在国际范围内能够对各国国内宏观政策产生一定程度制约的行为均可视为国际政策协调。我们所说的国际政策协调是从广义而言的。依据进行政策协调的程度,国际政策协调可由低到高分为以下六个层次。

(1)信息交换。信息交换是各国政府相互交流本国为实现经济内外均衡而采取的宏观调控的政策目标范围、政策目标侧重点、政策工具种类、政策搭配原则等信息,但仍在独立、分散基础上进行本国的决策。信息交换是一种最低层次的国际间政策协调形式。

(2)危机管理。危机管理是指针对世界经济中出现的突发性、后果特别严重的事件,各国进行共同的政策调整以缓解、度过危机。危机管理这一协调形式是偶然出现的、临时性的措施,它的主要目的在于防止各国独善其身的政策使危机更加严重或蔓延。

(3)避免共享目标变量的冲突。共享目标变量是指两国所要面对的同一目标,例如浮动汇率制下两国之间的汇率。由于两国共享目标是同一个,因此如果两国设立了不同的目标值,这便意味着两国之间直接的冲突,两国之间的相应政策成为具有竞争性的“以邻为壑”的政策。国家间的竞争性贬值是共享目标冲突的最典型的形式。

(4)合作确定中介目标。两国国内的一些变量的变动会通过国家间的经济联系而形成一国对另一国的溢出效应,因此各国有必要对这些中介目标进行合作协调,以避免它对外产生不良的溢出效应。这一中介目标既有可能是共享目标变量,也有可能是其他变量,例如固定汇率制下的一国货币供给量。

(5)部分协调。部分协调指不同国家就国内经济的某一部分目标或工具进行协调。例如,仅对各国的国际收支状况进行协调,而国内经济的其他变量则不纳入协调范围。

(6)全面协调。全面协调是指将不同国家的所有主要政策目标、工具都纳入协调范围,从而最大限度地获取政策协调的收益。

进行国际间政策协调的方式有两种,即相机性协调与规则性协调。

所谓相机性协调是指根据经济面临的具体条件,在不存在规定各国应采取何种协调措施的规则的情况下,通过各国间的协商确定针对某一特定情况各国应采用的政策组合。这一方法实际上是一国经济调控中相机抉择的推广。

一般认为,这一方法的优点在于可以针对不同的条件就更为广泛的问题进行协调,而缺点在于可行性与可信性较差。从可行性看,每次政策协调行动实际上意味着各国政府间的一次讨价还价，这样一次次的政策协调会带来很高的决策成本，并且也难以对各国政府进行制约，易于产生竞相违约及搭便车现象，缺乏可持续性。从可信性来看，这种方式下的协调措施完全由各国协商决定，缺乏一个明晰的规则，这便会产生较大的不确定性，从而难以通过影响公众的心理预期而发挥政策效力。

规则性协调则是指通过制定出明确规则来指导各国采取政策措施进行协调的协调方式。规则性协调的优点在于决策过程清晰，政策协调可以在较长时期内稳定进行，可信性高，因此受到了更多的重视。

第二篇

公司财务

第一章　公司财务概述

扫码听课

考点1　公司组织形式、目标

1. 承担有限债务责任的企业组织形式是(　　)。

A. 个人独资企业　　B. 普通合伙企业

C. 个体工商户　　D. 公司制企业

参考答案:D。公司制企业的优点之一是承担有限的债务责任。

2. 下列有关财务管理的目标表述正确的有(　　)。

A. 财务管理强调股东财富最大化会忽视其他利益相关者的利益

B. 企业在追求自己的目标时,会产生社会收益,因此企业目标和社会目标是一致的

C. 财务管理的目标和企业的目标是一致的

D. 企业只要依法经营就会从事有利于社会的事情

参考答案:C。强调股东财富最大化,并非不考虑其他利益相关者的利益,只有满足了其他方的利益,股东利益才会实现,故A错误;企业目标与社会目标有一致的地方,但也有不一致的地方,比如企业为获利可能会生产伪劣产品,故B错误;法律不可能会解决所有的问题,企业有可能会在合法的情况下从事不利于社会的事情,故D错误。

3. 在股东投资资本不变的前提下,最能够反映上市公司财务管理目标实现程度的是(　　)。

A. 扣除非经常性损益后的每股收益　　B. 每股净资产

C. 每股市价　　D. 每股股利

参考答案:C。在股东投资资本不变的前提下,股价最大化和增加股东财富具有同等意义,这时财务管理目标可以被表述为股价最大化。

4. 每股利润最大化相对于利润最大化作为财务管理目标,其优点是(　　)。

A. 考虑了资金的时间价值　　B. 考虑了风险价值

C. 反映了投资效率　　D. 反映了投入资本与收益的对比关系

参考答案:D。因为每股利润等于税后净利与股数之比,是相对数指标,所以每股利润最大化比利润最大化的优点在于它反映了创造利润与投入资本的关系。

5. 简述选择公司制作为企业最佳组织形式的理由。

参考答案:

公司制企业(也称公司)是组织众多个人经济活动的一种方式,大部分经济活动都由公司来实现,几乎所有的大型企业均采用公司制。公司制企业也是具有较高再投资率的其他组织形式企业的转型方向。通常,公司制企业的选择基于企业规模、潜在增长能力、再投资能力等因素。

第一,大型企业要以个体业主制或合伙制存在是非常困难的。这两个组织形式具有无限责任、有限企业寿命和产权转让困难等三个重大的缺陷,这些缺陷决定了企业难以筹集大量资金。

第二,企业潜在的增长机会需要资金支持。同时,为未来的增长须提高融资能力,包括权益资本和债务资本。个体业主制企业和合伙制企业在权益资本融资方面的能力非常有限。公司在资本市场上的融资能力具有得天独厚的优势。

第三,公司拥有的再投资机会多。因为公司比合伙制企业和个体业主企业更容易留存收益,因此,更有利于今后再投资于有利可图的投资。

6. 简述公司理财的目标以及影响由公司财务目标实现的因素。

参考答案:

财务管理目标是指企业理财活动所希望实现的结果,是评价企业理财活动是否合理的基本标准。财务管理目标制约着财务运行的基本特征和发展方向,是财务运行的一种驱动力。不同的财务管理目标,会产生不同的财务管理运行机制,科学地设置财务管理目标,对优化理财行为,实现财务管理的良性循环,具有重要的意义。当前财务管理目标的主要代表观点有三种:

(1)利润最大化。这种观点认为:利润代表了企业新创造的财富,利润越多则企业的财富增加得越多,越接近企业的目标。这种现点的缺陷是:没有考虑利润的取得时间;没有考虑所获利润和投入资本额的关系;没有考虑获取利润和所承担风险的关系;没有考虑同一经济问题的会计处理方式的多样性和灵活性会影响到利润的大小。

(2)资本利润率最大化或每股利润最大化。这种观点认为:应当把企业的利润和股东投入的资本联系起来考察,用每股盈余(或权益资本净利率)来概括企业的财务目标,以避免“利润最大化目标”的缺点。这种观点的缺陷是:仍然没有考虑资金时间价值和风险因素,也不能避免企业的短期行为。

(3)股东财富最大化。这种观点认为:股东财富最大化或企业价值最大化是财务管理的目标。价值是衡量业绩的最佳标准。企业的价值在于它能给所有者带来未来报酬,包括获得股利和出售其股权换取现金。如同商品的价值一样,企业的价值只有投入市场才能通过价格表现出来。股价的高低代表了投资者对公司价值的客观评价。它以每股的价格表示,反映了资本和获利之间的关系;它受预期每股盈余的影响,反映了每股盈余大小和取得的时间;它受企业风险大小的影响,可以反映每股盈余的风险。

现在通常被企业认可的观点是企业的价值或股东财富的最大化。股票价格代表了股东财富,因此,股价的高低反映了财务管理目标的实现程度。

影响企业财务管理目标实现的因素有很多种,主要包括以下两个方面:

(1)企业的外部环境。财务管理是在一定的环境中进行的,财务管理环境是企业在财务管理过程中所面对的各种客观条件或影响因素,是企业财务决策难以改变的外部约束条件。

财务管理的环境涉及的范围很广，其中最重要的是法律环境、金融市场环境和经济环境。

法律环境主要包括：①企业组织法律规范；②税务法律规范；③财务法律规范；④其他相关经济法律规范。

金融市场环境主要包括：①实物资本市场；②货币资本市场。

经济环境主要包括：①经济发展状况；②通货膨胀；③利息率波动；④政府经济政策；⑤竞争。

企业的财务管理环境，对于企业的财务管理适应能力，实现财务管理目标，提高财务管理效率具有重要影响。

（2）企业的管理决策。公司管理当局的管理决策对企业财务管理目标有直接影响，股价的高低取决于企业的报酬率和风险，这二者是由企业投资项目、资本成本和股利政策决定的。因此，这五个因素是影响企业财务管理目标实现的主要的企业可控因素。管理当局通过投资决策，对适当的投资项目进行投资，再通过筹资决策和股利决策来提高报酬率，降低风险，实现其财务管理目标。

7. 请举例说明公司价值的创造过程。

参考答案：

价值创造是指公司创造的现金流入量超过它所支付的现金流出量，即产生了现金增量。公司可以通过投资决策、融资决策和营运资本管理等金融活动来为公司创造价值。

假如公司的金融活动始于融资活动，那么，公司现金流量的流向和过程为：

第一，公司在金融市场上通过向投资者发售公司债券、普通股股票或优先股股票等来筹措资金；也可以向商业银行举借资金，或利用私募基金或风险投资基金来募集资金；

第二，用所筹集的资金购置流动资产或长期资产；

第三，当投资项目运转并开始生产之后，公司便可以通过销售产品获得现金性收入；

第四，公司用现金性收入向债权人支付利息，最终将偿还本金；

第五，在上缴所得税后，公司向股东支付现金股利；

第六，公司留存一部分收益，用于公司未来发展。

以上金融活动所形成的现金流的流动过程循环往复。如果公司支付给债权人和股东的现金超过从金融市场上筹集到的资金，公司便创造了价值。

8. 现金流量与利润（或收入）存在哪些主要区别？

参考答案：

现金流量是指公司在一定会计期间按照现金收付实现制的原则，通过一定经济活动（包括经营活动、投资活动、筹资活动和非经常性项目等）而产生的现金流入、现金流出及其总量情况的总称，即公司一定时期的现金和现金等价物的流入和流出的数量。例如：销售商品、提供劳务、出售固定资产、收回投资、借入资金等，形成的现金流入；购买商品、接受劳务、购建固定资产、现金投资、偿还债务等，形成企业的现金流出。

收入不一定会影响现金流量。因为收入是建立在权责发生制基础上，例如公司赊销了一批货物，但对方截止到报表日没有付钱，此时可以确认收入，但是没有现金流入。而现金流量建立在收付实现制基础上，只有真正收到钱时才确认现金流入。

利润则是收入与成本费用之间的差额。公司实现的利润与现金流量，都是企业的经营

成果,都是分析企业财务状况的主要指标。从这个意义上说,二者是相同的。但它们又有不一致的地方,具体表现为:

(1)二者的计量基础不同。利润是以权责发生制为基础计算出来的,即收入与支出均要考虑其受益期,不同期间受益就将收入或支出归属于不同的时期,进而得出该期间的利润。而现金流量却不同,它是以收付实现制为基础计算出来的,即不论该笔收入与支出属于哪个会计期间,只要在这个期间实际收到或支出的现金,就作为这个期间的现金流量。

(2)二者说明的经济含义不同。利润的数额大小在很大程度上反映公司生产经营过程中所取得的经济效益,表明公司在每一会计期间的最终经营成果。而现金流量的多少能清楚表明公司经营周转是否顺畅、资金是否紧缺、支付偿债能力大小,以及是否过度扩大经营规模,对外投资是否恰当,资本经营是否有效等,从而为投资者、债权人、企业管理者提供非常有用的信息。

9.为什么股东财富最大化是最恰当的公司财务目标?

参考答案:

股东财富最大化也称股东价值最大化,如果考虑债权人对公司财务要求权的话,公司财务目标也可称为公司价值最大化或公司财富最大化。股东财富最大化目标避免了利润最大化或收入最大化目标的三个缺陷:

首先,股东财富基于期望流向股东的未来现金流量,内涵非常明确,而不是模糊的利润或收入;

其次,股东财富明确地取决于未来现金流量的时间;

最后,股东财富的计算过程考虑风险差异。

因此,股东财富最大化是当下公司最合适的财务目标。

股东财富最大化目标为公司的各类财务决策提供了决策依据,公司股利政策的制定、融资方式的选择、投资项目的选择等具体的决策行为都依赖于公司财务目标。在股东财富最大化这一单一目标体系下,任何公司的财务决策,只要能提高或至少保持股东财富,都被视为好的决策,所有降低公司价值的决策均被视为坏的决策。

对于社会公众企业,股东财富最大化往往可以表现为股票价格最大化。在有效市场上,股票价格是衡量股东财富或企业价值的一个很客观、明确且易于观测的指标。

扫码听课

第二章　财务报表分析

考点 1　财务报表

1. 下列关于财务报表分析方法的表述中，不正确的是(　　)。

A. 包括比较分析法和因素分析法

B. 财务报表分析的比较分析法按照比较对象可分为与本企业历史比、与同类企业比和与计划预算比

C. 财务报表分析的比较分析法按照比较内容可分为比较会计要素总量、比较结构百分比和与比较计划预算数

D. 因素分析法分析某一因素对分析指标的影响时，假定其他因素都不变

参考答案：C。比较计划预算数属于按照比较对象来划分的，所以不正确。

2. 企业的财务报告不包括(　　)。

A. 现金流量表　　B. 财务状况说明书

C. 利润表　　D. 比较百分比财务报表

参考答案：D。财务报告是反映企业财务状况和经营成果的书面文件，包括资产负债表、利润表、现金流量表、所有者权益变动表(新的会计准则要求在年报中披露)、附表及会计报表附注和财务状况说明书。

3. 资产负债表不提供的财务信息是(　　)。

A. 资产结构　　B. 负债水平　　C. 经营成果　　D. 所有者权益总额

参考答案：C。资产负债表的组成包括资产、负债和所有者权益，而且资产＝负债＋所有者权益。经营成果是利润表中的财务信息，故本题选 C。

4. 现金流量表中的现金不包括(　　)。

A. 存在银行的外币存款　　B. 银行汇票存款

C. 期限为 3 个月的国债　　D. 长期债券投资

参考答案：D。现金流量表中的“现金”是流动性较强的资产，长期债券投资明显不属于此列，故本题选 D。

考点 2　财务比率分析

1. 某企业新借入一笔资金用于生产经营活动，由于消费市场萎缩，使得公司产品市场

份额增长低于预期，净利润水平与总资产周转率和上年持平，根据杜邦分析体系，可以判断该企业股东权益净利率将(　　)。

A. 上升　　B. 降低　　C. 不变　　D. 不能确定

参考答案：D。权益净利率＝销售净利率×总资产周转率×权益乘数＝总资产净利率×权益乘数，借入资金，权益乘数变大，总资产净利率降低，乘数一个变大一个变小，且幅度未知，则权益净利率的变化也是未知的。

2. **利息保障倍数中分母的“利息费用”指的是(　　)。**

A. 计入利润表财务费用的利息费用、计入资产负债表固定资产等成本的资本化利息

B. 计入利润表财务费用的利息费用

C. 计入利润表财务费用的利息费用、计入资产负债表固定资产等成本的资本化利息的本期费用化部分

D. 计入资产负债表固定资产等成本的资本化利息的本期费用化部分

参考答案：A。利息保障倍数中分母的“利息费用”是指本期的全部应付利息，不仅包括计入利润表财务费用中的利息费用，还应包括计入资产负债表固定资产等成本的资本化利息；相应地，分子“息税前利润”中的“利息费用”则是指本期的全部费用化利息，不仅包括计入利润表财务费用的利息费用，还包括计入资产负债表固定资产等成本的资本化利息的本期费用化部分(其中，也包括以前期间资本化利息的本期费用化部分)。

3. **某企业20×3年总资产周转次数为4次，非流动资产周转次数为5次，若一年有360天，则流动资产周转天数为(　　)天。**

A. 360　　B. 90　　C. 72　　D. 18

参考答案：D。总资产周转天数＝360/4＝90(天)，非流动资产周转天数＝360/5＝72(天)，流动资产周转天数＝90－72＝18(天)。

4. **下列说法中，正确的是(　　)。**

A. 市盈率是指普通股每股市价与每股收益的比率

B. 市净率是指普通股每股市价与每股销售收入的比率

C. 市销率是指普通股每股市价与每股净资产的比率

D. 权益净利率是净利润与总资产的比率

参考答案：A。市盈率是指普通股每股市价与每股收益的比率，选项A的说法正确；市净率是指普通股每股市价与每股净资产的比率，市销率是指普通股每股市价与每股销售收入的比率，所以选项B、C错误；权益净利率是净利润与股东权益的比率，选项D错误。

5. **某公司20×3年管理用财务分析体系中，权益净利率为20%，净经营资产净利率为14%，税后利息率为10%，则净财务杠杆为(　　)。**

A. 2.2　　B. 1.6　　C. 1.5　　D. 2.4

参考答案：C。由于：权益净利率＝净经营资产净利率＋杠杆贡献率＝净经营资产净利率＋(净经营资产净利率－税后利息率)×净财务杠杆，则：净财务杠杆＝(权益净利率－净经营资产净利率)/(净经营资产净利率－税后利息率)＝(20%－14%)/(14%－10%)＝1.5。

6. **某公司的总资产净利率为15%，若资产负债率为50%，则权益净利率为(　　)。**

A. 15%　　B. 37.5%　　C. 30%　　D. 60%

参考答案:C。权益乘数$=\frac{1}{1-资产负债率}=2$,

权益净利率＝总资产净利率×权益乘数＝15%×2＝30%。

7. A公司去年支付现金股利400万元。留存比率为1/3,去年的销售收入为12 000万元。总资产平均余额为10 000万元。A公司去年的总资产收益率(ROA)是(　　)。

A. 6%　　B. 5%　　C. 12%　　D. 以上都不是

参考答案:A。

$$资产收益率\ ROA=\frac{净利润}{平均账面余额}=\frac{\frac{\frac{400}{2}}{3}}{10\ 000}=6\%。$$

8. 假设某企业的速动比率为2,则赊购一批材料将会导致(　　)。

A. 速动比率降低　　B. 流动比率不变　　C. 流动比率提高　　D. 速动比率提高

参考答案:A。流动比率＝流动资产/流动负债,速动比率＝速动资产/流动负债,存货不属于速动资产,但是属于流动资产,赊购一批材料,导致流动资产和流动负债等额增加,速动资产不变,所以速动比率降低;由于原来的流动比率是大于1的,即原来的流动资产大于流动负债,流动资产和流动负债等额增加之后,流动负债的变动幅度大于流动资产的变动幅度,因此,流动比率降低。

9. 假设一个公司计划发行债务回购部分股票,公司未来的收益状况保持不变,则对于财务杠杆的引入,(　　)将不会发生变化。

A. 股东权益收益率　　B. 每股收益　　C. 资产收益率　　D. 资产负债率

参考答案:C。资产收益率ROA＝净利润/总资产,发行债务回购股票,并不会改变公司的净利润和总资产,所以选C。

10. 假设A公司有优先股400万股,其清算价值为每股7元,无拖欠股利;20×3年12月31日普通股每股市价16元,20×3年流通在外普通股3 000万股,所有者权益为45 000万元,则该公司的市净率为(　　)。

A. 1.2　　B. 1.14　　C. 1　　D. 2

参考答案:B。每股净资产＝(45 000－7×400)/3 000＝14.07(元/股),

市净率＝每股市价/每股净资产＝16/14.07＝1.14。

11. 某公司20×3年营业收入为4 500万元。年初应收账款余额为200万元,年末应收账款余额为400万元,坏账准备按应收账款余额的8%计提。每年按360天计算,涉及资产负债表的数据采用平均数来计算,则该公司应收账款周转天数为(　　)天。

A. 12　　B. 15　　C. 24　　D. 20

参考答案:C。应收账款周转次数＝4 500÷[(200＋400)÷2]＝15(次),应收账款周转天数＝360/15＝24(天)。

12. 债券利率比ROA高,则提高债务比重,ROE会(　　)。

A. 上升　　B. 下降　　C. 不变　　D. 不确定

参考答案:B。根据管理用杜邦恒等式,有:

$$权益净利率=\frac{税后经营净利润}{股东权益}-\frac{税后利息费用}{股东权益}$$

$$权益净利率=\frac{税后经营净利润}{净经营资产}\times\frac{净经营资产}{股东权益}-\frac{税后利息费用}{净负债}\times\frac{净负债}{股东权益}$$

$$权益净利率=\frac{税后经营净利润}{净经营资产}\times(1+\frac{净负债}{股东权益})-\frac{税后利息费用}{净负债}\times\frac{净负债}{股东权益}$$

权益净利率＝净经营资产净利率＋净经营资产净利率－税后利息率×净财务杠杆

因为债券利率＞*ROA*，所以(净经营资产净利率－税收利息率)＜0。

若提高债务比重，则净负债/股东权益增加，由此可推断出 *ROE* 下降。

13. 下列各项中，影响企业长期偿债能力的事项是(　　)。

A. 可动用的银行贷款指标　　B. 偿债能力的声誉

C. 长期租赁　　D. 准备很快变现的非流动资产

参考答案：C。未决诉讼、债务担保和长期租赁均会影响企业的长期偿债能力；可动用的银行贷款指标、偿债能力的声誉和准备很快变现的非流动资产会提高企业的短期偿债能力。

14. 某公司 20×3 年年末的流动比率为 1.8，则 20×3 年年末的营运资本配置比率为(　　)。

A. 0.44　　B. 0.72　　C. 0.64　　D. 0.58

参考答案：A。营运资本配置比率＝营运资本/流动资产＝(流动资产－流动负债)/流动资产＝1－1/流动比率＝1－1/1.8＝0.44。

15. 甲公司近两年的主要财务数据如表 2－2－1 所示。

表 2－2－1　　甲公司近两年的主要财务数据　　单位：万元

项　目	20×2 年	20×3 年
销售收入	4 400	4 000
净利润	200	100
年末资产	1 400	1 500
年末股东权益	800	800

要求：

(1)计算 20×2 年和 20×3 年的权益净利率、销售净利率、总资产周转次数和权益乘数(总资产周转次数与权益乘数保留四位小数，涉及资产负债表的数据采用年末数计算)。

(2)利用因素分析法分析说明该公司 20×3 年与 20×2 年相比权益净利率的变化及其原因(按销售净利率、总资产周转次数、权益乘数顺序)。

参考答案：

(1)20×2 年的相关指标计算：

权益净利率＝200/800＝25%

销售净利率＝200/4 400＝4.55%

总资产周转次数＝4 400/1 400＝3.142 9(次)

权益乘数＝1 400/800＝1.750 0

20×3 年的相关指标计算：

权益净利率＝100/800＝12.5%

销售净利率＝100/4 000＝2.5%

总资产周转次数＝4 000/1 500＝2.666 7(次)

权益乘数＝1 500/800＝1.875 0

(2)分析说明该公司 20×3 年与 20×2 年相比权益净利率的变化及其原因：

20×3 年与 20×2 年相比权益净利率变动＝12.5%－25%＝－12.5%

因为：权益净利率＝销售净利率×总资产周转率×权益乘数

20×2 年的权益净利率＝4.55%×3.142 9×1.750 0＝25.03%　(1)

替代销售净利率：2.5%×3.142 9×1.75＝13.75%　(2)

替代总资产周转率：2.5%×2.666 7×1.75＝11.67%　(3)

替代权益乘数：2.5%×2.666 7×1.875＝12.50%　(4)

销售净利率变动的影响：(2)－(1)＝13.75%－25.03%＝－11.28%

总资产周转次数变动的影响：(3)－(2)＝11.67%－13.75%＝－2.08%

权益乘数变动的影响：(4)－(3)＝12.50%－11.67%＝0.83%

根据计算可知，20×3 年权益净利率相比 20×2 年权益净利率下降了 12.5%，原因是销售净利率下降了使得权益净利率下降了 11.28%，总资产周转次数下降使得权益净利率下降了 2.08%，以及权益乘数提高使得权益净利率提高 0.83%。

16. 简要论述杜邦分析法。

参考答案：

杜邦分析法，又称杜邦财务分析体系，是利用各主要财务比率指标间的内在联系，对企业财务状况及经济效益进行综合系统分析评价的方法。该体系是以净资产收益率为起点，以总资产净利率和权益乘数为核心，重点揭示企业获利能力及权益乘数对净资产收益率的影响，以及各相关指标间的相互影响作用关系。其数学表达式如下：

$$\text{权益收益率}(ROE)=\frac{\text{净利率}}{\text{总权益}}=\frac{\text{净利率}}{\text{资产}}\times\frac{\text{资产}}{\text{总权益}}$$

由于 $ROE=ROA\times$权益乘数$=ROA\times$(1＋负债权益比)

$$ROE=\frac{\text{净利润}}{\text{销售额}}\times\frac{\text{销售额}}{\text{资产}}\times\frac{\text{资产}}{\text{总权益}}=\text{销售利润率}\times\text{总资产周转率}\times\text{权益乘数}$$

杜邦等式说明，*ROE* 受三个方面因素的影响：

①经营的效率(以销售利润率度量)。

②资产运用的效率(以总资产周转率度量)。

③财务杠杆(以权益乘数度量)。

由此可知，经营效率或资产运用效率的低下都会削弱资产收益率，并导致 ROE 下降。

运用杜邦分析法需要抓住以下几点：

(1)净资产收益率是一个综合性最强的财务分析指标，是杜邦分析体系的起点。

财务管理的目标之一是使股东财富最大化，净资产收益率反映了企业所有者投入资本的获利能力，说明了企业筹资、投资、资产营运等各项财务及其管理活动的效率，而不断提高净资产收益率是使所有者权益最大化的基本保证。所以，这一财务分析指标是企业所有者、经营者都十分关心的。而净资产收益率高低的决定因素主要有三个，即销售净利率、总资产周转率和权益乘数。这样，在进行分解之后，就可以将净资产收益率这一综合性指标升降变化的原因具体化，从而它比只用一项综合性指标更能说明问题。

(2)销售净利率反映了企业净利润与销售收入的关系，它的高低取决于销售收入与成本总额的高低。

要想提高销售净利率，一是要扩大销售收入，二是要降低成本费用。扩大销售收入既有利于提高销售净利率，又有利于提高总资产周转率。降低成本费用是提高销售净利率的一个重要因素，从杜邦分析图可以看出成本费用的基本结构是否合理，从而找出降低成本费用的途径和加强成本费用控制的办法。如果企业财务费用支出过高，就要进一步分析其负债比率是否过高；如果管理费用过高，就要进一步分析其资产周转情况等等。提高销售净利率的另一途径是提高其他利润。为了详细地了解企业成本费用的发生情况，在具体列示成本总额时，还可根据重要性原则，将那些影响较大的费用单独列示，以便为寻求降低成本的途径提供依据。

(3)影响总资产周转率的一个重要因素是资产总额。

资产总额由流动资产与长期资产组成，它们的结构合理与否将直接影响资产的周转速度。一般来说，流动资产直接体现企业的偿债能力和变现能力，而长期资产则体现了企业的经营规模、发展潜力。两者之间应该有一个合理的比例关系。如果发现某项资产比重过大，影响资金周转，就应深入分析其原因，例如企业持有的货币资金超过业务需要，就会影响企业的盈利能力；如果企业占有过多的存货和应收账款，则既会影响获利能力，又会影响偿债能力。因此，还应进一步分析各项资产的占用数额和周转速度。

(4)权益乘数主要受资产负债率指标的影响。

资产负债率越高，权益乘数就越高，说明企业的负债程度比较高，给企业带来了较多的杠杆利益，同时，也带来了较大的风险。

17. 结合反映企业短期偿债能力的财务比率，简述比率分析法的局限性。

参考答案：

(1)比率分析法是财务分析的最基本、最重要的方法。比率分析法实质上是将影响财务状况的两个相关因素联系起来，通过计算比率，反映它们之间的关系，借以评价企业财务状况和经营状况的一种财务分析方法。比率分析法以简单、明了、可比性强等优点在财务分析实践中被广泛采用。虽然比率分析法被认为是财务分析的最基本或最重要的方法，但应用比率分析法必须了解其局限性：①比率的变动可能仅仅被解释为两个相关因素之间的变动；②很难综合反映比率与计算它的会计报表的联系；③比率给人们不保险的最终印象；④比率不能给人们提供会计报表关系的综合。

(2)以短期偿债能力为例，短期偿债能力是指企业偿付流动负债的能力。流动负债是将在一年内或超过一年的一个营业周期内需要偿付的债务，这部分负债对企业的财务风险影响较大，如果不能及时偿还，就可能使企业面临倒闭的危险。一般来说，流动负债需以流动资产来偿付，特别是它通常需要以现金来直接偿还。因此，可以通过分析流动负债与流动资产之间的关系来判断企业短期偿债能力。

①静态分析的财务比率主要有流动比率、速动比率和现金比率。这些比率反映了企业短期偿债能力,比率数值越高,说明企业的短期偿债能力越强。

②动态分析的财务比率主要有现金流量比率、近期支付能力系数和速动资产够用天数。

现金流量比率是企业经营活动现金净流量与流动负债的比率。近期支付能力系数即近期可用来支付的资金与近期需要支付的款项的比率,反映的是近期(例如十天内)的支付能力。速动资产够用天数指现有速动资产可以支持企业日常现金支出的天数。同样,这些比率的数值越高,企业的短期偿债能力越强。

然而以上所述的这些比率并不能反映可能发生的变化和变化趋势,还需要借助于应收账款周转率、应付账款周转率和存货周转率的分析为反映短期偿债能力的动态变化提供重要的参考。因此,短期偿债能力的财务比率只是反映有关因素的数学比率,体现的仅仅是账面上的支付能力,很难反映其与会计报表的联系,不能给人们提供会计报表关系的综合;更进一步,企业管理人员出于某种目的,可以运用各种方式人为调整有关比率,自然给人们不保险的最终印象。

扫码听课

第三章　长期财务规划

考点 1　财务计划

1. 在初创期的企业，股利政策一般(　　)。

A. 采用非现金股利政策　　B. 可以考虑适当的现金股利政策

C. 采用现金股利政策　　D. 采用高现金股利政策

参考答案：A。在初创期，企业现金流紧张，一般采用非现金股利政策。

2. 长期财务规划中，通常不包括(　　)。

A. 调节变量　　B. 折现现金流量

C. 销售收入增长率　　D. 固定资产投资

参考答案：A。长期财务规划要进行资本预算，要估计增长率，要确定固定资产投资的决策。

3. 财务预测的起点是(　　)。

A. 销售预测　　B. 估计经营资产和经营负债

C. 估计各项费用和保留盈余　　D. 估计所需融资

参考答案：A。财务预测的起点是销售预测。一般情况下，财务预测把销售数据视为已知数，作为财务预测的起点。

4. 关于不同发展阶段的财务战略，下列说法中不正确的是(　　)。

A. 初创期应该尽量使用权益筹资，应寻找从事高风险投资、要求高回报的投资人

B. 在成长期，由于经营风险降低了，因此可以大量增加负债比例，以获得杠杆利益

C. 在成熟期，企业权益投资人主要是大众投资者，公司多余的现金应该返还给股东

D. 在衰退期，企业应该进一步提高债务筹资比例

参考答案：B。企业的经营风险随着发展阶段都是逐步降低的，但是在成长期，企业的经营风险依然处于较高水平，债务融资成本较高，不宜大量增加负债比例，应更多依靠权益融资和留存收益。

考点 2　销售百分比法

1. 某企业 20×3 年年末的经营资产为 800 万元，经营负债为 200 万元，金融资产为 40

万元，金融负债为 450 万元，销售收入为 1 500 万元，若经营资产、经营负债占销售收入的比不变，销售净利率为 10%，利润留存率为 30%，企业金融资产均为可动用金融资产，若预计 20×4 年销售收入会达到 1 800 万元，则需要从外部筹集的资金是(　　)万元。

A. 240　　B. 180　　C. 66　　D. 26

参考答案:D。销售增长率=(1 800−1 500)/1 500=20%，外部筹集的资金=600×20%−40−1 800×10%×30%=26(万元)。

2. 在企业有盈利的情况下，下列有关外部融资需求表述正确的是(　　)。

A. 销售增加，必然引起外部融资需求的增加

B. 销售净利率的提高会引起外部融资的增加

C. 股利支付率的提高会引起外部融资的增加

D. 总资产周转率的提高必然引起外部融资的增加

参考答案:C。若销售增加所引起的负债和所有者权益的增加超过资产的增加，反而会有资金剩余，只有当销售增长率高于内含增长率时，才会引起外部融资需求的增加，所以选项 A 不正确；股利支付率小于 1 的情况下，销售净利率调高，会引起外部融资需求的减少，所以选项 B 不正确；总资产周转率的提高会加速资金周转，反而有可能会使资金需要量减少，所以选项 D 不正确。

3. 某公司 20×3 年销售收入为 2 500 万元，20×4 年计划销售收入为 3 000 万元。假设经营资产销售百分比为 60%，经营负债销售百分比为 7%，且两者保持不变，可动用的金融资产为零，预计销售净利率为 4%，预计股利支付率为 30%，则该公司 20×4 年外部融资销售增长比为(　　)。

A. 0.258　　B. 0.362　　C. 0.458　　D. 0.524

参考答案:B。销售收入增长率=(3 000−2 500)/2 500=0.2，

外部融资销售增长比=0.6−0.07−(1+0.2)/0.2×4%×(1−30%)=0.362。

4. 今年，X 公司的财务数据如下：销售额 400 万元，成本 200 万元，税 50 万元，净利润 150 万元，总资产 1 200 万元，负债 600 万元，权益 600 万元。资产和成本均与销售额等比例变化，但负债不受销售额影响。最近支付的股利为 90 万元。X 公司希望保持股利支付比率不变。明年该公司预计销售额为 480 万元。外部融资额(EFN)应为(　　)万元。

A. 240　　B. 132　　C. 60　　D. 168

参考答案:D。

$$EFN=\frac{资产}{销售额}\times\Delta 销售额-\frac{自发增长的负债}{销售额}\times\Delta 销售额-PM\times 预计销售额\times(1-d)$$

PM 为销售利润率，d 为股利支付率。最后算得答案为 D。

考点 3 增长率的测算

1. 由于通货紧缩，某公司不打算从外部融资，而主要靠调整股利分配政策，扩大留存收益来满足销售增长的资金需求。历史资料表明，该公司经营资产、经营负债与销售总额之间存在着稳定的百分比关系。现已知经营资产销售百分比为 75%，经营负债销售百分比为

15%，计划下年销售净利率10%，股利支付率为20%，若预计下一年单价会下降为2%，则据此可以预计下年销量增长率为(　　)。

A. 23.53%　　B. 26.05%　　C. 17.73%　　D. 15.38%

参考答案:C。由于不打算从外部融资，此时的销售增长率为内含增长率，设为 x，

$0=75\%-15\%-(1+x)/x\times10\%\times(1-20\%)$

所以 $x=15.38\%$

$(1-2\%)\times(1+\text{销量增长率})-1=15.38\%$

所以销量增长率=17.73%。

2. 某企业20×3年年末的所有者权益为1 000万元，可持续增长率为25%。20×4年经营效率和财务政策(包括不增发新的股权)与上年相同。若20×4年的净利润为500万元，则其股利支付率是(　　)。

A. 0　　B. 20%　　C. 40%　　D. 50%

参考答案:D

20×3年净利润=500/(1+25%)=400(万元)，设利润留存率为 x，

$$\text{则 } 25\%=\frac{\frac{400}{1\ 000}\times x}{1-\frac{400}{1\ 000}\times x}$$

得 $x=50\%$

所以，股利支付率=1−50%=50%。

3. 某企业20×2年年末的所有者权益为800万元，可持续增长率为10%。20×3年的销售增长率等于20×2年的可持续增长率，20×3年净利润为200万元，则20×3年的股利支付率是(　　)。

A. 60%　　B. 50%　　C. 40%　　D. 30%

参考答案:A。因为满足可持续增长的条件，所以所有者权益的增长率也为10%，所以20×3年增加的所有者权益=增加留存收益=800×10%=80(万元)，20×3年的股利支付率=1−80/200=60%。

4. 资料:A公司20×3年度的主要财务数据如表2−3−1所示。

表2−3−1　　A公司20×3年度的主要财务数据　　单位:万元

销售收入	10 000
营业利润	750
利息支出	125
税前利润	625
所得税费用(税率25%)	156.25
税后利润	468.75
分出股利(股利支付率50%)	234.375
利润留存	234.375
期末股东权益(1 000万股)	1 250

续表

期末负债	1 250
期末总资产	2 500

要求：

(1)假设 A 公司在今后可以维持 20×3 年的经营效率和财务政策，不断增长的产品能为市场所接受，不变的销售净利率可以涵盖不断增加的利息，并且不打算从外部筹集权益资金。请依次回答下列问题：

①20×3 年的可持续增长率是多少？

②今后的预期股利增长率是多少？

③假设 A 公司 20×3 年年末的股价是 30 元，股东预期的报酬率是多少？

(2)假设 A 公司 20×4 年的计划销售增长率为 35%，请回答下列互不关联的问题：

①如果不打算从外部筹集权益资金，并保持 20×3 年的财务政策和总资产周转率，销售净利率应达到多少？

②如果想保持 20×3 年的经营效率和财务政策不变，需要从外部筹集多少股权资金？

参考答案：

(1)① 20×3 年可持续增长率计算：

$$销售净利率=\frac{净利润}{销售收入}=\frac{468.75}{10\ 000}=4.69\%$$

$$总资产周转率=销售收入/总资产=\frac{10\ 000}{2\ 500}=4(次)$$

$$权益乘数=总资产/期末股东权益=\frac{2\ 500}{1\ 250}=2$$

$$利润留存率=\frac{234.375}{468.75}=50\%$$

可持续增长率=(销售净利率×总资产周转率×权益乘数×利润留存率)/(1－销售净利率×总资产周转率×权益乘数×利润留存率)=(4.69%×4×2×50%)/(1－4.69%×4×2×50%)=23.09%

②在经营效率和财务政策不变，并且不打算从外部筹集权益资金的情况下，股利增长率等于可持续增长率，即 23.09%。

③股东的预期报酬率=下期股利/当期股价＋股利增长率=[(234.375/1 000)×(1＋23.09%)]/30＋23.09%=24.05%

(2)① 设销售净利率为 x，则：

$35\%=(x\times50\%\times2\times4)/(1-x\times50\%\times2\times4)$

求得：$x=6.48\%$

② 预计下期销售收入=10 000×(1＋35%)=13 500(万元)

总资产=销售收入/总资产周转率=13 500/4=3 375(万元)

期末股东权益=总资产/权益乘数=总资产×期初权益/期初资产=3 375×1 250/2 500=1 687.5(万元)

期初股东权益＝1 250(万元)

本期利润留存＝计划销售收入×销售净利率×利润留存率＝13 500×4.69%×50%＝316.58(万元)

需要筹集外部权益资金＝期末股东权益－期初股东权益－本期利润留存＝1 687.5－1 250－316.58＝120.92(万元)

5. 简述什么是销售百分比法，并指出该方法有什么缺陷。

参考答案：

销售百分比法是根据资金各个项目与销售收入总额间的依存关系，按照计划销售额的增长情况，预测需要相应地追加多少资金的方法，即在财务计划中，利用有关项目与销售额或者销售量之间的关系预测资产负债表和利润表有关项目的金额。它通常假设收入、费用、资产、负债与销售收入存在稳定的百分比关系，根据预测销售额和相应的百分比预测资产、负债和所有者权益，然后利用会计等式确定融资需求。

用销售收入比例法编制财务计划，简单方便，也易于理解。但正由于这一方法过于简单，它也存在着某些缺陷。其中较为重要的缺陷有如下两个：

(1)规模经济效应。资产的运用存在着规模经济效应。在一定条件下，随着公司规模的扩大、销售收入的增加，单位资产产生的销售收入和利润额也会随之增加，即单位资产的利用效率会提高。比如，存货的增长速度通常低于销售收入的增长速度，等等。这样，某些资产的占用量并不会与销售收入同步增长。这时，就不能简单地使用销售额比例法。在这种情况下，可以根据资产利用效率的提高，调整新的销售收入下各种资产的比率，继续利用销售收入比例法编制财务计划。

(2)资产的不可分割性。在很多情况下，资产(特别是固定资产)必须按照一个个完整的项目增加，而不能任意分割为零散的单位。比如，一条生产线的最小单位是年生产能力1 000万件，价值300万元，那么，当企业需要增加500万件的产量时，也需要购入或建造整条生产线，无法按照销售收入增长的比例增加其固定资产。在这种情况下，也需要对销售收入比例法做适当的调整。

6. 什么是可持续增长率，影响可持续增长率的因素有哪些？

参考答案：

可持续增长率是指在没有外部股权融资(不发行新股)且保持负债权益比不变的情况下可能实现的最高增长率。

$$\text{可持续增长率}=\frac{ROE\times b}{1-ROE\times b}$$

式中，ROE 是权益收益率。

利用杜邦恒等式，权益收益率(ROE)可以分解成几个部分，既然 ROE 对于可持续增长率具有如此显著的影响，显然，那些决定 ROE 的重要因素也就是决定增长率的重要因素。

通过杜邦分析法，可得：

$$ROE=\text{销售利润率}\times\text{总资产周转率}\times\text{权益乘数}$$

由此可以知道，任何导致 ROE 上升的因素都会通过可持续增长率的分子更大和分母更小，从而导致可持续增长率的上升，那些提高利润再投资的因素也是如此。

两项结合，可以得出结论，一家公司的可持续增长能力直接取决于以下四个因素：

(1)销售利润率：销售利润率的增加会提高公司内部生成资金的能力，所以能够提高可持续增长率；

(2)股利政策：净利润中用于支付股利的百分比下降会提高留存比率，增加内部股权资金，从而提高可持续增长率；

(3)融资政策：提高负债权益比即提高公司的财务杠杆，这使得公司获得额外的债务融资，从而提高可持续增长率；

(4)总资产周转率：提高总资产周转率使得公司每单位资产能够带来更多的销售额，在销售额增长的同时降低公司对新增资产的需求，因而提高可持续增长率(提高可持续增长率和降低资本密集度是同一回事)。

可持续增长率是财务计划中十分重要的一个数字，它清楚地说明了公司四个主要方面的关系：由销售利润率表示的经营效率、由总资产周转率度量的资产使用效率、由留存比率表示的股利政策以及负债权益比衡量的融资政策。

扫码听课

第四章　折现与价值

考点1　货币时间价值

1. 小李从今年开始每年年末存入银行一笔固定的存款以备将来养老使用，如果按复利计算第 n 年年末可以从银行取出的本利和，应该使用的时间价值系数是(　　)。

A. 复利现值系数　　B. 复利终值系数

C. 普通年金终值系数　　D. 普通年金现值系数

参考答案:C。本题中每年年末存入银行一笔固定金额的款项，该款项属于普通年金的形式，计算第 n 年年末可以从银行取出来的本利和，实际上计算的是普通年金的终值，应该选用的时间价值系数是普通年金终值系数。

2. 下列有关财务估价的基础概念中，理解不正确的是(　　)。

A. 货币时间价值是货币经历一定时间的投资和再投资所增加的价值

B. 现在的 1 元钱和 1 年后的 3 元钱经济价值可能相等

C. 财务估价是指对一项资产价值的估计，这里的价值指市场价值

D. 资产的价值是用适当的折现率计算的资产预期未来现金流量的现值

参考答案:C。财务估价是指对一项资产价值的估计，这里的价值指资产的内在价值，即用适当的折现率计算的资产预期未来现金流量的现值，被称为经济价值或公平的市场价值。它不同于资产的账面价值、市场价值和清算价值。

3. 发生在每期期初的年金，称为(　　)。

A. 预付年金　　B. 普通年金　　C. 永续年金　　D. 递延年金

参考答案:A。先付年金是指在一定期间内，各期期初等额的系列收付款项，也称预付年金。

4. 甲公司拟购置一处房产，付款条件是：从第 5 年开始，每年年初支付 10 万元，连续支付 10 次，共 100 万元，假设甲公司的资本成本率为 10%，则相当于甲公司现在一次付款的金额为(　　)万元。

A. $10\times[(P/A,10\%,13)-(P/A,10\%,3)]$

B. $10\times[(P/A,10\%,10)-(P/A,10\%,3)]$

C. $10\times[(P/A,10\%,14)-(P/A,10\%,4)]$

D. $10\times[(P/A,10\%,10)\times(P/A,10\%,4)]$

参考答案:A。递延年金求现值的公式:递延年金现值$=A\times(P/A,i,n)\times(P/F,i,m)=A\times[(P/A,i,m+n)-(P/A,i,m)]$,$m$ 表示递延期,n 表示连续收支期数,本题中 m 为 3,n 为 10。

5. 某公司拟于 5 年后一次还清所欠债务 100 000 元,假定银行利息率为 10%,5 年 10%的年金终值系数为 6.105 1,5 年 10%的年金现值系数为 3.790 8,则应从现在起每年末等额存入银行的偿债基金为(　　)元。

A. 16 379.75　　B. 26 379.66　　C. 379 080　　D. 610 510

参考答案:A。本题属于已知终值求年金,故答案为:

$A=F/(F/A,10\%,5)=100\ 000/6.105\ 1=16\ 379.75$(元)。

6. 已知$(F/A,10\%,9)=13.579$,$(F/A,10\%,11)=18.531$。则 10 年,10%的预付年金终值系数为(　　)。

A. 17.531　　B. 15.937　　C. 14.579　　D. 12.579

参考答案:A。预付年金终值系数与普通年金终值系数相比期数加 1,系数减 1,所以 10 年,10%的预付年金终值系数$=18.531-1=17.531$。

7. 有一项年金,前 2 年无流入,后 5 年每年年初流入 500 万元,假设年利率为 10%,则其第 7 年年初(即第 6 年年末)终值和递延期分别为(　　)。

A. 3 052.55 万元和 1 年　　B. 3 357.81 万元和 1 年

C. 3 693.59 万元和 1 年　　D. 3 052.55 万元和 2 年

参考答案:A。$F=500\times(F/A,10\%,5)=3\ 052.55$(万元)。注意:本题中第一次现金流入发生在第 3 年初(与第 2 年末是同一时点),所以递延期$=2-1=1$,或递延期$3-2=1$。递延年金的终值与递延期无关,与普通年金终值相同。

8. 企业年初借得 50 000 元贷款,10 年期,年利率 12%,每年末等额偿还。已知年金现值系数$(P/A,12\%,10)=5.650\ 2$,则每年应付金额为(　　)元。

A. 8 849　　B. 5 000　　C. 6 000　　D. 28 251

参考答案:A。$A=P\div(P/A,12\%,10)=50\ 000\div5.650\ 2=8\ 849$(元)。

9. 李某现在向银行存入 20 000 元,计划在以后 9 年中每年年末可以取出 4 000 元。则年利率为(　　)。

已知$(P/A,14\%,9)=4.946\ 4$,$(P/A,10\%,9)=5.759\ 0$,$(P/A,12\%,9)=5.328\ 2$。

A. 10%　　B. 13.72%　　C. 15.58%　　D. 12.88%

参考答案:B。根据普通年金现值公式有:$20\ 000=4\ 000\times(P/A,i,9)$,即$(P/A,i,9)=5$,利用内插法可知:

$(i-12\%)/(14\%-12\%)=(5-5.328\ 2)/(4.946\ 4-5.328\ 2)$,解得:$i=13.72\%$。

10. 有一项年金,前 3 年无流入,后 5 年每年初流入 500 元,年利率为 10%,则其现值为(　　)元。

A. 1 994.59　　B. 1 565.68　　C. 1 813.48　　D. 1 423.21

参考答案:B。本题目考查的是递延年金的算法,通过题干可知,本题目的实质是递延期为 2 期,年金为 5 期的现值,所以分两步:先求 5 期年金在第 2 年年初的现值,再折现到当前时点,结果$=500(P/A,10\%,5)/(1+10\%)^2$,查表得到结果 B。

11. 下列关于报价利率与有效年利率的说法中，正确的是(　　)。

A. 报价利率是不包含通货膨胀的金融机构报价利率

B. 计息期小于一年时，有效年利率大于报价利率

C. 报价利率不变时，有效年利率随着每年复利次数的增加而呈线性递减

D. 报价利率不变时，有效年利率随着期间利率的递减而呈线性递增

参考答案:B。报价利率是指银行等金融机构提供的利率，报价利率包含了通货膨胀的利率，选项 A 错误；报价利率不变时，有效年利率随着每年复利次数的增加而增加，随着期间利率的递减而增加，但呈非线性关系，选项 C、D 错误。

12. 某企业于年初存入 10 万元，在年利率 10%、每半年复利计息一次的情况下，到第 10 年末，该企业能得到的本利和是(　　)万元。

A. 28.63　　B. 26.53　　C. 15.15　　D. 30.00

参考答案:B。本利和 $F=P\times(1+r/m)^{m\times n}=10\times(1+10\%\div 2)^{20}=26.53$(万元)。

13. 一项 1 000 万元的借款，借款期 3 年，年利率为 5%，若每半年复利一次，有效年利率会高出报价利率(　　)。

A. 0.16%　　B. 0.25%　　C. 0.06%　　D. 0.05%

参考答案:C。已知：$m=2$，$r=5\%$。

根据有效年利率和报价利率之间关系式：$i=(1+r/m)^m-1=(1+5\%/2)^2-1=5.06\%$，有效年利率高出报价利率 $5.06\%-5\%=0.06\%$。

14. 某企业于年初存入银行 10 000 元，假定年利息率为 12%，每年复利两次。已知

$(F/P,6\%,5)=1.338\ 2$

$(F/P,6\%,10)=1.790\ 8$

$(F/P,12\%,5)=1.762\ 3$

$(F/P,12\%,10)=3.105\ 8$

则第 5 年末的本利和为(　　)元。

A. 13 382　　B. 17 623　　C. 17 908　　D. 31 058

参考答案:C。第 5 年末的本利和 $=10\ 000\times(F/P,6\%,10)=17\ 908$(元)。

15. 一项 600 万元的借款，借款期 3 年，年利率为 8%，若每半年复利一次，有效年利率会高出报价利率(　　)。

A. 4%　　B. 0.24%　　C. 0.16%　　D. 0.8%

参考答案:C。有效年利率 $(1+8\%/2)^2-1=8.16\%$，所以有效年利率高于报价利率 $8.16\%-8\%=0.16\%$。

16. 某企业于每半年末存入银行 10 000 元，假定年利息率为 6%，每年复利两次。已知

$(F/A,3\%,5)=5.309\ 1$

$(F/A,3\%,10)=11.464$

$(F/A,6\%,5)=5.637\ 1$

$(F/A,6\%,10)=13.181$

则第 5 年年末的本利和为(　　)元。

A. 53 091　　B. 56 371　　C. 114 640　　D. 131 810

参考答案：C。第 5 年年末的本利和＝10 000×(F/A,3%,10)＝114 640(元)。

17. 假设以 10%的年利率借得 30 000 元，投资于某个寿命为 10 年的项目，为使该投资项目成为有利的项目，每年至少应收回的现金数额为(　　)元。(计算结果取整数)

A. 6 000　　B. 3 000　　C. 4 883　　D. 4 882

参考答案：C。如果项目有利，则 $A\times(P/A,10\%,10)>30\ 000$；

因此 $A>30\ 000/(P/A,10\%,10)=30\ 000/6.144\ 6=4\ 882.34$，结果取整数，所以每年至少应收回的现金数额为 4 883 元。

18. 根据资金时间价值理论，在普通年金现值系数的基础上，期数减 1，系数加 1 的计算结果，应当等于(　　)。

A. 递延年金现值系数　　B. 后付年金现值系数

C. 即付年金现值系数　　D. 永续年金现值系数

参考答案：C。n 期即付年金现值与 n 期普通年金现值的期间相同，但由于其付款时间不同，n 期即付年金现值比 n 期普通年金现值少折现一期。因此"即付年金现值系数"是在普通年金现值系数的基础上，期数减 1，系数加 1 所得的结果。

19. 已知某风险组合的期望报酬率和标准差分别为 10%和 20%，无风险报酬率为 5%，假设某投资者可以按无风险利率取得资金，将其自有资金 100 万元和借入资金 50 万元均投资于风险组合，则投资人总期望报酬率和总标准差分别为(　　)。

A. 12.75%和 25%　　B. 13.65%和 16.24%

C. 12.5%和 30%　　D. 13.65%和 25%

参考答案：C。本题的考核点是资本市场线。

总期望报酬率＝(150/100)×10%＋(1－150/100)×5%＝12.5%

总标准差＝(150/100)×20%＝30%。

20. 某人退休时有现金 10 万元，拟选择一项回报比较稳定的投资，希望每个季度能收入 2 000 元补贴生活。那么，该项投资的实际报酬率应为(　　)。

A. 2%　　B. 8%　　C. 8.24%　　D. 10.04%

参考答案：C。本题的主要考核点是实际报酬率与名义报酬率换算的问题。根据题意，希望每个季度能收入 2 000 元，1 年的复利次数为 4 次，季度利率＝2 000/100 000＝2%，故名义报酬率为 8%，则实际报酬率 i 与名义报酬率的关系为：$1+i=(1+8\%/4)^4$，即 $i=8.24\%$。

21. 某投资者购买债券，在报价利率相同的情况下，对其最有利的计息期是(　　)。

A. 1 年　　B. 半年　　C. 1 季度　　D. 1 个月

参考答案：D。在报价利率相同的情况下，计息期越短，年内计息次数越多，实际利率就越高，那么对于投资者来说越有利。

22. A 公司拟购建一条新生产线，项目总投资 800 万元，建设期为 2 年，可以使用 6 年。若公司要求的年报酬率为 10%，则该项目每年应产生的最低报酬为(　　)万元。

A. 86.41　　B. 183.7　　C. 149.96　　D. 222.3

参考答案：D。本题考核的是递延年金现值公式的灵活运用。

$A=800/[(P/A,10\%,8)-(P/A,10\%,2)]=800/(5.334\ 9-1.735\ 5)=222.26$(万

元);或 $A=800/[(P/A,10\%,6)\times(P/F,10\%,2)]=800\div(4.3553\times0.8264)=222.27$(万元)。

23. **下列各项中,无法计算出确切结果的是(　　)。**

A. 后付年金终值　　B. 预付年金终值

C. 递延年金终值　　D. 永续年金终值

参考答案:D。永续年金持续期无限,没有终止时间,因此没有终值。

考点2　风险与报酬

1. **下列关于风险的说法,正确的是(　　)。**

A. 风险是预期结果的不确定性,即危险

B. 风险从个别投资主体的角度划分,可分为市场风险和公司特有风险

C. 市场风险指的是可分散风险和非系统风险

D. 系统风险可以用有效的方法消除

参考答案:B。风险是预期结果的不确定性。风险不仅包括负面效应的不确定性,还包括正面效应的不确定性,危险指的是负面效应,因此选项A不正确。风险从个别投资主体的角度划分,可分为市场风险和公司特有风险,因此选项B正确。市场风险指的是不可分散风险、系统风险,因此选项C不正确。系统风险是指那些影响所有公司的因素引起的风险,不能通过多元化投资来消除,因此选项D不正确。

2. **利用标准差比较不同投资项目风险大小的前提条件是(　　)。**

A. 项目所属的行业相同　　B. 项目的预期报酬相同

C. 项目的置信区间相同　　D. 项目的置信概率相同

参考答案:B。本题的主要考核点是采用标准差比较不同投资项目风险大小的前提条件。利用标准差比较不同投资项目风险大小的前提条件是项目的预期报酬相同。

3. **当无风险利率提高时,对资本市场线产生的影响的表述中正确的是(　　)。**

A. 对资本市场线没有任何影响

B. 风险厌恶感加强,会提高资本市场线的斜率

C. 风险厌恶感加强,会降低资本市场线的斜率

D. 会导致资本市场线向上平移

参考答案:D。无风险利率提高影响的是资本市场线的截距,不影响斜率。资本市场线的斜率表示投资组合的单位波动率所要求的超额报酬率。

4. **β系数是衡量系统风险大小的一个指标,下列各项不会影响一只股票β系数值的是(　　)。**

A. 该股票与整个股票市场的相关性　　B. 该股票的标准差

C. 整个市场的标准差　　D. 该股票的预期收益率

参考答案:D。根据股票β值系数的计算公式可知,其大小取决于:(1)该股票与整个股票市场的相关性,即相关系数;(2)它本身的标准差;(3)整个股票市场的标准差。

5. **某企业现有甲、乙两个投资项目。经衡量,甲的预期报酬率大于乙的预期报酬率,甲**

项目的标准差小于乙项目的标准差。对甲、乙项目可以做出的判断为(　　)。

A. 甲项目取得更高报酬和出现更大亏损的可能性均大于乙项目

B. 甲项目取得更高报酬和出现更大亏损的可能性均小于乙项目

C. 甲项目实际取得的报酬会高于其预期报酬

D. 乙项目实际取得的报酬会低于其预期报酬

参考答案:B。预期值不相同的情况下,根据变化系数的大小比较其风险的大小,由公式变化系数=标准差/均值,可以求出甲的变化系数小于乙的变化系数,由此可以判定甲项目的风险小于乙项目的风险;风险即指未来预期结果的不确定性,风险越大其波动幅度就越大,则选项A错误,选项B正确;选项C、D的说法均无法证实。

6. 某只股票要求的收益率为16%,收益率的标准差为18%,与市场投资组合收益率的相关系数是0.4,市场投资组合要求的收益率是13%,市场组合的标准差是4%,假设处于市场均衡状态,则市场无风险收益率和该股票的贝塔系数分别为(　　)。

A. 3%和1.8　　B. 9.25%和1.8

C. 9.25%和2　　D. 10%和2

参考答案:B。本题的主要考核点是无风险收益率和贝塔系数的计算。

$\beta=0.4\times18\%/4\%=1.8$

由:$R_f+1.8\times(13\%-R_f)=16\%$

得:$R_f=9.25\%$

7. 甲公司于20×4年1月1日从市场买入一辆二手轿车,价款共50 000元,打算采用分期付款的形式支付。企业的资本成本为10%。

要求:

(1)如租赁折现率为16%,租赁期为5年,从出租方的角度计算后付等额租金方式下的每年等额租金额。

(2)如卖方提出四种支付方案:

方案1:每年年末支付15 270元,连续支付5年;

方案2:每年年初支付12 776元,连续支付5年;

方案3:第1年年初支付40 000元,第3年年末支付40 000元;

方案4:前两年不付款,从第3年起每年年末支付27 500元,连续支付3次。

比较上述各种支付款项的方式的现值,说明采用哪种方式对甲公司最有利。(计算结果保留整数)

参考答案:

(1)后付等额租金方式下的每年等额租金额=50 000/(P/A,16%,5)=15 270(元)

(2)方案1现值=15 270×(P/A,10%,5)=15 270×3.790 8=57 885(元)

方案2现值=12 776×(P/A,10%,5)×(1+10%)=12 776×3.790 8×1.1=53 274(元)

方案3现值=40 000+40 000×(P/F,10%,3)=40 000+40 000×0.751 3=70 052(元)

方案4现值=27 500×(P/A,10%,3)×(P/F,10%,2)=27 500×2.486 9×0.826 4

=56 519(元)

由于方案 2 的现值最小,所以选择方案 2 的付款方式对甲公司最有利。

考点3 债券估值

1. 当必要报酬率不变的情况下,对于分期付息的债券,当市场利率大于票面利率时,随着债券到期日的接近,当付息期无限小时,债券价值将相应( )。

A. 增加　　B. 减少　　C. 不变　　D. 不确定

参考答案:A。对于分期付息的折价债券,随着时间的推移,债券价值将相应增加。对于分期付息的溢价债券,随着时间的推移,债券价值将减少,本题市场利率大于票面利率,属于折价发行债券。

2. 当市场利率上升时,长期固定利率债券价格的下降幅度( )短期债券的下降幅度。

A. 大于　　B. 小于　　C. 等于　　D. 不确定

参考答案:A。市场利率变动与债券价格波动是反方向的,而且债券到期时间越长,债券价格的波动幅度越大。

3. 一张期限为 10 年的付息债券,票面利率为 6%,面值 100 元,每年支付一次利息,到期收益率为 7%,则该债券的价格为( )元。

A. 92.98　　B. 95.38　　C. 100　　D. 116.22

参考答案:A。根据债券定价原理:$P=100\times 6\%\times(P/A,7\%,10)+\dfrac{100}{(1+7\%)^{10}}=$ 92.98(元)。

4. 下列有关债券的说法中,正确的是( )。

A. 当必要报酬率高于票面利率时,债券价值高于债券面值

B. 在必要报酬率保持不变的情况下,对于连续支付利息的债券而言,随着到期日的临近,债券价值表现为一条直线,最终等于债券面值

C. 当必要报酬率等于票面利率时,随着到期时间的缩短,债券价值一直等于债券面值

D. 溢价出售的债券,利息支付频率越快,价值越低

参考答案:B。当必要报酬率高于票面利率时,债券价值低于债券面值,因此,选项 A 的说法不正确;对于分期付息的债券而言,当必要报酬率等于票面利率时,随着到期时间的缩短,债券价值会呈现周期性波动,并不是一直等于债券面值,所以,选项 C 的说法不正确;溢价出售的债券,利息支付频率越快,价值越高,所以选项 D 的说法不正确。

5. 下列有关债券价值影响因素表述不正确的是( )。

A. 对于分期付息的债券,当期限接近到期日时,债券价值向面值回归

B. 债券价值的高低受利息支付方式的影响

C. 假设其他条件相同,一般而言债券期限越长,债券价值越大

D. 当市场利率上升时,债券价值会下降

参考答案:C。如果票面利率高于市场利率,债券期限越长,债券价值越大;如果票面利

率低于市场利率，债券期限越长，债券价值越小；如果票面利率等于市场利率，债券期限长短对债券价值无影响，均为面值。

6. 债券A和债券B是两只在同一资本市场上刚发行的按年付息的平息债券。它们的面值和票面利率均相同，只是到期时间不同。假设两只债券的风险相同，并且等风险投资的必要报酬率低于票面利率，则（　　）。

A. 偿还期限长的债券价值低

B. 偿还期限长的债券价值高

C. 两只债券的价值相同

D. 两只债券的价值不同，但不能判断其高低

参考答案：B。债券价值＝债券未来现金流入的现值，在其他条件相同的情况下，对于溢价发行的债券，期限越长，债券价值越大。

7. 债券到期收益率计算的原理是（　　）。

A. 到期收益率是购买债券后一直持有至到期的内含报酬率

B. 到期收益率是能使债券每年利息收入的现值等于债券买入价格的折现率

C. 到期收益率是债券利息收益率与资本利得收益率之和

D. 到期收益率的计算要以债券每年年末计算并支付利息、到期一次还本为前提

参考答案：A。债券到期收益率是指以特定价格购买债券并持有至到期日所能获得的收益率，即使得未来现金流量（包括利息和到期本金）的现值等于债券购入价格的那一个折现率，也就指债券投资的内含报酬率。选项B不全面，没有包括本金。选项C没有强调出是持有至到期日。选项D的前提表述不正确，到期收益率对于任何付息方式的债券都可以计算。

8. 30年期限，10%票面利率的债券面值是100元，目前债券售价98元，那么债券收益率应该（　　）。

A. 大于10%　　B. 小于10%　　C. 等于10%　　D. 无法判断

参考答案：A。根据债券定价公式，债券的到期收益率必然要大于10%才会导致债券折价发行。

9. 假设市场上有甲乙两种债券，甲债券目前距到期日还有3年，乙债券目前距到期日还有5年。两种债券除到期日不同外，其他方面均无差异。如果市场利率出现了急剧上涨，则下列说法中正确的是（　　）。

A. 甲债券价值上涨得更多　　B. 甲债券价值下跌得更多

C. 乙债券价值上涨得更多　　D. 乙债券价值下跌得更多

参考答案：D。由于市场利率和债券价值之间是反向变动关系，因此市场利率上涨时，债券价值应该下跌，选项A、C的说法错误。由于随着到期时间的缩短，折现率变动对债券价值的影响越来越小，所以选项B的说法不正确，选项D的说法正确。

10. 两种债券的面值、到期时间和票面利率相同，下列说法正确的是（　　）。

A. 一年内复利次数多的债券实际计息期利率较高

B. 一年内复利次数多的债券实际计息期利率较低

C. 债券实际计息期利率相同

D. 债券实际计息期利率与年内复利次数没有直接关系

参考答案:B。债券的实际计息期利率=债券的报价利率/年内复利次数=债券的票面利率/年内复利次数,一年内复利次数越多,债券实际计息期利率越低,选项B的说法正确。

11. 某公司20×8年7月1日发行面值为1 000元的债券,票面利率为10%,3年到期,每半年付息一次,付息日为6月30日和12月31日,假定20×9年7月1日的市场利率为8%,则此时该债券的价值为(　　)元。

A. 1 000　　B. 1 035.63　　C. 800　　D. 1 036.30

参考答案:D。债券的价值=1 000×5%×$(P/A,4\%,4)$+1 000×$(P/F,4\%,4)$
=50×3.629 9+1 000×0.854 8=1 036.30(元)。

12. 某公司发行面值为1 000元的5年期债券,债券票面利率为10%,半年付息一次,发行后在二级市场上流通,假设必要投资报酬率为10%并保持不变,以下说法正确的是(　　)。

A. 债券溢价发行,发行后债券价值随到期时间的缩短而逐渐下降,至到期日债券价值等于债券面值

B. 债券折价发行,发行后债券价值随到期时间的缩短而逐渐上升,至到期日债券价值等于债券面值

C. 债券按面值发行,发行后债券价值一直等于票面价值

D. 债券按面值发行,发行后债券价值在两个付息日之间呈周期性波动

参考答案:D。对于流通债券,债券的价值在两个付息日之间是呈周期性波动的,其中折价发行的债券其价值是波动上升,溢价发行的债券其价值是波动下降,平价发行的债券其价值的总趋势是不变的,但在每个付息日之间,越接近付息日,其价值升高。

13. 在必要报酬率不变的情况下,对于分期付息的债券,当市场利率小于票面利率时,随着债券到期日的接近,当付息期无限小时,债券价值将相应(　　)。

A. 增加　　B. 减少　　C. 不变　　D. 不确定

参考答案:B。对于分期付息的折价债券,随着时间的推移,债券价值将相应增加。对于分期付息的溢价债券,随着时间的推移,债券价值将减少。本题市场利率小于票面利率,属于溢价发行债券。

14. 下列关于债券到期收益率的说法中,正确的是:(　　)。

A. 债券到期收益率是购买债券后一直持有至到期的内含报酬率

B. 债券到期收益率是能使债券每年利息收入的现值等于债券买入价格的折现率

C. 债券到期收益率是债券利息收益率与资本利得收益率之和

D. 债券到期收益率的计算要以债券每年末计算并支付利息、到期一次还本为前提

参考答案:A。债券到期收益率是指以特定价格购买债券并持有至到期日所能获得的收益率,它是使债券投资未来现金流入量(包括利息收入和到期时的还本收入)现值等于债券购入价格的折现率,由于债券购入价格等于债券投资的现金流出现值,所以,债券到期收益率是指使债券投资未来现金流入量现值等于债券投资现金流出现值的折现率。而内含报酬率是指能使未来现金流入现值等于现金流出现值的折现率(参见资本预算中的相关介绍),所以,债券到期收益率是购买债券后一直持有至到期的内含报酬率,即选项A的说法

正确，选项B的说法不正确；选项C的说法没有考虑货币时间价值，所以是不正确的；对于任何债券都可以计算到期收益率，所以，选项D的说法不正确。

15. ABC公司以平价购买刚发行的面值为1 000元(5年期、每半年支付利息40元)的债券，该债券按年计算的实际到期收益率为(　　)。

A. 4%　　B. 7.84%　　C. 8%　　D. 8.16%

参考答案：D。本题的主要考核点是债券的到期收益率的有效年利率与计息期利率的关系。由于平价发行的分期付息债券的票面计息期利率等于到期收益率的计息期利率，所以，计息期利率为4%，则有效年利率$=(1+8\%/2)^2-1=8.16\%$。

16. 某企业于20×2年4月1日以10 000元购得面值为10 000元的新发行债券，票面利率为10%，两年后一次性还本，每年支付一次利息，该企业若持有该债券至到期日，其20×2年4月1日到期收益率为(　　)。

A. 12%　　B. 16%　　C. 8%　　D. 10%

参考答案：D。到期收益率是指购进债券后，一直持有该债券至到期日可获得的收益率。平价购入的债券，其到期收益率等于票面利率。

17. 某企业于20×2年4月1日以950元购得面额为1000元的新发行债券，票面利率12%，每年付息一次，到期还本，该企业若持有该债券至到期日，其到期收益率为(　　)。

A. 高于12%　　B. 低于12%　　C. 等于12%　　D. 难以确定

参考答案：A。对于折价发行，每年付息的债券，其到期收益率高于票面利率；对于溢价发行，每年付息的债券，其到期收益率小于票面利率；对于平价发行，每年付息的债券，其到期收益率等于票面利率。

18. 下列有关平息债券价值表述不正确的是(　　)。

A. 如果等风险利率不变，平价债券，债券付息期长短对债券价值没有影响

B. 如果等风险利率不变，折价债券，债券付息期越短，债券价值越高

C. 随着到期时间缩短，必要报酬率变动对债券价值的影响越来越小

D. 在债券估价模型中，折现率实际上就是必要报酬率，折现率越大，债券价值越低

参考答案：B。对于平息债券，折价债券付息期越短，债券价值越低；溢价债券付息期越短，债券价值越高。

19. 假设其他因素不变，下列事项中，会导致折价发行的平息债券价值上升的有(　　)。

A. 提高付息频率　　B. 延长到期时间

C. 提高票面利率　　D. 等风险债券的市场利率上升

参考答案：C。对于折价发行的债券加快付息频率会使债券价值下降，所以选项A不正确；对于折价发行的债券，到期时间越长，表明未来获得的低于市场利率的利息情况越多，则债券价值越低，选项B不正确；提高票面利率会使债券价值提高，选项C正确；等风险债券的市场利率上升，债券价值下降，选项D不正确。

20. 某企业准备发行三年期企业债券，每半年付息一次，票面年利率6%，面值1 000元，平价发行。以下关于该债券的说法中，不正确的有(　　)。

A. 该债券的实际每期利率为3%

B. 该债券的年实际必要报酬率是 6%

C. 该债券的名义利率是 6%

D. 由于平价发行，该债券的名义利率与名义必要报酬率相等

参考答案：B。由于半年付息一次，所以名义利率＝6%；每期利率＝6%/2＝3%；实际利率＝$(1+3\%)^2-1=6.09\%$；对于平价发行，分期付息债券，名义利率与名义必要报酬率相等。

21. 如果债券不是分期付息，而是到期时一次还本付息，那么平价发行债券，其到期收益率(　　)。

A. 与票面利率相同

B. 与票面利率有可能不同

C. 高于票面利率

D. 低于票面利率

参考答案：A。平价发行债券，其到期收益率与票面利率相同。

22. 某债券期限 5 年，面值 1 000 元，发行价 1 100 元，票面利率 4%，到期一次还本付息，发行日购入，准备持有至到期日，则下列说法不正确的是(　　)。已知：$(F/P,4\%,5)=1.2167$

A. 单利计息的情况下，到期时一次性收回的本利和为 1 200 元

B. 复利计息的情况下，到期的本利和为 1 200 元

C. 单利计息的情况下，复利折现下的债券的到期收益率为 1.76%

D. 如果该债券是单利计息，投资者要求的最低收益率是 2%(复利按年折现)，则不能购买

参考答案：B。若单利计息，则到期一次性收回的本利和：1 000×(1＋4%×5)＝1 200(元)；复利计息，到期的本利和：$1\,000\times(F/P,4\%,5)=1\,216.7$(元)

根据“价格＝未来现金流入的复利现值之和”可知：$1\,100=1\,200\times(P/F,i,5)$，即：$(1+i)^5=1\,200/1\,100$，到期收益率 $i=(1\,200/1\,100)^{1/5}-1=1.76\%$，低于投资者要求的最低收益率 2%，所以不能购买。

23. 一种新发行的债券每年支付一次利息，息票率为 5%，期限 20 年，到期收益率 8%。

(1)如果一年后该债券的到期收益率变为 7%，请问这一年的持有期收益率等于多少？

(2)假设你在 2 年后卖掉该债券，在第 2 年年底时的到期收益率为 7%，息票按 3%利率存入银行，请问在这两年中你实现的税前年持有收益率是多少？

参考答案：

(1)用 8%的到期收益率对 20 年的所有现金流进行折现，可以求出该债券目前的价格为 705.46 元。用 7%的到期收益率对后 19 年的所有现金流进行折现，可以求出该债券一年后的价格为 793.29 元。持有期收益率为(50＋793.29－705.46)/705.46＝19.54%。

(2)该债券 2 年后的价值＝798.82 元。两次息票及其再投资所得为 50×1.03＋50＝101.50 元。2 年你得到的总收入为 798.82＋101.50＝900.32 元。这样，由 $705.46(1+HPR)^2=900.32$ 可以求出持有期收益率 $HPR=12.97\%$。

24. 利用债券价格公式证明：$\frac{dP}{dY}=-\frac{1}{1+y}\times P\times D$，其中 P 为债券价格，y 为债券的到期收益率，D 为债券的久期，其公式为 $D=\left[\sum_{i=1}^{T}\frac{C}{(1+y)^i}+\frac{F}{(1+y)^T}\right]/P$

参考答案：

$$\because P=\sum_{i=1}^{T}\frac{C}{(1+y)^{i}}+\frac{F}{(1+y)^{T}}$$

$$\therefore \frac{dP}{dy}=\sum_{i=1}^{T}\frac{-i\times c}{(1+y)^{i+1}}+\frac{-T\times F}{(1+y)^{T+1}}=-\frac{1}{1+y}\left[\sum_{i=1}^{T}\frac{i\times c}{(1+y)^{i}}+\frac{T\times F}{(1+y)^{T}}\right]$$

$$=-\frac{1}{1+y}\times P\times D$$

公式得到证明。

25. 一种 3 年期债券的息票率为 6%，每年支付一次利息，到期收益率为 6%，请计算该债券的久期。如果到期收益率为 10%，那么久期等于多少？利用久期计算的债券的价格与实际债券价格相差多少？

参考答案：

(1)当到期收益率=6%时，久期的计算过程如表 2—4—1 所示。

表 2—4—1　　计算过程

时间	现金流	现金流的现值	现值乘时间
1	60	56.603 774	56.603 774
2	60	53.399 786	106.799 57
3	1 060	889.996 44	2 669.989 3
小计		1 000	2 833.392 7

久期=2 833.39/1 000=2.833(年)。

当到期收益率=10%时，久期的计算过程如表 2—4—2 所示。

表 2—4—2　　计算过程

时间	现金流	现金流的现值	现值乘时间
1	60	54.545 455	54.545 455
2	60	49.586 777	99.173 554
3	1 060	796.393 69	2 389.181 1
小计		900.525 92	2 542.900 1

久期=2 542.90/900.53=2.824(年)。

(2)当到期收益率为 10%时的价格：

$$P=\sum_{t=1}^{3}\frac{60}{1.1^{t}}+\frac{1\,000}{1.1^{3}}=900.5(元)$$

利用久期计算：

$$\Delta P=-P\times D\times\frac{dy}{1+y}=-1\,000\times 2.83\times\frac{0.04}{1.06}=-106.9(元)$$

所以价格为 1 000−106.9=893.1(元)。

误差为 893.1－900.5＝－7.4(元)，误差率为 7.4/900.5＝0.83%。

26. 某一 10 年期不可赎回债券，息票率为 6%，每半年支付一次利息，按面值 100 元出售。在债券存续期间到期收益率保持不变。求该债券当前的久期和此后 9 年的久期。

参考答案：

因为该债券按面值发行，所以其半年期的到期收益率等于半年期的息票率 3%，且在任意时刻的价格均为 100 元。

所以当前的久期：$D_0=(\sum_{t=1}^{20}\frac{3t}{1.03^t}+\frac{100\times 20}{1.03^{20}})/100=15.32$(半年)＝7.66(年)

下一期的久期：$D_1=(\sum_{t=1}^{18}\frac{3t}{1.03^t}+\frac{100\times 18}{1.03^{18}})/100=14.17$(半年)＝7.08(年)。同理可计算其他各期久期，结果见表 2－4－3。

表 2－4－3　　此后 9 年的久期

期数	0	1	2	3	4	5	6	7	8	9
半年久期	15.32	14.16	12.93	11.63	10.25	8.79	7.23	5.57	3.83	1.97
久期	7.66	7.08	6.47	5.82	5.13	4.39	3.62	2.79	1.91	0.99

另外，可以利用公式$\frac{1+y}{y}\left(1-\frac{1}{(1+y)^T}\right)$直接计算也可以得到相同的结果，这里的 T 为现金流期数，初期为 20，计算出来的久期单位为半年。

27. 一种 9 年期债券的到期收益率为 10%，久期等于 7.194 年。如果市场到期收益率变动了 50 个基点。其价格会变动多大比例？

参考答案：

$\Delta P=-D\times\Delta y/(1+y)=-7.194\times 0.005/1.10=3.27\%$

28. 设某固定利率债券本金为 100 万美元，剩余期限为 3 年，息票率为 6%，每年付息一次，到期收益率为 5%(连续复利)，请计算：

(1)该债券的凸性；

(2)其他条件不变，请分别计算剩余期限分别为 1 年与 10 年时，该债券的凸性；

(3)其他条件不变，请分别计算息票率变为 1%和 10%时，该债券的凸性；

(4)其他条件不变，请分别计算到期收益率变为 1%和 10%时，该债券的凸性。

参考答案：

(1)凸性：即将债券价格公式对期望收益率泰勒展开取前两项：

$$\frac{dp}{p}=-MD\times dy+\frac{1}{2}\times C\times(dy)^2$$

$$C=\frac{1}{P}\frac{\partial^2 P}{\partial y^2}=\frac{1}{100}\times(6\times e^{-0.05}+6\times 2^2 e^{-2\times 0.05}+106\times 3^3\times e^{-3\times 0.05})=8.48$$

(2)剩余期限变为 1 年时，

$$C=\frac{1}{P}\frac{\partial^2 P}{\partial y^2}=\frac{1}{100}\times(106\times e^{-0.05})=1.008$$

剩余期限变为 10 年时，

$$C=\frac{1}{P}\frac{\partial^2 P}{\partial y^2}$$

$$=\frac{1}{100}\times(6\times e^{-0.05}+6\times 2^2\times e^{-2\times 0.05}+6\times 3^2\times e^{-3\times 0.05}+\cdots+106\times 10^2\times e^{-10\times 0.05})$$

$$=\frac{1}{100}\times(5.71+21.716+46.478+78.598+116.82+160.167+207.178\,3+257.403+309.887+6\,429.225)$$

$$=76.33$$

(3)息票率变为 1%时，

$$C=\frac{1}{P}\frac{\partial^2 P}{\partial y^2}=\frac{1}{100}\times(1\times e^{-0.05}+1\times 2^2 e^{-2\times 0.05}+101\times 3^3\times e^{-3\times 0.05})=7.87$$

息票率变为 10%时，

$$C=\frac{1}{P}\frac{\partial^2 P}{\partial y^2}=\frac{1}{100}\times(10\times e^{-0.05}+10\times 2^2 e^{-2\times 0.05}+110\times 3^3\times e^{-3\times 0.05})=8.97$$

(4)到期收益率变为 1%时，

$$C=\frac{1}{P}\frac{\partial^2 P}{\partial y^2}=\frac{1}{100}\times(6\times e^{-0.01}+6\times 2^2 e^{-2\times 0.01}+106\times 3^3\times e^{-3\times 0.01})=9.553$$

到期收益率变为 10%时，

$$C=\frac{1}{P}\frac{\partial^2 P}{\partial y^2}=\frac{1}{100}\times(6\times e^{-0.1}+6\times 2^2 e^{-2\times 0.1}+106\times 3^3\times e^{-3\times 0.1})=7.31$$

考点 4　股票估值

1. 与股票内在价值呈反方向变化的因素有(　　)。(多选)

A. 股利年增长率　　B. 年股利

C. 投资要求的报酬率　　D. β 系数

参考答案：C、D。本题的考核点是股票价值的评估模式，$P=D/(R_s-g)$，由公式看出，股利增长率 g，年股利 D，与股票价值呈同向变化，而投资要求的报酬率 R_s 与股票价值呈反向变化，而 β 与投资要求的报酬率呈同向变化，因此 β 系数同股票价值亦呈反向变化。

2. 估算股票价值时的贴现率，不能使用(　　)。

A. 股票市场的平均收益　　B. 债券收益率加适当的风险报酬率

C. 国债的利息率　　D. 投资人要求的必要报酬率

参考答案：C。股票价值是指未来现金流入的现值，折现时应以投资人要求的必要报酬率为贴现率，而股票投资有风险，投资人要求的必要报酬率必然高于国债的利息率，所以不能用国债的利息率作为估算股票价值时的贴现率。

3. 假设某企业的净利润固定是 4 400 万元，并且该企业每年将所有净利润都作为股息发放给投资者，该企业共发行了 1 100 万股票，假如该企业股息对应的折现率是 10%，假设该企业从明年开始第一批发放股息，该企业股票的价格是(　　)。

A. 4 元　　B. 44 元　　C. 400 元　　D. 40 元

参考答案:D。

P=(4 400/1 100)/10%=40

4. 某股票的未来股利不变,当股票市价低于股票价值时,则预期报酬率(　　)投资人要求的最低报酬率。

A. 高于　　B. 低于

C. 等于　　D. 可能高于也可能低于

参考答案:A。股票价值=股利/投资人要求的必要报酬率,股票预期报酬率=股利/股票市价,所以当股票市价低于股票价值时,预期报酬率高于投资人要求的最低报酬率。

5. 某企业准备购入 A 股票,预计 3 年后出售可得 2 200 元,该股票 3 年中每年可获现金股利收入 200 元,预期报酬率为 10%。该股票的价值为(　　)元。

A. 2 150.24　　B. 3 078.57　　C. 2 552.84　　D. 3 257.68

参考答案:A。本题的主要考核点是股票价值的计算。该股票的价值=200×(P/A,10%,3)+2 200×(P/F,10%,3)=2 150.24(元)。

6. 投资者要求的报酬率是进行股票评价的重要标准。以下不可以作为投资者要求报酬率的有(　　)。

A. 股票的长期平均收益率

B. 债券收益率加上一定的风险报酬率

C. 市场利率

D. 债券利率

参考答案:D。选项 D 没有考虑到股票的投资风险比债券高,应加上一定的风险补偿。

7. 已知目前无风险资产收益率为 5%,市场组合的平均收益率为 10%,市场组合平均收益率的标准差为 12%。如果甲公司股票收益率与市场组合平均收益率之间的协方差为 2.88%,则下列说法中正确的是(　　)。

A. 甲公司股票的 β 系数为 2

B. 甲公司股票的要求收益率为 16%

C. 如果该股票为零增长股票,股利固定为 2,则股票价值为 30

D. 如果市场是完全有效的,则甲公司股票的预期收益率为 10%

参考答案:A。甲公司股票的 β 系数=2.88%/(12%×12%)=2,甲公司股票的要求收益率=5%+2×(10%−5%)=15%,所以选项 A 的说法正确,选项 B 的说法不正确;如果该股票为零增长股票,股利固定为 2,则股票价值=2/15%=13.33(元),所以选项 C 的说法不正确;如果市场完全有效,则甲公司股票的预期收益率等于要求的收益率 15%,所以选项 D 的说法不正确。

8. 如果不考虑影响股价的其他因素,下列说法中正确的是(　　)。(多选)

A. 零增长股票的价值与市场利率成正比

B. 零增长股票的价值与预期股利成正比

C. 零增长股票的价值与市场利率成反比

D. 零增长股票的价值与预期股利成反比

参考答案：B、C。零增长股票的价值＝预期股利/市场利率，因此在不考虑影响股价的其他因素的情况下，零增长股票的价值与市场利率成反比，零增长股票的价值与预期股利成正比。

9. 某公司目前股价是20元，已发行203万股股票，假设公司以每股25元价格向公众投资者发行53万股新股，发行后公司股价为（　　）元。

A. －25　　B. 20　　C. 21　　D. 22.5

参考答案：C。

发行新股后公司股权价值＝20×203＋25×53＝5 385（万元）

此时公司股价＝5 385/（203＋53）＝21（元）。

10. 一个投资人持有B公司的股票，他的投资必要报酬率为10%。预计B公司未来股利的增长率为5%。B公司目前支付的股利是5元。则该公司股票的内在价值为（　　）元。

A. 100　　B. 105　　C. 110　　D. 115

参考答案：B。该公司股票的内在价值＝5×（1＋5%）/（10%－5%）＝105（元）。

11. 甲股票每股股利的固定增长率为5%，预计一年后的股利为6元，目前国库券的收益率为10%，市场平均股票必要收益率为15%。该股票的β系数为1.5，该股票的价值为（　　）元。

A. 45　　B. 48　　C. 55　　D. 60

参考答案：B。该股票的必要报酬率＝10%＋1.5×（15%－10%）＝17.5%，该股票的价值＝6/（17.5%－5%）＝48（元）。

12. 如果不考虑影响股价的其他因素，固定增长股票的价值（　　）。

A. 与股权资本成本成正比　　B. 与预期股利成反比

C. 与预期股利增长率成正比　　D. 与预期股利增长率成反比

参考答案：C。如果不考虑影响股价的其他因素，固定增长股票的价值与股权资本成本成反比，与预期股利成正比。因为股票价值＝预期股利÷（股权资本成本－增长率），股权资本成本越大，股票价值越低；预期股利越大，增长率越大，股票价值越高。

13. 下列关于公式股票价值＝$D_1/(R_s-g)$的说法中，不正确的有（　　）。（多选）

A. 这个公式适用于股利增长额固定不变的股票

B. 其中的$D_1/(R_s-g)$表示的是未来第一期股利的现值

C. 这个公式适用于股东永远持有股票的情况

D. 其中的g可以根据公司的可持续增长率估计

参考答案：A、B。“股票价值＝$D_1/(R_s-g)$”是固定增长股票的价值公式，即股利增长率固定不变的股票价值公式（故选项A的说法不正确）；由于这个公式中没有体现股票出售收入的现值，所以，这个公式适用于股东永远持有股票（即不打算出售股票）的情况，即选项C的说法正确；其中的$D_1/(R_s-g)$表示的是未来无穷多期股利的现值，而不是未来第一期股利的现值，故选项B的说法不正确；其中的g指的是股利增长率，由于在可持续增长的情况下，可持续增长率＝股利增长率。所以，g可以根据公司的可持续增长率估计，故选项D的说法正确。

14. 预期F公司的股息增长率是5%。

(1)预期今年年底的股息是8美元/股,资本化率为10%。请根据股息贴现模型求该公司股票的内在价值。

(2)预期每股盈利12美元,求股东权益收益率。

(3)市场为公司的成长而支付的成本为多少?

参考答案:

(1)$g=5\%, D_1=8$ 美元,$y=10\%, V=D_1/(y-g)=8/(10\%-5\%)=160$(美元)

(2)$E_1=12$ 美元,$b=D_1/E_1=8/12=0.67, ROE=g/(1-b)=5\%/(1-0.67)=15\%$

(3)$g=0$ 时,$V_0=D_1/y=12/10\%=120$(美元),所以,市场为公司的成长而支付的成本为:$C=V-V_0=160-120=40$(美元)。

15. 无风险资产收益率为10%。市场组合收益率为15%。某股票的贝塔系数为1.5,预期来年的股息为2.50美元/股,股息增长率为5%,求该股票的内在价值。

参考答案:

$y=r_f+\beta(r_m-r_f)=10\%+(15\%-10\%)\times1.5=17.5\%$

$g=5\%, D_1=2.50$(美元)

$$V=\frac{D_1}{y-g}=\frac{2.50}{17.5\%-5\%}=20(\text{美元})$$

16. 已知股票A和股票B的相关信息,如表2—4—4所示。

表2—4—4　　股票A和股票B的相关信息

项目	股票A	股票B	项目	股票A	股票B
股东权益收益率	14%	12%	当前股票价格	27.00	25.00
预期每股盈利	2.00	1.65	资本化率	10%	10%
预期每股股息	1.00	1.00			

请计算:

(1)两只股票的派息比率。

(2)它们的股息增长率。

(3)它们的内在价值。

(4)综合考虑上述条件,你将投资于哪只股票?

参考答案:

(1)$b_a=D_1/E_1=1.00/2.00=50\%, b_b=D_1/E_1=1.00/1.65=60.6\%$

(2)$g_a=(1-b_a)ROE=(1-50\%)\times14\%=7\%$

$g_b=(1-b_b)ROE=(1-60.6\%)\times12\%=4.73\%$

(3)$V_a=D_1/(y-g)=1.00/(10\%-7\%)=33.3$(美元)

$V_b=D_1/(y-g)=1.00/(10\%-4.73\%)=18.98$(美元)

(4)$P_a<V_a, P_b>V_b$,所以,应投资于股票A。

17. 已知无风险资产收益率为8%。市场组合收益率为15%。某股票的贝塔系数为

1.2，派息比率为40%。最近每股盈利10美元，每年付一次的股息刚刚支付。预期该股票的股东权益收益率为20%。

(1)求该股票的内在价值。

(2)假如当前的股价为100美元/股，预期一年内股价与其价值相等，求持有该股票1年的回报率。

参考答案：

(1)$y=r_f+(r_m-r_f)\times\beta=8\%+(15\%-8\%)\times1.2=16.4\%$

$g=(1-b)\times ROE=(1-40\%)\times20\%=12\%$

$V=D_1/(y-g)=10\times40\%\times(1+12\%)\div(16.4\%-2\%)=101.82$(美元)

(2)$P_1=V_1=V(1+g)=101.82\times(1+12\%)=114.04$(美元)

$y=(P_1-P_0+D_1)/P_0=[114.04-100+4\times(1+12\%)]/100=18.52\%$

18. MM公司去年的税前经营性现金流为200万美元，预期年增长率为5%。公司每年将税前经营性现金流的20%用于再投资。税率为34%。去年的折旧为20万美元，预期每年增长5%。资本化率为12%。公司目前的债务为200万美元。求公司的股票价值。

参考答案：

自由现金流的计算如表2－4－5所示。

表2－4－5　　自由现金流的计算过程

项　目	金　额
税前经营性现金流	2 000 000
折旧	200 000
应税所得	1 800 000
应交税金(税率34%)	612 000
税后盈余	1 188 000
税后经营性现金流(税后盈余＋折旧)	1 388 000
追加投资(税前经营性现金流×20%)	400 000
自由现金流(税后经营性现金流－追加投资)	938 000

事实上，可以直接运用公式：

$FF=AF-RI=PF(1-T-K)+M\times T=2\,000\,000\times(1-34\%-20\%)+200\,000\times34\%=938\,000$(美元)

从而，总体价值为：

$Q=FF/(y-g)=938\,000/(12\%-5\%)=13\,400\,000$(美元)

扣除债务2 000 000美元，得到股票价值为11 400 000美元。

19. 预期C公司今年的实际股息是1美元/股，实际股息增长率为4%。股票的当前价格是20美元/股。

(1)假定股票的内在价值等于其价格，求该股票的实际资本化率。

(2)预期通货膨胀率为6%。求名义资本化率、名义股息以及名义股息增长率。

参考答案:

(1)$V=D_1/(y-g)$,$20=1.04/(y-4\%)$,$y=9.2\%$。

(2)名义资本化率 $y=(1+y^*)(1+i)-1=(1+9.2\%)\times(1+6\%)-1=15.75\%$

名义股息 $D_1=(1+i)D_1^*=(1+6\%)\times 1.04=1.10$

名义股息增长率 $g=(1+g^*)(1+i)-1=(1+4\%)\times(1+6\%)-1=10.24\%$

20. 某股票股权登记日的收盘价为 18.00 元,每 10 股配 3 股,配股价为每股 6.00 元,则次日股价为(　　)元。

A. 15.23　　B. 14.78　　C. 15　　D. 14.6

参考答案:A。(18.00+6.00×0.3)÷(1+0.3)=15.23(元)。

21. 某股票股权登记日的收盘价为 20.35 元,每 10 股派发现金红利 4.00 元,送 1 股配 2 股,配股价为每股 5.50 元,则次日股价为(　　)元。

A. 16　　B. 16.08　　C. 16.19　　D. 16.5

参考答案:C。(20.35-0.4+5.50×0.2)÷(1+0.1+0.2)=16.19(元)。

考点 5　衍生品估值

1. 假设一种无红利支付的股票目前的市场价格为 20 元,无风险连续复利年利率为 11%,试求该股票 4 个月期远期价格。

参考答案:

根据无红利支付股票远期价格计算公式:

$$F=Se^{r(T-t)}=20e^{0.11\times\frac{1}{3}}=20.7(\text{元})$$

2. 假设恒生指数目前为 10 000 点,香港无风险连续复利年利率为 10%,恒生指数股息收益率为每年 5%,求该指数 3 个月期的期货价格。

参考答案:

根据连续收益率指数期货价格计算公式:

$$F=Se^{(r-q)(T-t)}=10\,000\times e^{(10\%-5\%)\times\frac{1}{4}}=10\,126(\text{元})$$

3. 某股票预计在 2 个月和 5 个月后每股分别派发 1 美元股息,该股票目前市价为 40 美元,设所有期限的无风险连续复利年利率都为 6%,某投资者刚刚取得该股票 6 个月期的远期合约空头,请问:

(1)远期价格和远期合约的初始值等于多少?

(2)3 个月后,该股票价格涨到 46 美元,无风险利率仍为 6%,此时远期价格和该合约空头价值等于多少?

参考答案:

(1)根据固定股息股票远期价格计算公式:

$$F=(S-I)e^{r(T-t)}=\left(40-\frac{1}{1+\frac{1}{6}\times 6\%}-\frac{1}{1+\frac{5}{12}\times 6\%}\right)\times e^{6\%\times\frac{1}{2}}=39.19(\text{美元})$$

$$(2) F=(S-I)e^{r(T-t)}=(46-\frac{1}{1+\frac{1}{6}\times 6\%})\times e^{6\%\times\frac{1}{4}}=45.69(\text{美元})$$

4. 假设目前白银价格为每盎司 80 美元，储存成本为每盎司每年 3 美元，每季度初预付，所有期限的无风险连续复利年利率均为 10%，求 8 个月后交割的白银期货的价格。

参考答案：

根据考虑储存成本的商品期货计算公式：

$$F=(S+U)e^{r(T-t)}=(80+3\times\frac{2}{3})\times e^{10\%\times\frac{2}{3}}=87.66(\text{美元})$$

5. 试证明支付已知现金收益资产的现货远期平价公式 $F=(S-I)e^{r(T-t)}$。

参考答案：

假设 $F>(S-I)e^{r(T-t)}$，交割价格高于远期理论价格，这样，套利者就可以借入现金 S，买入标的资产并卖出一份远期合约，价格为 F。在 T 时刻，他需要还本付息 $Se^{r(T-t)}$，同时他将在 $(T-t)$ 期间从标的资产获得的现金收益以无风险利率贷出，从而在 T 时刻得到 $Ie^{r(T-t)}$ 的本利收入。此外，他还可以将标的资产用于交割，得到现金收入 F。这样，他在 T 时刻可实现无风险利率 $F-(S-I)e^{r(T-t)}$。

假设 $F<(S-I)e^{r(T-t)}$，交割价格低于远期理论价格，这样，套利者就可以借入标的资产卖出，得到现金收入以无风险利率贷出，同时买入一份交割价格为 F 的远期合约。在 T 时刻，套利者可得到贷款的本息收入 $Se^{r(T-t)}$，同时付出现金 F 换得一单位标的证券，用于归还标的证券原持有者，并将该标的证券在 $(T-t)$ 期间的现金终值 $Ie^{r(T-t)}$ 同时归还标的证券原持有者。这样，他在 T 时刻可实现无风险利率 $(S-I)e^{r(T-t)}-F$。

从以上分析可以看出，若现货—远期平价公式不成立，则会产生套利机会，而套利行为将促成公式的成立。

6. A 公司需要浮动利率资金，它可以在信贷市场上以半年 LIBOR 加上 30 个基点或在债券市场上以 11.15% 的年利率筹措长期资金，与此同时，B 公司需要固定利率资金，它能够在信贷市场上以半年 LIBOR 加上 50 个基点或在债券市场上以 11.95% 的年利率筹措长期资金。

试分析：

(1) 这两家公司是否存在利率互换交易的动机？

(2) 如何互换？

(3) 这笔互换交易的总成本节约是多少？

参考答案：

(1) 根据已知对两个公司的贷款利率情况进行分析，如表 2—4—6 所示。

表 2—4—6 两个公司贷款利率情况分析

	固定利率	浮动利率
A 公司	11.15%	LIBOR+0.3%
B 公司	11.95%	LIBOR+0.5%

续表

	固定利率	浮动利率
绝对优势	A公司:−0.8%	A公司:−0.2%
相对优势	A公司	B公司

从表中数据知,A的借款利率均比B低,即A在两个市场都具有绝对优势,但是在固定利率市场上,A比B的绝对优势为0.8%,而在浮动利率市场上,A比B的绝对优势为0.2%,这就是说,A在固定利率市场上有比较优势,而B在浮动利率市场上有比较优势。这样,双方就可以利用各自的比较优势为对方借款,然后互换,从而达到共同降低筹资成本的目的。

(2)通过发挥各自的比较优势,双方总的筹资成本降低了0.6%(即11.95%+半年期LIBOR+0.3%−11.15%−LIBOR−0.5%=0.6%),这就是互换的利益。互换利益是双方合作的结果,理应由双方分享,具体分享比例由双方谈判决定。我们假定双方各享受一半,则双方都将使筹资成本降低0.3%,具体互换过程是:A以11.15%的固定利率借款,B以LIBOR+0.5%的利率借款,然后A向B支付浮动利率LIBOR,B向A支付固定利率11.15%,双方最终实际筹资成本分别为:A支付LIBOR浮动利率,B支付11.65%的固定利率。如图2−4−1所示。

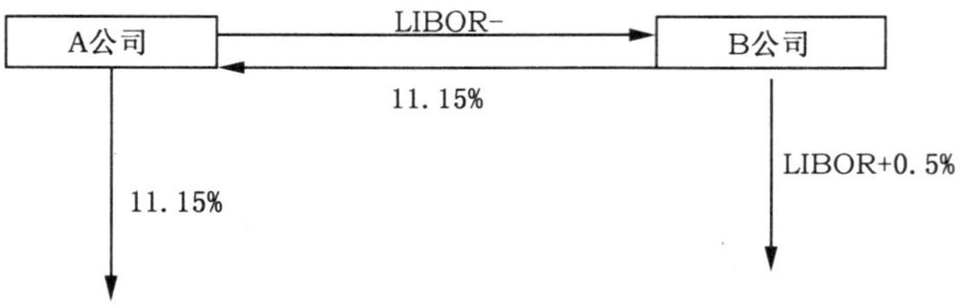

图2—4—1　利率互换

(3)互换交易的总成本节约是0.6%。

7. A、B两家公司面临的利率如表2−4−7所示。

表2—4—7　　A、B两家公司面临的利率

	A	B
美元(浮动利率)	LIBOR+0.5%	LIBOR+1.0%
加元(固定利率)	5.0%	6.5%

假设A要美元浮动利率借款,B要加元固定利率借款。一银行计划安排A、B公司之间的互换,并要得到0.5%的收益。请设计一个对A、B同样有吸引力的互换方案。

参考答案:

A公司在加元固定利率市场上有比较优势,B公司在美元浮动利率市场上有比较优势。但A要美元浮动利率借款,B要加元固定利率借款。这是双方互换的基础。美元浮动利率借款的利差为0.5%,加元固定利率借款的利差为1.5%。因此互换的总收益为1.0%。银行拿走 0.5%之后，A、B 各得 0.25%。这意味着 A 可按 LIBOR+0.25%的年利率借入美元，而 B 可按 6.25%的年利率借入加元。因此互换安排如图 2—4—2 所示。

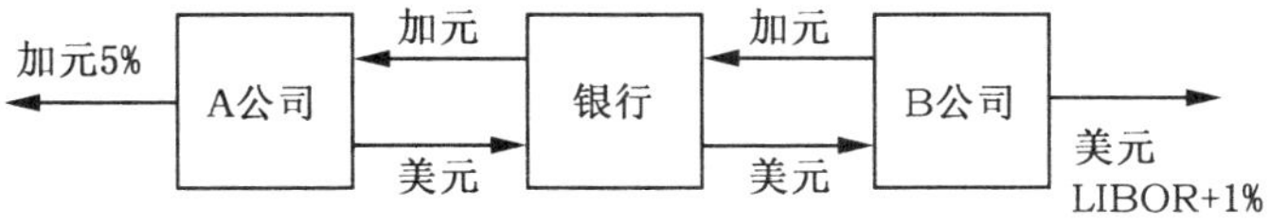

图 2—4—2　互换安排

8. 某投资者买进一份看涨期权，同时卖出一份相同标的资产、相同期限、相同协议价格的看跌期权，请描述投资者的状况。

参考答案：

该投资者最终的结果为：

$\max(ST-X,0)+\min(ST-X,0)=ST-X$

可见，这相当于协议价格为 X 的远期合约多头。

9. 假设某一无红利支付股票的现货价格为 30 元，无风险连续复利年利率为 10%，求该股票协议价格为 25 元、有效期为 5 个月的看涨期权的下限。

参考答案：

根据欧式看涨期权的价格下限公式：

$$c>S-D-Xe^{-r(T-t)}=30-25\times e^{-10\%\times\frac{5}{12}}=6.02(\text{元})$$

10. 假设某种不支付红利股票的市价为 40 元，无风险利率为 10%，该股票的年波动率为 30%，求该股票协议价格为 50 元、期限 3 个月的欧式看跌期权价格。

参考答案：

根据 B—S 公式：

$$p=Xe^{-r(T-t)}\varphi(-d_2)-S\varphi(-d_1)$$

$$d_1=\frac{\ln S-\ln X+(r+\frac{\sigma^2}{2})(T-t)}{\sigma\sqrt{T-t}}$$

$$d_2=d_1-\sigma\sqrt{T-t}$$

$S=40, r=10\%, \sigma=30\%, X=50, T-t=0.25$

$p=9.05$(元)

11. 假设某种不支付红利的股票的市价为 25 元，年波动率为 25%，无风险利率为 5%，该股票期权的协议价格为 22 元，有效期 5 个月。

(1)如果该期权为欧式看涨期权，求该期权的价格；

(2)如果该期权为美式看涨期权，求该期权的价格；

(3)如果该期权为欧式看跌期权，求该期权的价格；

(3)用以上答案检验看涨、看跌期权平价。

参考答案：

根据 B—S 公式：

$$c=S\varphi(d_1)-Xe^{-r(T-t)}\varphi(d_2)$$

$$p=Xe^{-r(T-t)}\varphi(-d_2)-S\varphi(-d_1)$$

$$d_1=\frac{\ln S-\ln X+(r+\frac{\sigma^2}{2})(T-t)}{\sigma\sqrt{T-t}}$$

$$d_2=d_1-\sigma\sqrt{T-t}$$

根据已知条件：$S=25$，$r=5\%$，$\sigma=25\%$，$X=22$，$T-t=0.417$

(1)如果该期权为欧式看涨期权，$c=3.81$(元)。

(2)如果该期权为美式看涨期权，美式期权与欧式期权最大的不同就是可以提前执行，但是对于美式看涨期权来说，因为①期权为投资者提供了保险；②由于货币时间价值的存在，越晚支付执行价格越好，所以美式期权也应该在到期日执行。在这种情况下，美式看涨期权的价格等于同等条件下欧式期权的价格。$c=3.81$(元)。

(3)如果该期权为欧式看跌期权，$p=0.36$(元)。

(4)根据以上答案，$c=3.81$，$p=0.36$，则：

$$c+Xe^{-r(T-t)}=3.81+22e^{-5\%\times 0.417}=25.36$$

$$p+S=0.36+25=25.36$$

$$\therefore c+Xe^{-r(T-t)}=p+S$$

也就是说期权平价关系成立。

12. 图2—4—3有2个二叉树，左边描述了一个三年期零息债券价格，右边描述短期利率，每个期间价格或利率上移的概率为50%，如果该债券上附加一个卖出期权，行权时间是$t=1$，行权价格是0.83。

(1)该带有卖出期权的债券价格是多少？

(2)它的到期收益率是多少？

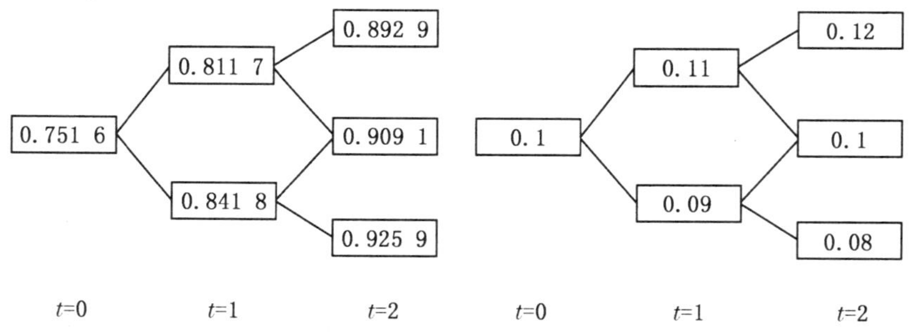

图2—4—3　2个二叉树

参考答案：

(1)由于附带了卖出期权，并且行权期为$t=1$，则含权债券价格的二叉树中的P_{11}因为行权，价格是0.83，P_{12}由于放弃行权，价格依旧为0.841 8。已知$t=0$期利率水平为0.1，则零时刻含权债券的价格为：

$$P_0=[(P_{11}+P_{12})/2]/(1+r)=[(0.83+0.841\ 8)/2]/(1+0.1)=0.759\ 9$$

(2)在 $t=1$ 期，由于期权可能行权，导致行权后的 P_{11} 这个节点变成折现现金流

假设 $P_{11}=0.83$，则：

$P_{21}=0.83\times(1+0.11)=0.921\ 3$

$P_{22}=0.83\times(1+0.09)=0.904\ 7$

$P_{31}=0.921\ 3\times(1+0.12)=1.031\ 9$

$P_{32}=0.921\ 3\times(1+0.1)=1.013\ 4$

$P_{33}=0.904\ 7\times(1+0.1)=0.995\ 2$

$P_{34}=0.904\ 7\times(1+0.08)=0.977\ 1$

在 $t=1$ 时刻放弃行权的节点 $P_{12}=0.841\ 8$ 出发，P_{23} 和 P_{24} 不变，依旧分别为 0.909 1 和 0.925 9，在 $t=3$ 时刻，由于贴现债券到期，由此分支衍生出来的期末价格均为 1(假定此贴现债券面值为 1)。图 2—4—4 是归纳好的含权债券价格的二叉树。

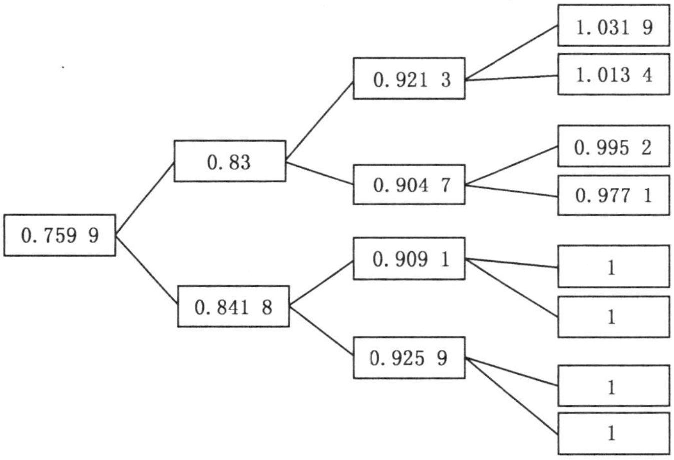

图 2—4—4　含权债券价格二叉树

由于 $t=3$ 时最终价格所占概率均为 1/8，所以可以求得债券价格的期望值为 1.002 2，即 $P_3=1.002\ 2$，由此可知到期收益率 r 使得等式 $0.759\ 9=1.002\ 2/(1+r)^3$ 成立。

可知 $r=9.58\%$。

13. 某种不支付红利的股票当前市价为 70 元，年波动率为 40%，无风险利率为 10%，请用间隔时间为 1 个月的二叉树模型计算协议价格为 70 元、有效期 3 个月的该股票的美式看跌期权。

参考答案：

假设股票初始价格为 S，经历时间 Δt 后，股价有上升和下降两种可能，设它以概率 p 上升到 Su，以概率 $(1-p)$ 下降到 Sd。

根据题目数据，

$$\because T=0.25,\Delta t=\frac{1}{12}=0.083\ 3,\sigma=0.4,r=0.1$$

$$\therefore u=e^{\sigma\sqrt{\Delta t}}=1.122\ 4,d=\frac{1}{u}=0.890\ 9,a=e^{r\Delta t}=1.008\ 4$$

$p=\frac{a-d}{u-d}=0.5076, 1-p=0.4924$

$Su=78.568, Sd=62.363$

$Su^2=88.185, Sud=69.996, Sd^2=55.559$

$Su^3=98.979, Su^2d=78.564, Sd^3=49.498, Sd^2u=62.360$

另外，$S=70, X=70$

基于以上计算，可得二叉树如图 2—4—5 所示。

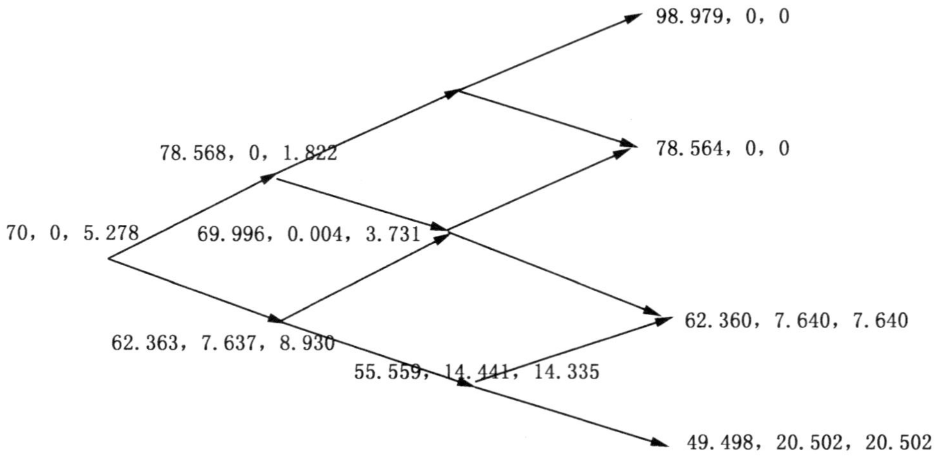

图 2—4—5　二叉树

如图 2—4—5，在每个节点上有三个数字，第一个表示该节点的股票价格，第二个表示提前执行期权可以得到的价值，第三个表示不提前执行的期权价值；在每一节点处，上升的概率总是 0.507 6，下降的概率总是 0.492 4；第二个数用公式 $X-Su^jd^{i-j}$ 得到，第三个数则用公式 $f_{i,j}=e^{-r\Delta t}[pf_{i+1,j+1}+(1-p)f_{i+1,j}]$ 计算得出，取第二个和第三个中较大的为该节点的期权价值。这样，最后可以得到初始点期权价值为 5.278 元。

第五章　资本预算

扫码听课

考点1　投资项目的评价方法

1. 评价项目能否为股东创造价值的标准是（　　）。

A. 债权人要求的收益率　　B. 股东要求的收益率

C. 投资者要求的收益率　　D. 风险收益率

参考答案:C。投资者要求的报酬率即资本成本，是评价项目能否为股东创造价值的标准，投资人包括债权人和股东。

2. 如果净现值为正数，表明（　　）。

A. 投资报酬率小于资本成本，项目不可行　　B. 投资报酬率等于资本成本，项目不可行

C. 投资报酬率大于资本成本，项目可行　　D. 投资报酬率大于资本成本，项目不可行

参考答案:C。如果净现值为正数，表明投资项目的报酬率大于资本成本，该项目可以增加股东财富，应予采纳。如果净现值为零，表明投资项目的报酬率等于资本成本，不改变股东财富，没有必要采纳。如果净现值为负数，表明投资项目的报酬率小于资本成本，该项目将减损股东财富，应予放弃。

3. 下列指标中，不必事先估计资本成本的是（　　）。

A. 净现值　　B. 现值指数

C. 内含报酬率　　D. 动态回收期

参考答案:C。在计算内含报酬率时不必事先估计资本成本，只是最后需要一个切合实际的资本成本来判断项目是否可行。净现值、现值指数和动态回收期都需要一个适合的资本成本，以便将现金流量折为现值，折现率的高低有时会影响方案的优先次序。

4. 一个投资项目有如下信息：

内部收益率(IRR)8.7％

利润率:98％

净现值:－393 美元

回收期:2.44 年

资本成本:9.5％

下列陈述中正确的是（　　）。

A. 用于计算净现值的折现率必须小于 8.7％

B. 按照净现值该项目应该被接受

C. 按照利润率项目应该被接受

D. 按照内部收益率项目应该被拒绝

参考答案:D。A 项,若折现率小于内部收益率,则项目的净现值应当为正;B 项,净现值为负,该项目应该被拒绝;C 项,仅根据利润率大小,无法确定应该接受或拒绝项目。

5. 已知某投资项目一次原始投资 2 800 万元,没有建设期,营业期前 4 年每年的现金净流量为 800 万元,营业期第 5 年和第 6 年的现金净流量分别为 850 万元和 870 万元,则该项目的静态投资回收期为(　　)年。

A. 3.5　　B. 5.3　　C. 5　　D. 3

参考答案:A。静态投资回收期=2800/800=3.5(年)。

6. 说明净现值法 NPV 和内部收益率法 IRR 中关于再投资收益率的各自隐藏的假设,并说明哪种估值方法更合理。

参考答案:

首先净现值法和内部收益率法所隐含的再投资收益率的假设:净现值法是指在进行投资决策时,接受净现值大于 0 的项目,拒绝净现值小于 0 的项目。其隐含的再投资收益率的假设是,内部的现金流能以必要收益率进行再投资。内部收益法是指在进行投资决策时,接受内部收益率大于折现率的项目,拒绝内部收益率小于折现率的项目。其隐含的再投资收益率的假设是内部的现金流以内部收益率进行再投资。

其次净现值法和内部收益率法的合理性比较:当对单一的项目进行决策时,净现值法与内部收益率法所得到结论是一致的,采用二者中任意一个均可。内部收益率法存在缺陷。

在应用于独立项目和互斥项目时都避免不了的两个问题:

第一,在分析融资项目时,内部收益率法会出现悖反,即应接受内部收益率小于折现率的项目,拒绝内部收益率大于折现率的项目。第二,“非常规现金流量”的多次改号会造成多个收益率。

在互斥项目中应用内部收益率法可能存在的两个特殊问题是:

第一,内部收益率法忽略了项目的规模,高内部收益率的项目可能“收益”的绝对值偏低。第二,内部收益率法忽略了现金流的时间序列问题。

所以,遇到单一项目时,两者效果等价;遇到互斥项目时,净现值法更为合理。

考点 2　增量现金流的估计

1. (　　)增加会引起经营性现金流增加。

A. 员工薪酬　　B. 办公室场地租金

C. 设备租赁费用　　D. 设备折旧费用

参考答案:D。根据经营性现金流的计算公式:OCF=EBIT+折旧-税,可知设备折旧费用的增加会引起经营性现金流的增加。

2. 某公司购入一批价值 30 万元的专用材料,因规格不符无法投入使用,拟以 20 万元变价处理,并已找到购买单位。此时,技术部门完成一项新产品开发,并准备支出 70 万元购

入设备当年投产。经化验，上述专用材料完全符合新产品需要，故不再对外处理，可使企业避免损失 10 万元，并且不需要再为新项目垫支流动资金。若不考虑所得税影响的话，在评价该项目时第一年的现金流出应为(　　)万元。

A. 90　　B. 30　　C. 10　　D. 80

参考答案：A。专用材料应以其变现值 20 万元考虑，所以项目第一年的现金流出＝70＋20＝90(万元)。

3. 不考虑所得税的影响时，项目采用直线法计提折旧，计算出来的方案净现值比采用加速折旧法计提折旧所计算出的净现值(　　)。

A. 大　　B. 小　　C. 一样　　D. 难以确定

参考答案：C。因为方案净现值的计算是以现金流量为依据的，而现金流量的确定是以收付实现制为基础的，不考虑非付现的成本，无论采用加速折旧法计提折旧还是采用直线法计提折旧，不考虑所得税的影响时，同一方案的营业现金流量是相等的，净现值也就是相等的。若考虑所得税的影响，折旧抵税作为现金流入来考虑，而采用加速折旧法计提折旧前几年多后几年少，因此项目采用加速折旧法计提折旧，计算出来的方案净现值比采用直线法计提折旧计算出的净现值大。

4. 某投资项目年营业收入为 300 万元，年付现经营成本为 100 万元，年折旧额为 60 万元，所得税税率为 25%，则该项目年营业现金流量为(　　)万元。

A. 200　　B. 100　　C. 300　　D. 165

参考答案：D。年营业现金流量＝税后净利润＋折旧＝(300－100－60)×(1－25%)＋60＝165(万元)。

5. 假设名义资本成本为 10%，通货膨胀率为 2%，则实际资本成本为(　　)。

A. 8.33%　　B. 6.33%　　C. 7.84%　　D. 7.68%

参考答案：C。实际资本成本$=\frac{1+\text{名义资本成本}}{1+\text{通货膨胀率}}-1=\frac{1+10\%}{1+2\%}-1=7.84\%$。

6. 假设一个公司全年的 EBIT(息税前利润)是 100 万元，折旧是 20 万元，净运营资本增加了 10 万元，税率是 40%，那么该公司今年的自由现金流是(　　)万元。

A. 40　　B. 50　　C. 60　　D. 70

参考答案：D。FCFF＝OCF－净营运资本增加－净资本性支出＝EBIT＋折旧－税－净营运资本增加－净资本性支出＝100＋20－100×0.4－10＝70(万元)。

考点 3　资本预算的风险

1. 新项目给股东带来的风险是指(　　)。

A. 特有风险　　B. 公司风险　　C. 市场风险　　D. 非系统风险

参考答案：C。市场风险是指新项目给股东带来的风险，这里的股东是指投资于该公司，其投资风险已被完全分散化的股东。

2. 某公司正在考虑一个投资项目，该项目需要投资 120 万元，预计每年产生税后(息前)现金流量 15.5 万元，该公司计划筹集 70 万元的债务资本，税后的利息率仍为 5%；筹集

50 万元的权益资本，股东要求的报酬率为 20%。根据上述资料，按照股权现金流量法，计算的净现值为(　　)万元。

A. 27.5　　B. 77.5　　C. 14.38　　D. 10

参考答案：D。净现值＝股权现金流量÷股东要求的收益率－股东投资＝(15.5－70×5%)/20%－50＝10(万元)。

3. 甲公司评价一投资项目的β值，利用从事与拟投资项目相关的某上市公司的β值进行确定，若该上市公司的β值为 1.5，资产负债率为 0.5，甲公司投资该项目的产权比率为 0.34，若不考虑所得税，甲公司该项目含财务风险的β值为(　　)。

A. 1.33　　B. 1.22　　C. 0.83　　D. 1.01

参考答案：D。

上市公司的权益乘数$=\frac{1}{1-\text{资产负债率}}=2$，$\beta$资产＝$\beta$权益/(1＋产权比率)＝1.5/2＝0.75，甲公司投资该项目的β权益＝β资产×(1＋产权比率)＝0.75×(1＋0.34)＝1.01。

考点 4　资本预算计算题

1. 初始投资 60 万元，市场规模 70 万元，公司份额 10%，单价 20 元，可变成本 10 元，年固定成本 10 万元(不包括折旧)，营业税税率 20%，投资者要求回报率 10%，项目投资期 2 年，直线折旧法，不考虑残值。求：

(1)该项目的净现值。

(2)财务盈亏平衡点。

参考答案：

该项目的现金流计算如表 2－5－1 所示。

表 2－5－1　　现金流计算

销售量	70 万×10%＝7 万
单价	20 元
可变成本	10 元
年固定成本	10 万元
折旧	60 万元÷2＝30 万元
税前利润	7 万×(20－10)元－10 万元－30 万元＝30 万元
税收	30 万元×20%＝6 万元
税后利润	24 万元
现金流	24 万元＋30 万元＝54 万元

(1)该项目的净现值为 $NPV=\frac{54}{1.1}+\frac{54}{1.1^2}-60=33.72$(万元)。

(2)令处于财务平衡点的销售量为 Q，单价为 P，可变成本为 VC，年固定成本为 FC，折

旧为 D，营业税为 T，则有：

$$NPV=\sum_{t=1}^{N}\frac{OCF}{(1+r)^t}-CF_0=0$$

$$OCF=[Q(P-VC)-I-FC-D](1-t)+D$$

代入方程得：

$$Q=\frac{[10\times(1-20\%)-30\times20\%+60/(P/A,2,10\%)]}{(20-10)(1-20\%)}=4.57(万)$$

财务平衡点为 4.57 万件的销量。

2. A 公司拟收购 B 公司，两家公司在收购前的相关财务资料见表 2—5—2。

表 2—5—2　　A 公司并购 B 公司前相关财务资料

项　目	A 公司	B 公司
税后利润	240 万元	20 万元
发行在外的普通股股数	60 万股	10 万股
市盈率	5	8

假如 B 公司目前的每股净收益为 2 元，将每年永续增长 4%。

(1)B 公司的价值为多少？

(2)如果 A 公司为 B 公司每股发行在外的股票支付 14 元，则这一收购的 NPV 为多少？

(3)如果 A 公司按每股净收益为换股率换取 B 公司发行在外的全部股票，那么，这一收购的 NPV 为多少？

(4)如果这一方式可取，则应该选择现金收购还是换股收购？

参考答案：

(1)B 公司目前每股净收益为 2 元，假设题中采用的是年初的市盈率 $\frac{P}{E}=P/EPS_0$，则每股的价格为：

$P=EPS_0\times$市盈率$=8\times2=16$(元)

发行在外的股份数为 10 万股，那么 B 公司的价值为 160 万元。

(2)若给出 B 公司的折现率，可以采用现金流贴现法计算 B 公司价值。但此题并未给出贴现率，故只能假设市场有效，采用市场比较法计算。

$NPV=D-P_0=160-140=20$(万元)

(3)A 公司的每股净收益 $EPS=4$ 元(240/60)，因此每股 A 公司股票可换取 2 股 B 公司股票，要换取 B 公司股票需 5 万股 A 公司股票。换股完成后 B 公司股票注销，A 公司价值为 1 200+160=1 360(万元)，A 公司发行在外股票为 65 万股。因此合并后 A 公司股价为 1 360/65=20.92(元)，相当于 A 公司付出 20.92×5=104.61(万元)，$NPV=160-104.61=55.38$(万元)。

(4)显然，采取换股方式收购 NPV 更大，因此应该选择换股方式收购。

3. 某公司正考虑一投资方案，此方案需前期投资 1 000 万元，之后每年可增加税后收益

160 万元，目前公司的资本结构负债与权益比例为 1∶2，债券收益率为 6%。该公司股票的贝塔系数为 1.2，无风险资产利率为 4%，市场平均收益率为 12%，公司税率为 25%。由于该项目风险比公司一般项目要大，量化的风险溢价为 2%的风险溢价成本。请判断是否应该投资该项目。

参考答案：

根据 CAPM 模型可得：

$$R_s=1.2\times(12\%-4\%)+4\%=13.6\%$$

$$R_{wacc}=\frac{1}{3}\times6\%\times75\%+\frac{2}{3}\times13.6\%=10.57\%$$

$$NPV=\frac{160}{R_{wacc}+2\%}-1\ 000=272.87>0$$

4. A 公司拟投资一项目，该项目可推出一种新产品，相关资料如下：

(1)项目存续期为 6 年。

(2)该项目需固定资产投资 2 000 万元，预计残值为 200 万元，采用直线折旧。

(3)预计付现固定成本(不含折旧)为 100 万元/年，变动成本为 400 元/件。

(4)预计各年销量为 10 万件，售价为 800 元/件。

(5)需投入营运资本 200 万元，初始一次性投入，项目到期后可全部回收。

(6)设 A 公司为上市公司，公司的贝塔值(权益)为 1.25，设该项目和 A 公司的杠杆水平一致，债务/权益比为 1∶1，风险也一致。

(7)A 公司借款平均利率为 7%。

(8)设无风险利率为 5%，市场组合收益率为 9.5%，所得税税率为 30%。

要求：

(1)计算该项目的贴现率。

(2)计算该项目的净现值。

(3)设目前的估计(即上述对各变量的估计)是最有可能发生的事情，概率为 50%。预计营运资本投资、固定资本(不含折旧)、变动成本和单位售价会发生+5%或-5%的变动(也就是说，该项目还会出现最好和最坏两种经济情景，概率分别为 25%)，其他因素不变。请分别描述最好和最坏情景，并分别计算 *NPV*。

(4)利用敏感度法计算该项目 *NPV* 对单位售价的敏感度。

参考答案：

(1)已知 A 公司的贝塔值(权益)为 1.25，设该项目和 A 公司的杠杆水平一致，债务/权益比为 1∶1，风险也一致。进而根据 CAPM 模型，可以求得该项目权益资本的期望收益率为：

$$5\%+1.25\times(9.5\%-5\%)=10.625\%$$

又已知 A 公司借款平均利率为 7%，债务/权益比为 1∶1，所以可以求得该项目的贴现率为：

$$10.625\%\times50\%+7\%\times(1-30\%)\times50\%=7.76\%\approx8\%$$

(2)项目存续期 6 年，固定资产投资 2 000 万元，预计残值为 200 万元，采用直线折旧。

可以求得每年的折旧为：(2 000－200)/6＝300(万元)。

根据已知条件和自由现金流的计算公式，各年相等的现金流量为：

[(800－400)×10－100－300]×(1－30%)＋300＝2 820(万元)。

初始投资包括固定资产投资和营运资本，具体为：2 000＋200＝2 200(万元)。

第 6 年年末，除了每年 2 820 万元的现金流量以外，还包括 200 万元的固定资产残值收入和回收的 200 万元的营运资本。

所以，该项目的净现值为：

$2\ 820\times(P/A,8\%,6)+400\times(P/F,8\%,6)-2\ 000-200$

$=2\ 820\times4.622\ 9+400\times0.630\ 2-2\ 200=11\ 088.658$(万元)

(3)各种状态下的情景如表 2—5—3 所示。

表 2—5—3　　各种状态下的情景

变量	好于预期	正常	比预期差
营运资本投资(万元)	190	200	210
产品的单位售价(元)	840	800	760
单位可变成本(元/个)	380	400	420
扣除折旧后的固定成本(万元)	95	100	105
不同状态出现的概率	25%	50%	25%
NPV(万元)	13 050.15	11 088.66	9 127.16

(4)当产品单位售价由 800 元增至 840 元，且其他变量不变时，该项目的净现值为：

项目存续期 6 年，固定资产投资 2 000 万元，预计残值为 200 万元，采用直线折旧。可以求得每年的折旧为：

(2 000－200)/6＝300(万元)

根据已知条件和自由现金流的计算公式，各年相等的现金流量为：

[(840－400)×10－100－300)]×(1－30%)＋300＝3 100(万元)

初始投资包括固定资产投资和营运资本，具体为：2 000＋200＝2 200(万元)

第 6 年年末，除了每年 3100 万元的现金流量以外，还包括 200 万元的固定资产残值收入和回收的 200 万元的营运资本。

所以，该项目的净现值为：

$3\ 100\times(P/A,8\%,6)+400\times(P/F,8\%,6)-2\ 000-200$

$=3\ 100\times4.622\ 9+400\times0.630\ 2-2\ 200$

$=12\ 383.07$(万元)

进而比较单位售价为 800 元时，*NPV* 的变化为：

(12 383.07－11 088.658)/11 088.658＝11.67%

可以求得该项目 *NPV* 对单位售价的敏感度为：

11.67%/5%＝2.335。

5. D 食品公司正考虑一新项目的可行性。项目的初始投资额为 160 万元，预计项目寿命期为 10 年，期末无残值。每年的广告费用预计为 15 万元，单位产品成本为 2 元，预期售价为每件 6 元，假设折现率为 10%，公司所得税为 25%。试分别计算该项目的会计盈亏均衡点和净现值盈亏均衡点。

参考答案：

会计盈亏平衡点就是在账面上表现出的盈亏平衡，

$$会计盈亏平衡点=\frac{固定成本+折旧}{售价-单位成本}=\frac{160\ 000+150\ 000}{6-2}=77\ 500(件)$$

净现值的盈亏平衡点计算：

$$EAC=\frac{160}{(P/A,10\%,10)}=\frac{160}{6.14}=26.06\ 万元$$

$$净现值盈亏平衡点=\frac{EAC+固定成本\times(1-t_c)-折旧\times t_c}{(售价-单位成本)\times(1-t_c)}$$
$$=\frac{260\ 600+150\ 000\times0.75-160\ 000\times0.25}{(6-2)\times0.75}$$
$$=\frac{333\ 100}{3}=111\ 033(件)$$

6. 华宝公司计划投资某项目固定资产生产云计算设备，原始投资额为 60 万元，经营期 3 年，期末无残值，预计投产后，年产销量 1000 件，单位售价 700 元，单位经营成本 500 元，该企业按直线法折旧，所得税率 25%，设定折现率 10%，请计算：

(1)该投资项目的静态投资回收期。

(2)该投资项目的净现值。

参考答案：

(1)每年折旧=60/3=20(万元)

每年营业净现金流量=1 000×(700−500)×0.75+200 000=350 000=35(万元)

静态回收期=1+25/35=1.714(年)

(2)净现值=−60+35×(P/A,10%,3)=27.04(万元)。

7. 扬子公司投资 100 万元儿童安全座椅生产线，预计生产每件安全座椅的变动成本为 2 000 元，每年固定成本为 23 万元(含折旧)，预计市场售价为 3 000 元，项目必要报酬率为 8%，所得税率为 25%。该项目的项目周期为 5 年，按直线法计提折旧，预计残值为 5 万元。请根据上述条件计算该项目的财务盈亏平衡点。

参考答案：

$$NPV(Q_F)=\sum_{t=1}^{N}\frac{OCF}{(1+r)^t}-CF_0+\frac{CF_N}{(1+r)^N}=0$$

故：$OCF\times3.992\ 7-100+5\times0.680\ 6=0$，得 $OCF=24.19$(万元)

又 $OCF=[Q(P-VC)-D-FC](1-t)+D$

$$所以\ Q=\frac{\frac{OCF-D}{1-t}+FC+D}{P-VC}=300(件)$$

其中 $D=\frac{100-5}{5}=19$(万元)，$FC=23-19=4$(万元)

8. 某投资者拟在下面两种投资选项中挑选一个进行投资(见表 2—5—4)。

表 2—5—4　　　　**两种投资选项**

项　目	现金流(万元)			内含报酬率(%)
	C0	C1	C2	
A	−400	+250	+300	23
B	−200	+140	+179	36

已知投资机会成本为 10%,该投资者的投资意向是 B 项目,因为它有较高的内含报酬率。

(1)请指出该投资者的不妥之处。

(2)用净现值法提供决策依据。

参考答案:

当投资者目前拥有多个备选项目但只能择其一或二进行投资时,内含报酬率法和净现值法可能存在不一致的结论。

两项目的净现值如下:

$$NPV_A=\frac{250}{(1+10\%)}+\frac{300}{(1+10\%)^2}-400=75.206\ 61(\text{万元});$$

$$NPV_B=\frac{140}{(1+10\%)}+\frac{179}{(1+10\%)^2}-200=75.206\ 61(\text{万元})。$$

根据净现值准则,投资者选择 A 项目和 B 项目投资的净现值相等,B 项目的初始投资少,所以 B 项目会更好。

9. 某公司正在确定其 20×3 年的信用政策,有 A 和 B 两种方案可供选择(如表 2—5—5 所示)。其产品单价为每件 10 元,变动成本为每件 8 元,固定成本总额保持不变,资本成本率为 10%。请利用表格中的数据,为该公司在 A、B 方案中确定一个较优的方案。

表 2—5—5　　　　**两种方案**

	A 方案	B 方案
信用政策	$n/30$	$n/60$
预计全年销售量(件)	48000	60 000
坏账率	2%	3%
收账费用(元)	3 000	5 000

参考答案:

假设固定成本保持不变为 A

第一种方案:公司收到的净现值为(10×48 000×98%)/(1+10%/12)−8×48 000−A −3 000=79 512−A

第二种方案:公司收到的净现值为(10×60 000×97%)/(1+10%/6)−8×60 000−A −5 000=87 459−A

因此公司应该采用第二种信用政策。

10. 某公司正对一项投资项目进行评估。该项目的周期为3年，每年年末的预期现金流量为5000万元，项目期初的一次性投资支出为1.3亿元。当前市场的无风险利率为2%，市场风险溢价为4%，项目的贝塔值系数为1.5，请分析该公司是否应该接受该项目。

参考答案：

公司资本成本率为：2%+4%×1.5=8%

$$NPV=\frac{5\ 000}{1+8\%}+\frac{5\ 000}{(1+8\%)^2}+\frac{5\ 000}{(1+8\%)^3}-13\ 000=-114.5(万元)$$

因此，公司不应该接受该项目。

11. 某企业计划使用一种大型设备，既可以采用购买的方式，也可采用租赁的方式。若采取购买的方式，企业需一次性支付设备价格300万元，预计使用年限为6年，残值为60万元。若采取租赁的方式。企业需每年支付租赁费70万元，租赁期为6年。假定贴现率为12%，所得税率为25%，已知$(P/A,12\%,6)=4.114$，$(P/F,12\%,6)=0.506\ 6$。试分析企业应该选取哪种方式。

参考答案：

按照采购的方式，每年的折旧=(300－60)/6=40(万元)，因此每年的抵税额=40×25%=10(万元)，抵税额贴现值为10×$(P/A,12\%,6)$=41.14(万元)，60万元的净现值为60×$(P/F,12\%,6)$=30.34(万元)所以支出的净现值为300－41.14－30.34=228.52(万元)。

按照租赁的方式，租赁费用除去抵税后的净现值为(70×75%)×$(P/A,12\%,6)$=216(万元)。

所以按照租赁的方式支出的净现值更少。

12. 某企业拟投资一个新的项目，项目期限3年，初期投入1 000万元，未来三年末的税后现金流分别为500万元、600万元和800万元，假如该项目的必要报酬率为10%，请计算项目的静态回收期、动态回收期和净现值。

参考答案：

静态回收期：1+500/600=1.83(年)。

动态回收期：贴现以后计算，2+49.6/601.1=2.08(年)。

净现值：454.5+495.9+601.1=1 551.5(万元)。

13. 木华汽车在评估一个国际收购项目，关于项目及融资的信息如表2－5－6所示。

表2－5－6　　关于项目融资的信息

期初投资	20亿美元
项目年现金流EBIT(永久)	4亿美元
项目公司税率	25%
无杠杆股权成本	10%

试分析：

(1)项目无杠杆自由现金流是多少？

(2)假设木华汽车将采取通过股票和债券融资收购，而其中项目收购债券融资额为 8 亿美元(永久)，债务资本成本为 6%，项目的净现值是多少？

参考答案：

(1)无杠杆自由现金流＝(万元)EBIT(万元)×(1－T)＝4×(1－25%)＝3(亿美元)。

(2)根据 APV 法，有：

$APV=NPV+NPVF=EBIT\times(1-T)/Re+T\times D$－初始投资＝3/0.1＋0.25×8－20＝12(亿美元)

该项目的净现值为 12 亿美元。

14. 折现率 12%，初始投资 600 万元，第一年税后现金流 150 万元，一年后可观察投资的成败。若成功，继续每年税后现金流 150 万元，从第二年开始持续 9 年。若失败，从第二年开始税后现金流为零，可收回初始投资 500 万元。成功概率是 40%，求 NPV。

参考答案：

$NPV=NPV$(成功)$+NPV$(失败)

$=0.4\times[150\times(P/A,12\%,10)-600]+0.6\times[500/1.12^2+500/1.12-600]$

＝58.53(万元)

15. 设某公司拟投资一目标投资项目，期初预计投资额是 200 万元，项目的寿命(存续期)是 7 年，每年年底预期产生的现金流分别是 30 万元、40 万元、50 万元、40 万元、60 万元、50 万元和 80 万元，设年贴现率是 6%时，问：

(1)每年预期产生的现金流的现值是多少？

(2)7 年内预期产生的现金流的现值又是多少？

(3)该目标项目的净现值是多少？

(4)是否该接受这一项目？

参考答案：

(1)每年预期产生的现金流量现值计算如表 2—5—7 所示(现值＝预期现金流×贴现因子)。

表 2—5—7　　每年预期产生的现金流量现值

时间	预期现金流(万元)	贴现因子：$\frac{1}{(1+6\%)^t}$	现值(万元)
第 1 年	30	0.943 4	28.30
第 2 年	40	0.890 0	35.60
第 3 年	50	0.839 6	41.98
第 4 年	40	0.792 1	31.68
第 5 年	60	0.747 3	44.84
第 6 年	50	0.705 0	35.25
第 7 年	80	0.665 1	63.21
合计	350		270.86

(2)根据表2—5—7,可知7年内预期产生的现金流的现值总和为270.86万元。

(3)期初投资为200万元,因此目标项目的净现值为70.86万元(270.86—200)。

(4)根据净现值法则,净现值大于零,应该接受这一项目。

16. 某公司正在考察A、B、C三个目标项目,它们的自由现金流见表2—5—8,项目的贴现率都是10%。请根据净现值准则、回收期准则、内含报酬率准则和获利指数准则分别对三个项目进行投资决策分析。

表2—5—8　　项目的自由现金流　　单位:万元

自由现金流	C0	C1	C2	C3	C4	C5
目标项目A	—100	50	50	—40	50	—50
目标项目B	—100	20	20	20	40	40
目标项目C	—100	40	40	30	—20	50

参考答案:

(1)净现值准则:

$$\begin{aligned} NPV_A &= 50\times(P/A,10\%,2)-40\times(P/F,10\%,3)+50\times(P/F,10\%,4) \\ &\quad -50\times(P/F,10\%,5)-100 \\ &= 50\times1.7355-40\times0.7513+50\times0.6830-50\times0.6209-100 \\ &= -40.172(\text{万元}) \end{aligned}$$

$$\begin{aligned} NPV_B &= 20\times(P/A,10\%,3)+40\times(P/F,10\%,4)+40\times(P/F,10\%,5)-100 \\ &= 20\times2.4869+40\times0.6830+40\times0.6209-100 \\ &= 1.894(\text{万元}) \end{aligned}$$

$$\begin{aligned} NPV_c &= 40\times(P/A,10\%,2)+30\times(P/F,10\%,3)-20\times(P/F,10\%,4) \\ &\quad +50\times(P/F,10\%,5)-100 \\ &= 40\times1.7355+30\times0.7513-20\times0.6830+50\times0.6209-100 \\ &= 9.344(\text{万元}) \end{aligned}$$

根据 NPV 原则,对于互斥项目,在资源一定的条件下(本题为初始投资100万元),应该选择 NPV 最大的项目,所以应该投资项目C。

(2)回收期准则:

对于项目A而言,非贴现回收期为2年。对于贴现回收期,发现各期贴现值相加,始终小于100,因此在项目存续期(5年)之内,无法完成回收。

对于项目B而言,非贴现回收期为4年。因为前4年的现金流量的总和为100,正好等于初始投资额。

贴现回收期的计算为:$4+\dfrac{100-20\times2.4869-40\times0.6830}{40\times0.6209}=4+0.92=4.92$(年)

对于项目C而言,非贴现回收期为:$2+\dfrac{100-40-40}{30}=2+0.667=2.667$(年)。

贴现回收期的计算为:

$$4+\frac{100-40\times1.7355-30\times0.7513+20\times0.6830}{50\times0.6209}=4+0.69=4.69(\text{年})。$$

根据回收期准则，项目 C 的回收期是最短的，所以应该选择项目 C。

(3)内含报酬率准则：

对于项目 A 而言，

$NPV_A=50\times(P/A,IRR_A,2)-40\times(P/F,IRR_A,3)+50\times(P/F,IRR_A,4)-50\times(P/F,IRR_A,5)-100=0$

已知贴现率为 10%时，$NPV_A=40.172$，当贴现率为 1%时，$NPV_A=-39.829$

因此无法求得正值的 IRR_A。

$NPV_B=20\times(P/A,IRR_B,3)+40\times(P/F,IRR_B,4)+40\times(P/F,IRR_B,5)-100=0$

已知贴现率为 10%时，$NPV_B=1.894$，当贴现率为 11%时，$NPV_B=-1.038$

根据插值法，可以求得：$IRR_B=10.65\%$。

$NPV_c=40\times(P/A,IRR_C,2)+30\times(P/F,IRR_C,3)-20\times(P/F,IRR_C,4)+50\times(P/F,IRR_C,5)-100=0$

当贴现率为 14%时，$NPV_C=0.246$，当贴现率为 15%时，$NPV_B=-1.823$。

根据插值法，可以求得：$IRR_C=14.12\%$。

根据内含报酬率准则，应该选择项目 C。

(4)获利指数准则：

根据净现值的计算结果有

$$PI_A=\frac{59.83}{100}=0.5983,PI_B=\frac{101.894}{100}=1.0189,PI_C=\frac{109.344}{100}=1.09344。$$

根据获利指数准则，当存在资本约束且只能选择一个项目时，选择 PI 最大的目标项目。所以，应该选择项目 C。

17. 某目标项目的初期投资为 30 万元，项目寿命为 3 年，采用直线折旧，期末无残值。项目期间无追加投资，在营运资本上的投资也为零，公司的所得税税率为 33%，项目的贴现率为 10%。项目未来的经营预期见表 2—5—9。请问此项目是否值得投资？

表 2—5—9　　项目未来的经营预期

变　量	预期值
销售量(万个)	8
产品的单位售价(元)	5.5
单位可变成本(元/个)	3
扣除折旧后的固定成本(万元)	5

参考答案：

采用直线折旧，且 3 年后无残值，可以求得每年的折旧为 10 万元(30÷3=10)。

根据自由现金流的计算公式，有：

$FCFF=EBIT(1-t)+D-CE-\Delta WC=[(5.5-3)\times 8-5-10]\times(1-33\%)+10=13.35$(万元)

进而计算净现值：$NPV=13.35\times(P/A,10\%,3)-30=13.35\times 2.456\ 930-30=3.2$(万元)

项目的净现值大于0，所以该项目值得投资。

扫码听课

第六章　风险和收益

考点 1　风险和收益的度量

1. 贝塔可用以测度(　　)。

A. 公司特殊的风险　　　　B. 可分散化的风险

C. 市场风险　　　　D. 个别风险

参考答案:C。贝塔是一种评估证券系统性风险的工具,用以度量一种证券或一个投资证券组合相对总体市场的波动性。系统性风险即市场风险,即指由整体政治、经济、社会等环境因素对证券价格所造成的影响。

2. 已知风险组合的期望报酬率和标准差分别为 15%和 20%,无风险报酬率为 8%,某投资者除自有资金外,还借入 20%的资金,将所有的资金用于购买市场组合,则总期望报酬率和总标准差分别为(　　)。

A. 16.4%和 24%　　B. 13.6%和 16%　　C. 16.4%和 16%　　D. 13.6%和 24%

参考答案:A。本题的主要考核点是资本市场线的意义。

总期望报酬率=120%×15%+(1−120%)×8%=16.4%

总标准差=120%×20%=24%。

3. 下列有关协方差和相关系数的说法中,不正确的是(　　)。

A. 两种证券报酬率的协方差=两种证券报酬率之间的预期相关系数×第 1 种证券报酬率的标准差×第 2 种证券报酬率的标准差

B. 无风险资产与其他资产之间的相关系数一定为 0

C. 投资组合的风险,只受证券之间协方差的影响,而与各证券本身的方差无关

D. 相关系数总是在[−1,+1]间取值

参考答案:C。从协方差公式可知,选项 A 的说法正确;对于无风险资产而言,由于不存在风险,所以,其收益率是确定的,不受其他资产收益率波动的影响,因此无风险资产与其他资产之间缺乏相关性,即相关系数为 0,选项 B 的说法正确;只有充分投资组合的风险,才只受证券之间协方差的影响,而与各证券本身的方差无关,故选项 C 的说法不正确;相关系数总是在[−1,+1]间取值,所以选项 D 的说法正确。

4. 对于两种资产组合来说不正确的是(　　)。

A. 无效集是比最小方差组合期望报酬率还低的投资机会的集合

B. 无效集比最小方差组合不但报酬低，而且风险大

C. 有效集曲线上的投资组合在既定的风险水平上，期望报酬率不一定是最高的

D. 有效集曲线上的投资组合在既定的收益水平上风险是最低的

参考答案:C。有效集曲线上的投资组合在既定的风险水平上，期望报酬率是最高的，或者说在既定的期望报酬率下，风险是最低的。

5. 当我们把一个股票加入一个投资组合时，(　　)会降低。

A. 总风险　　B. 系统风险

C. 非系统性风险　　D. 经济风险

参考答案:C。随着资产组合内证券数量的增加，资产组合的非系统性风险会逐步降低至接近 0，而最终凸显的是不可消除的系统性风险。

6. 某企业拟进行一项存在一定风险的完整工业项目投资，有甲、乙两个方案可供选择：已知甲方案净现值的期望值为 1 000 万元，标准差为 300 万元；乙方案净现值的期望值为 1 200 万元，标准差为 330 万元。下列结论中正确的是(　　)。

A. 甲方案优于乙方案　　B. 甲方案的风险大于乙方案

C. 甲方案的风险小于乙方案　　D. 无法评价甲乙方案的风险大小

参考答案:B。当两个方案的期望值不同时，决策方案只能借助于变化系数这一相对数值。变化系数=标准差/期望值，变化系数越大，风险越大；反之，变化系数越小，风险越小。甲方案变化系数=300/1 000=30%；乙方案变化系数=330/1 200=27.5%。显然甲方案的风险大于乙方案。

7. 投资决策中用来衡量项目风险的，不可以是项目的(　　)。

A. 预期报酬率

B. 各种可能的报酬率概率分布的离散程度

C. 预期报酬率的方差

D. 预期报酬率的标准差

参考答案:A。风险的衡量需要使用概率和统计方法，一般包括概率、预期值、离散程度、置信区间和置信概率，其中离散程度包括全距、平均差、方差和标准差。预期值是用来衡量预期平均收益水平，不能衡量风险，计算预期值是为了确定方差和标准差，并进而计算变化系数。

考点 2　投资组合理论

1. 当证券间的相关系数小于 1 时，关于两种证券分散投资的有关表述不正确的是(　　)。

A. 投资组合机会集曲线的弯曲必然伴随分散化投资发生

B. 投资组合报酬率标准差小于各证券投资报酬率标准差的加权平均数

C. 表示一种证券报酬率的增长与另一种证券报酬率的增长不成同比例

D. 其投资机会集是一条直线

参考答案:D。由于相关系数小于 1，如果投资两种证券，投资机会集是一条曲线(为－1

时为折线）。当相关系数为 1 时投资机会集才是直线。

2. A 证券的预期报酬率为 12％，标准差为 15％；B 证券的预期报酬率为 18％，标准差为 20％。投资于两种证券组合的机会集是一条曲线，有效边界与机会集重合，以下结论中错误的有（　　）。

A. 最小方差组合是全部投资于 A 证券

B. 最高预期报酬率组合是全部投资于 B 证券

C. 两种证券报酬率的相关性较高，风险分散化效应较弱

D. 可以在有效集曲线上找到风险最小、期望报酬率最高的投资组合

参考答案：D。根据有效边界与机会集重合可知，机会集曲线上不存在无效投资组合，而 A 证券的标准差低于 B 证券，所以最小方差组合是全部投资于 A 证券，即选项 A 的说法正确；投资组合的报酬率是组合中各种资产报酬率的加权平均数，因为 B 证券的预期报酬率高于 A 证券，所以最高预期报酬率组合是全部投资于 B 证券，即选项 B 的说法正确；由于机会集曲线上不存在无效投资组合，因此两种证券报酬率的相关性较高，风险分散化效应较弱，选项 C 的说法正确；因为风险最小的投资组合为全部投资于 A 证券，期望报酬率最高的投资组合为全部投资于 B 证券，所以选项 D 的说法错误。

3. 根据表 2－6－1 中的数据，计算 IBM 公司在 1969－1978 年的平均收益率和标准差，计算 IBM 公司收益率与标准普尔 500 指数收益率的协方差和相关系数。

表 2－6－1　　1969－1978 年 IBM 公司和标准普尔 500 指数收益率

年份	年度收益率（％）	
	IBM 公司	S&P500 指数
1969	16.98	－8.50
1970	－11.36	4.01
1972	7.64	14.31
1971	21.12	18.98
1973	－22.14	－14.66
1974	－30.01	－26.48
1975	37.68	37.20
1976	28.27	23.84
1977	1.76	－7.18
1978	13.93	6.56

参考答案：

由表 2－6－1 数据：（以下数据均不带百分号）

（1）IBM 公司的平均收益率：

$$E_P=\frac{1}{n}\sum_{i=1}^{n}r_i=\frac{1}{10}\times(16.98-11.36+7.64+21.12-22.14-30.01+37.69+28.27+1.76+13.93)$$

$=6.387$

方差：$\sigma_p^2=\frac{1}{n-1}\sum_{i=1}^{n}(r_i-E_\rho)^2=480$

标准差：$\sigma_\rho=21.9$

(2)标准普尔500指数的平均收益率：

$$E_m=\frac{1}{n}\sum_{i=1}^{n}r_i=\frac{1}{10}(-8.5+4.01+14.31+18.98-14.66-26.48+37.2+23.84-7.18+6.56)=4.808$$

方差：$\sigma_m^2=\frac{1}{n-1}\sum_{i=1}^{n}(r_i-E_m)^2=357.7$

标准差：$\sigma_m=18.9$

IBM公司与标准普尔500指数之间的协方差：

$$\mathrm{cov}(r_p,r_m)=\frac{1}{n-1}\sum_{i=1}^{n}(r_i-E_\rho)(r_i'-E_m)=365.19$$

相关系数 $\rho=\frac{\mathrm{cov}(r_p,r_m)}{\sigma_p\sigma_m}=0.88$

4. 已知某资产在未来一段时间的收益率及其相应的概率分布如表2—6—2所示，计算该资产的预期收益率与标准差。

表2—6—2　　某资产未来一段时间的收益率及其概率分布

可能的收益率(%)	概　率
−24	0.05
−10	0.15
0	0.15
12	0.20
18	0.20
22	0.15
30	0.10

参考答案：

由表2—6—2数据：(以下数据均不带百分号)

该资产的预期收益率：

$$E_P=\frac{1}{n}\sum_{i=1}^{n}r_ip_i=(-24)\times0.05+(-10)\times0.15+12\times0.2+18\times0.2+22\times0.15+30\times0.10=9.6$$

方差 $\sigma_p^2=\sum_{i=1}^{n}(r_i-E_\rho)^2p_i=235.92$

标准差 $\sigma_p=15.36$

5. 已知某资产组合包含两种资产，这两种资产的有关数据如下：

$\rho_{1,2}=0.75$；$\sigma_1=10$；$\sigma_2=20$；$W_1=\frac{2}{3}$。$W_2=\frac{1}{3}$，计算该资产组合的方差和标准差。

参考答案：

根据组合方差公式：

$$\sigma_p^2=\omega_1^2\sigma_1^2+\omega_2^2\sigma_2^2+2\omega_1\omega_2\rho\sigma_1\sigma_2$$
$$=\frac{4}{9}\times100+\frac{1}{9}\times400+2\times\frac{2}{9}\times0.75\times200$$
$$=155.56$$

$\sigma_p=12.47$

6. 假定未来的宏观经济状况以及 2 种股票和 1 年期国库券的收益率如表 2—6—3 所示，请计算 A 和 B 两种股票的预期的收益率、方差和标准差；如果某资产组合由 A 和 B 两种股票组成，并且各占 50%，请计算该组合的预期收益率、方差和标准差；如果某资产组合中，含有 20%的 1 年期国库券，而 A 和 B 两种股票各占 40%，请计算该组合的预期收益率、方差和标准差。

表 2—6—3　　2 种股票和 1 年期国库券的收益率

可能的经济状况	可能的收益率		1 年期国库券的收益率
	股票 A	股票 B	
经济衰退	−10%	−15%	10%
经济增长	15%	10%	10%
高速	40%	25%	10%

参考答案：

（以下结果均不带百分号）

$$(1)E_A=\sum_{i=1}^{3}r_ip_i=\frac{1}{3}(-10+15+40)=15$$

$$\sigma_A^2=\sum_{i=1}^{3}(r_i-E_A)^2p_i=416.67$$

$\sigma_A=20.41$

$$E_B=\sum_{i=1}^{3}r_ip_i=\frac{1}{3}(-15+10+25)=6.67$$

$$\sigma_B^2=\sum_{i=1}^{3}(r_i-E_B)^2p_i=272.22$$

$\sigma_B=16.50$

$$\mathrm{cov}(r_A,r_B)=E_{AB}-E_AE_B$$
$$=\frac{1}{3}[(-10)\times(-15)+15\times10+40\times25]-6.67\times15$$
$$=333.33$$

(2)$\omega_A=\omega_B=0.5$

$E_p=\omega_A E_A+\omega_B E_B=10.835$

$\sigma_P^2=\omega_A^2\sigma_A^2+\omega_B^2\sigma_B^2+2\omega_A\omega_B \text{cov}(r_A r_B)$

$=0.25\times(416.67+272.22)+2\times0.25\times333.33$

$=338.89$

$\sigma_p=18.41$

(3)$\omega_A=\omega_B=0.4,\omega_f=0.2$

$E'_p=\omega_A E_A+\omega_B E_B+\omega_f E_f=10.668$

国库券是无风险资产，其方差为零。

$\sigma_P^2=\omega_A^2\sigma_A^2+\omega_B^2\sigma_B^2+2\omega_A\omega_B \text{cov}(r_A r_B)$

$=216.89$

$\sigma'_p=14.73$

7. 比较系统风险和非系统风险。为什么系统性风险难以避免?

参考答案:

系统性风险和非系统性风险是相对的，系统性风险(Systematic Risk)也称为市场风险(Market Risk)，是指由整体政治、经济、社会等环境因素对证券价格所造成的影响。系统性风险包括政策风险、经济周期性波动风险、利率风险、购买力风险、汇率风险等。这种风险不能通过分散投资加以消除，因此又被称为不可分散风险。系统性风险的特点是:对整个股票市场或绝大多数股票普遍产生不利影响。系统性风险造成的后果带有普遍性。系统性风险可以用贝塔系数来衡量。非系统性风险(Unsystematic Risk)是指各企业的经营状况会受其自身经营状况的影响，这些因素与其他企业没有什么关系。这种风险主要影响某一种证券产品，与市场的其他证券产品没有直接联系，投资者可以通过分散投资的方法，来抵消非系统性风险。非系统性风险有经营风险、财务风险、违约风险等。

系统性风险是由于全局性的共同因素引起的投资收益的可能变动，这种因素以同样的方式对所有证券的收益产生影响，所以无法通过分散投资消除。

8. 设市场指数回报率的标准差为 20%，请根据表 2—6—4 中的数据，计算股票 A 和股票 B 的历史贝塔系数，并解释为什么股票 B 虽然标准差较大，但是贝塔值却较低。

表 2—6—4　　股票 A 和股票 B 的数据

	A	B
σ_i	25%	60%
ρ_{im}	0.60	0.20

参考答案:

由表 2—6—4 数据可得:

$$\because \beta_i=\frac{\text{cov}_{im}}{\sigma_m^2}=\frac{\rho_{im}\sigma_i\sigma_m}{\sigma_m^2}=\frac{\rho_{im}\sigma_i}{\sigma_m}$$

$$\therefore \beta_A=\frac{0.6\times0.25}{0.2}=0.75$$

$$\beta_B = \frac{0.2 \times 0.6}{0.2} = 0.6$$

解释：之所以B的方差比A大，而贝塔值较小，原因就在于尽管方差和贝塔值均表示风险，但是它们的风险范围有所区别。方差指的是证券所包含的总风险，包括系统风险和非系统风险；而贝塔值只反映系统风险，即证券收益率与市场收益率的联动性。所以上面的数据说明A的系统风险大于B，非系统风险小于B，造成总风险远小B。

9. 利用方差来衡量资产的风险，存在哪些缺陷？

参考答案：

利用方差来度量风险有以下三方面的缺陷：

(1)方差是衡量股票收益率偏离平均收益率的程度，但是，在现实中，平均收益率对于大多数投资者来讲没有实际的意义。因为人们通常认为风险是未达到某个特定的收益指标的程度，而不是与平均收益率的偏离程度。因此，方差法有悖于人们对于风险的客观感受。

(2)特韦尔斯基(Teversky)和丹尼尔·卡尼曼(Daniel Kahneman)等对风险心理学的研究则表明损失和盈利对风险确定的贡献度有所不同，即风险的方差度量对正离差和负离差的平等处理有违投资者对风险的真实心理感受。方差方法将投资风险与总体波动性两个概念混淆起来。这意味着高于平均收益率的收益和低于平均收益率的收益有相同的风险程度。也就是说，高于平均收益率的收益增大了投资组合的整体风险。而很显然，这也有悖于人们对风险的客观感受，因为任何投资者都不会把高收益看作风险。

(3)方差法假定收益率是正态分布的。事实上，如果收益率的分布是正偏的，方差法会高估风险程度，因为高于平均收益率的收益要比低于平均收益率的收益多。而如果收益率的分布是负偏的，方差法则会低估风险程度。而许多人的研究已经否定了投资收益率的正态分布假设。

鉴于以上缺陷，利用方差法来度量风险时，可能会导致错误的结论。

10. 下列表述中不正确的是(　　)。

A. 投资者购进被低估的资产，会使资产价格上升，回归到资产的内在价值

B. 市场越有效，市场价值向内在价值的回归越迅速

C. 如果市场不是完全有效的，一项资产的内在价值与市场价值会在一段时间里不相等

D. 股票的价值是指其实际股利所得和资本利得所形成的现金流入量的现值

参考答案：D。本题的考点是市场价值与内在价值的关系。内在价值与市场价值有密切关系。如果市场是有效的，即所有资产在任何时候的价格都反映了公开可得的信息，则内在价值与市场价值应当相等，所以选项A、B、C是正确的。资本利得是指买卖价差收益，而股票投资的现金流入是指未来股利所得和售价，因此股票的价值是指其未来股利所得和售价所形成的现金流入量的现值，选项D错误。

11. 下列关于证券组合的说法中，不正确的是(　　)。

A. 对于两种证券构成的组合而言，相关系数为0.2时的机会集曲线比相关系数为0.5时的机会集曲线弯曲，分散化效应也比相关系数为0.5时强

B. 多种证券组合的机会集和有效集均是一个平面

C. 相关系数等于1时，两种证券组合的机会集是直线，此时不具有风险分散化效应

D. 不论是对于两种证券构成的组合而言，还是对于多种证券构成的组合而言，有效集均是指从最小方差组合点到最高预期报酬率组合点的那段曲线

参考答案：B。多种证券组合的有效集是一条曲线，是从最小方差组合点到最高预期报酬率组合点的那段曲线。

12. 某企业面临甲、乙两个投资项目。经衡量，它们的预期报酬率相等，甲项目报酬率的标准差小于乙项目报酬率的标准差。有关甲、乙项目的说法中正确的是（　　）。

A. 甲项目取得更高报酬和出现更大亏损的可能性均大于乙项目

B. 甲项目取得更高报酬和出现更大亏损的可能性均小于乙项目

C. 甲项目实际取得的报酬会高于其预期报酬

D. 乙项目实际取得的报酬会低于其预期报酬

参考答案：B。甲项目报酬率的标准差小于乙项目报酬率的标准差，在两者预期报酬率相等的情况下，说明甲的风险小于乙的风险。根据风险与报酬之间的对等关系可知，选项 B 的说法正确。

13. A、B、C、D 四只股票之间的相关系数如下：$Cov(A,B)=0.85$；$Cov(A,C)=0.60$；$Cov(A,D)=0.45$，每只股票的期望收益为 80%，标准差均为 20%。如果此前投资者只持有股票 A，目前允许选取另一种股票组成资产组合，那么投资者（　　）才能使投资组合最优。

A. 选择 B 股票　　B. 选择 C 股票　　C. 选择 D 股票　　D. 需要更多信息

参考答案：C。股票之间的相关系数越小，分散效应就越明显。

14. 下列关于投资组合理论的表述中，不正确的是（　　）。

A. 当增加投资组合中资产的种类时，组合风险将不断降低，而收益率仍然是个别资产收益率的加权平均值

B. 投资组合中的资产多样化到一定程度后，唯一剩下的风险是系统风险

C. 在充分组合的情况下，单个资产的风险对于决策是没有用的，投资人关注的只是投资组合的风险

D. 在投资组合理论出现以后，风险是指投资组合的全部风险

参考答案：D。在投资组合理论出现以后，风险是指投资组合的系统风险，既不是指单个资产的风险，也不是指投资组合的全部风险。

15. 下列关于资本市场线的表述中，不正确的是（　　）。

A. 切点 M 是市场均衡点，它代表唯一最有效的风险资产组合

B. 市场组合指的是所有证券以各自的总市场价值为权数的加权平均组合

C. 直线的截距表示无风险利率

D. M 点的左侧，投资者仅持有市场组合 M，并且会借入资金以进一步投资于组合 M

参考答案：D。在 M 点的左侧，投资者同时持有无风险资产和风险资产组合，在 M 点的右侧，投资者仅持有市场组合 M，并且会借入资金以进一步投资于组合 M，所以选项 D 的说法错误。

16. 下列事项中，能够改变特定企业非系统风险的是（　　）。

A. 竞争对手被外资并购　　B. 国家加入世界贸易组织

C. 汇率波动　　D. 货币政策变化

参考答案：A。选项 B、C、D 属于引起系统风险的致险因素。

17. 下列有关证券组合风险的表述错误的是(　　)。

A. 证券组合的风险不仅与组合中每个证券的报酬率标准差有关，而且与各证券之间报酬率的协方差有关

B. 持有多种彼此不完全正相关的证券可以降低风险

C. 资本市场线反映了在资本市场上资产组合风险和报酬的权衡关系

D. 投资机会集曲线描述了不同投资比例组合的风险和报酬之间的权衡关系，有效边界就是机会集曲线上从最小方差组合点到最低预期报酬率的那段曲线

参考答案：D。本题的考点是证券组合风险的相关内容。有效边界就是机会集曲线上从最小方差组合点到最高预期报酬率点的那段曲线。

18. 如果组合中包括了全部股票，则投资人(　　)。(多选)

A. 只承担市场风险　　B. 只承担特有风险

C. 只承担非系统风险　　D. 只承担系统风险

参考答案：A、D。组合中的证券种类越多风险越小，若组合中包括全部股票，则只承担市场风险而不承担公司特有风险。

19. 下列有关风险的表述中正确的是(　　)。

A. 采用多角经营控制风险的唯一前提是所经营的各种商品和利润率存在负相关关系

B. 资产的风险报酬率是该项资产的贝塔值和市场风险溢价率的乘积，而市场风险溢价率是市场投资组合要求的报酬率与无风险报酬率之差

C. 当代证券组合理论认为不同股票的投资组合可以降低风险，股票的种类越多，风险越小，包括全部股票的投资组合风险为零

D. 预计通货膨胀率提高时，无风险利率会随之提高，进而导致资本市场线向上平移，风险厌恶感加强，会提高资本市场线的斜率

参考答案：B。只要相关系数小于 1，即彼此之间不是完全正相关，就可以分散风险，不一定必须是存在负相关关系，所以选项 A 错误；根据资本资产定价模型 $R_i=R_f+\beta\times(R_m-R_f)$，可以看出 $\beta\times(R_m-R_f)$ 为某一资产组合的风险报酬率，R_m-R_f 为市场风险溢价率，它是投资组合要求的收益率与无风险收益率的差，所以选项 B 正确；风险分为系统风险和非系统风险两类，系统风险是不能通过证券持有的多样化来降低，股票的投资组合可以降低的风险只能是非系统风险，包括全部股票的投资组合，只能是非系统风险为零，但系统风险还存在，所以选项 C 错误；预计通货膨胀率提高时，无风险利率会随之提高，它所影响的是资本市场线的截距，不影响斜率，所以选项 D 错误。

20. 下列关于证券组合风险的说法中，不正确的是(　　)。

A. 证券组合的风险不仅与组合中每个证券报酬率的标准差有关，而且与各证券报酬率的协方差有关

B. 对于一个含有两种证券的组合而言，机会集曲线描述了不同投资比例组合的风险和报酬之间的权衡关系

C. 风险分散化效应一定会产生比最低风险证券标准差还低的最小方差组合

D. 如果存在无风险证券，有效边界是经过无风险利率并和机会集相切的直线，即资本

市场线；否则，有效边界指的是机会集曲线上从最小方差组合点到最高预期报酬率的那段曲线

参考答案：C。选项C的正确说法应是：风险分散化效应有时会产生比最低风险证券标准差还低的最小方差组合。

21. 根据CAPM，假定市场期望收益率为9%，无风险利率为5%，X公司股票的期望收益率为11%，其贝塔值为1.5，以下说法中正确的是(　　)。

A. X股价被高估　　B. X股票被公平定价

C. X股价被低估　　D. 无法判断

参考答案：B。根据CAPM，X公司股票的预期收益率为5%+1.5×(9%−5%)=11%，这与X公司股票的期望收益率相等，故X公司的股票是公平定价。

22. 下列有关证券市场线的说法中，不正确的是(　　)。

A. R_m 是指贝塔系数等于1时的股票要求的收益率

B. 预计通货膨胀率提高时，证券市场线会向上平移

C. 从证券市场线可以看出，投资者要求的收益率仅仅取决于市场风险

D. 风险厌恶感的加强，会提高证券市场线的斜率

参考答案：C。证券市场线的表达式为：股票要求的收益率=无风险利率(R_f)+贝塔系数×(R_m-R_f)，其中贝塔系数衡量的是市场风险。由此可知，从证券市场线可以看出，投资者要求的收益率但不仅仅取决于市场风险，还取决于无风险利率(证券市场线的截距)和市场风险补偿程度(R_m-R_f)(即证券市场的斜率)，所以，选项C的说法不正确；同时可知，贝塔系数等于1时的股票要求的收益率$=R_f+1\times(R_m-R_f)=R_m$，所以，选项A的说法正确；由于无风险利率=纯利率+通货膨胀补偿率，所以，预计通货膨胀率提高时，无风险利率会提高，会导致证券市场线的截距增大，导致证券市场线会向上平移，所以，选项B的说法正确；风险厌恶感的加强，会提高要求的收益率，但不会影响无风险利率和贝塔系数，所以，会提高证券市场线的斜率，即选项D的说法正确。

23. 下列关于证券市场线的表述中，不正确的是(　　)。

A. 在无风险利率不变、风险厌恶感增强的情况下，市场组合的要求报酬率上升

B. 在风险厌恶感不变、预期通货膨胀率上升的情况下，市场组合的要求报酬率上升

C. 在无风险利率不变、风险厌恶感增强的情况下，无风险资产和市场组合的要求报酬率等额上升

D. 在风险厌恶感不变、预期通货膨胀率上升的情况下，无风险资产和市场组合的要求报酬率等额上升

参考答案：C。证券市场线就是关系式 $R_i=R_f+\beta\times(R_m-R_f)$ 所代表的直线；由于市场组合的贝塔系数为1，所以市场组合要求的报酬率$=R_f+1\times(R_m-R_f)=R_m$。风险厌恶感用($R_m-R_f$)表示，预期通货膨胀率上升会使 R_f 增大，根据公式可以看出选项A、B、D正确。在无风险利率不变的情况下，无风险资产要求的报酬率不变，选项C错误。

24. 下列有关证券市场线表述正确的是(　　)。

A. 证券市场线的斜率表示了系统风险程度

B. 证券市场线的斜率测度的是证券或证券组合每单位系统风险的超额收益

C. 证券市场线比资本市场线的前提窄

D. 反映了每单位整体风险的超额收益

参考答案：B。证券市场线的斜率（$R_m - R_f$）表示了市场风险补偿程度，系统风险程度是证券市场线的横轴；证券市场线适用于单个证券和证券组合（不论它是否已经有效地分散了风险）。其斜率测度的是证券（或证券组合）每单位系统风险（贝塔值）的超额收益。证券市场线比资本市场线的前提宽松，应用也更广泛。

25. 下列有关证券组合风险的表述中，错误的是（　　）。

A. 证券组合的风险仅与组合中每个证券报酬率的标准差有关

B. 持有多种彼此不完全正相关的证券可以降低风险

C. 在不存在无风险证券的情况下，多种证券组合的有效边界就是机会集顶部从最小方差组合点到最高预期报酬率的那段曲线

D. 证券报酬率的相关系数越小，机会集曲线就越弯曲，风险分散化效应也就越强

参考答案：A。证券组合的风险不仅与组合中每个证券报酬率的标准差有关，而且与各证券的投资比重及各证券报酬率之间的协方差有关，因此选项 A 的说法不正确。

26. 区分证券组合、有效组合与最佳组合之间的异同。

参考答案：

相同点：三者都是由不同的证券构成的集合。

区别：三者的含义和包括的范围有所不同。

证券组合为泛指概念，按照一定目的选择证券构成的集合称为证券组合。

所谓有效组合，就是按照既定收益下风险最小或既定风险下受益最大的原则建立起来的证券组合。在马科维茨组合模型中，由有效组合构成的为有效前沿。

最佳组合一般指一个点，即对于特定投资者来讲获得效用最大化的有效组合。具体来讲，就是无差异曲线与有效前沿的切点。

27. 在单个风险性金融资产风险－收益分析中，为什么用贝塔值取代方差？

参考答案：

投资者的任何投资都可视为一种组合投资，当某种金融资产（证券）和其他金融资产（证券）构成组合时，该资产的不确定性会部分地得到分散和对冲。因此，投资者不再关心该资产收益的方差，他感兴趣的是组合中该资产对组合方差的贡献和作用，或对投资组合变化的敏感度。

因此，孤立地考察单一金融资产的风险是没有意义的，而应该用投资组合的风险来衡量，考察单一金融资产对组合变动的敏感性，这种敏感度就是贝塔值或贝塔系数。贝塔系数最好地度量了一种金融资产的风险对投资组合风险的作用。

28. 比较马科维茨的证券组合理论、夏普的资本资产定价模型各自所需的假设条件。

参考答案：

夏普的资本资产定价模型与马科维茨的证券组合理论相比，假设条件更加严格，最重要的是增加了无风险资产和同质预期的两个条件。具体来讲：

马科维茨做出如下假定：

（1）投资者期望是风险厌恶者。

(2)证券收益率是服从正态分布,并且投资者的效用函数是二次函数。

(3)利用预期收益率和方差(或标准差)来衡量投资者的效用,利用方差(或标准差)来衡量证券的风险。

(4)投资者建立证券组合的依据是:在既定的收益水平下,使风险最小;或者,在既定的风险水平下,使收益最大。

(5)投资者大多把资金分散在几种证券上,建立一个"证券组合",以便降低风险。但是,分散化投资在降低风险的同时,也可能降低收益。

夏普的假设条件:

(1)所有投资者处于同一单期投资期。

(2)市场上存在一种收益大于0的无风险资产。

(3)所有投资者均可以按照该无风险资产的收益率进行任何数量的资金借贷。

(4)没有税负,没有交易成本。

(5)每个资产都是无限可分的。

(6)投资者使用预期收益率和标准差这两个指标来选择投资组合。

(7)投资者永不满足:当面临其他条件相同的两种组合时,他们将选择具有较高预期收益率的组合。

(8)投资者风险厌恶。

(9)市场是完全竞争的:每个投资者是价格的接受者(price-takers);每个投资者拥有相同的信息,信息充分、免费并且立即可得。

(10)投资者以相同的方法对信息进行分析和处理,从而形成了对风险资产及其组合的预期收益率、标准差以及相互之间协方差的一致看法。

29. 比较资本市场线与证券市场线之间的异同。

参考答案:

(1)资本市场线(Capital Market Line,CML),是指表明有效组合的期望收益率和标准差之间的一种简单的线性关系的一条射线。它是沿着投资组合的有效边界,由风险资产和无风险资产构成的投资组合。

资本市场线方程可用下式描述:$E(r_p)=r_f+\left[\frac{E(r_M)-r_f}{\sigma_M}\right]\sigma_p$

图形如图2—6—1所示。

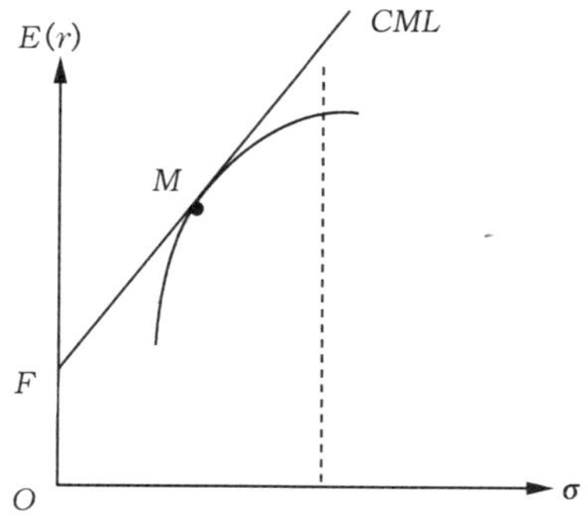

图2—6—1　资本市场线

(2)证券市场线(Securities Market Line,SML),是说明投资组合报酬率与系统风险程度β系数之间关系的一条射线。SML揭示了市场上所有风险性资产的均衡期望收益率与风险之间的关系。

证券市场线方程为:$E(r_i)=r_f+[E(r_M)-r_f]\beta_i$

图形如图2—6—2所示。

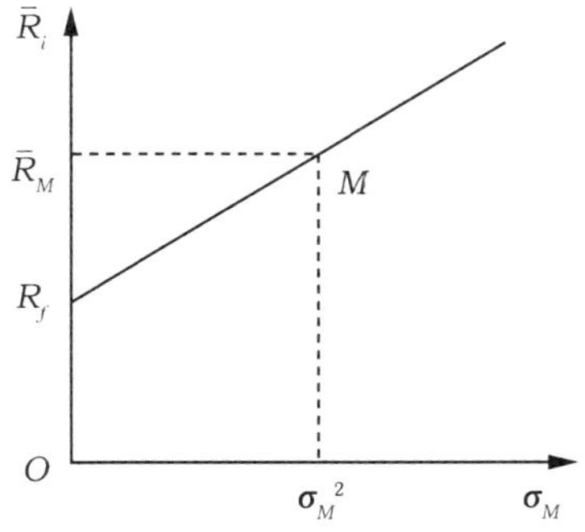

图2—6—2　证券市场线

(3)资本市场线与证券市场线的联系:

①纵轴上都有截距,且都表示无风险收益率;

②纵轴都表示期望收益率;

③资本市场线上的所有组合对应点一定在证券市场线上,而非有效组合的对应点也将落在证券市场线上,但是在资本市场线以下。

(4)资本市场线与证券市场线的区别:

①资本市场线的横轴是标准差(既包括系统风险又包括非系统风险),证券市场线的横轴是贝塔系数(只包括系统风险);

②资本市场线揭示的是持有不同比例的无风险资产和市场组合的情况下风险和报酬的权衡关系,证券市场线揭示的是证券本身的风险和报酬之间的对应关系;

③资本市场线描述了有效投资组合的风险与预期收益之间的关系,而证券市场线界定的风险与收益的关系适用于所有的资产和组合,无论其有效与否;

④资本市场线表示的是期望报酬率,即投资后期望获得的报酬率,而证券市场线表示的是要求收益率,即投资前要求得到的最低收益率;

⑤证券市场线的作用在于根据必要报酬率,利用股票估价模型,计算股票的内在价值,资本市场线的作用在于确定投资组合的比例;

⑥资本市场线适用前提很严格,而证券市场线适用前提宽松,适用范围广。

30.简述资本资产定价模型和套利定价理论的区别与联系。

参考答案:

(1)资本资产定价模型和套利定价理论的联系

如果把式 $b_k=\sum_{i=1}^{n}X_i\cdot b_{ik}$ 看作一个线性回归方程,并假定组合中各证券收益组成的矩阵服从联合正态分布,假定影响证券收益的因素经线性变换后,它们的转秩矩阵是正交矩阵，那么，系数 b_{ik} 也可以定义为 CAPM 中的 β 系数，即：$b_{ik}=\dfrac{\mathrm{cov}(\overline{R}_i,\overline{\delta}_k)}{\mathrm{var}(\overline{\delta}_k)}$

其中，$\mathrm{cov}(\overline{R}_i,\overline{\delta}_k)$是证券 i 的收益与因素 k 的线性变换之间的协方差；$\mathrm{var}(\overline{\delta}_k)$是因素 k 线性变换的方差。

因此，资本资产定价模型只是套利定价理论的一个特例。

(2)资本资产定价模型和套利定价理论的区别

①在套利定价理论中，资产均衡的得出是一个动态的过程，它是建立在一价定理的基础之上；而资产定价模型则建立在马科维茨的有效组合基础之上，强调的是一定风险下的收益最大化或者是一定收益下的风险最小化，均衡的导出是一个静态的过程。

②套利定价理论认为，达到均衡时，资产的收益率取决于多种因素，并非像资本资产定价模型中认为的那样只有一种市场组合因素。

③套利定价理论并不特别强调市场组合的作用，而资本资产定价模型则强调市场组合必须是一个有效的组合。

31. 简述资本资产定价理论和现金流贴现理论的联系和区别。

参考答案：

①资本资产定价理论认为市场的期望报酬率是无风险资产的报酬率加上风险溢酬，$R_M=R_F+R_P$。构造证券投资组合并计算收益率后资本资产定价模型可以进一步测算组合中每一种证券的收益率。在一系列假设下，该模型公式为 $R_i=R_F+\beta_i(R_M-R_F)$。

②现金流贴现理论认为资产价值等于资产未来的现金流量以恰当的贴现率贴现得到。

③联系：资本资产定价模型可用于计算适用于现金流贴现理论中风险资产的必要报酬率(贴现率)。

④区别：资本资产定价理论计算得到的是资产的报酬率；现金流贴现理论计算得到的是资产的价值。

32. 举例说明买空和卖空交易机制如何放大收益和风险。

参考答案：

买空、卖空是信用交易的两种形式。买空，是指投资者用借入的资金买入证券。卖空是投资者自己没有证券而向他人借入证券后卖出。目前我国法律明确禁止买空、卖空行为。

在发达国家的证券市场中信用交易是一个普遍现象，但对信用交易都有严格的法律规定并进行严密监管。在买空交易中，如果投资者认定某一证券价格将上升，想多买一些该证券但手头资金不足时，可以通过交纳保证金向证券商借入资金买进证券，等待价格涨到一定程度时再卖出以获取价差。由于这一交易方式投资人以借入资金买进证券，而且要作为抵押物放在经纪人手中，投资人手里既无足够的资金，也不持有证券，所以称为买空交易。在卖空交易中，当投资人认定某种证券价格将下跌时，可以通过缴纳一部分保证金向证券商借入证券卖出，等价格跌到一定程度后再买回同样证券交还借出者，以谋取价差。由于这一交易方式投资人手里没有真正的证券，交易过程是先卖出后买回，因此称为卖空。

一般情况下认为融券卖空有更高的风险，因为如果卖空股票后该股大涨时又无法平仓的话，损失是无上限的。但卖空可以给投资者带来资金用于继续买入其他证券，所以卖空可以提高投资组合的分散度。另外股价高估的情况比低估更加普遍，股票价格对于好坏消息的反应也不对称，所以有时对于买空卖空的风险对比难以评估。

33. 如何理解投资风险分散化？如何实现风险分散化投资？

参考答案：

风险分散化投资指的是在构建投资组合时，尽可能地将购买多个不同种类、不同行业的资产，“不要将鸡蛋放在一个篮子里”，从而使各个资产的非系统性风险相互抵消，最终完全分散掉，而系统风险不能分散掉。

系统风险，也称市场风险或不可分散风险，是指由于某种因素的影响和变化，导致市场上所有资产价格的下跌，并且用技术手段难以消除、足以引起多个市场主体发生连锁反应而陷入经营困境并使投资人利益受到重大损害的风险。系统风险的诱因发生在市场外部，市场本身无法控制它，其带来的影响面一般都比较大且不可以消除。

非系统风险，又称可分散风险，主要由市场主体的市场行为造成，其影响面往往只涉及单个市场资产或单个市场主体，通常投资人可以运用风险管理技术加以规避或部分消除。由组合理论可知，在进行多元化投资，即投资于多种相关性不高或者成负相关的资产时，非系统风险可以完全消除，整个组合所面临的风险只有系统风险。

根据马科维兹的证券组合理论，当证券种类 N 趋向于无穷时，证券组合的非系统性风险趋于零，只剩下系统性风险。

实现风险分散化的方式有：

(1)如果投资者的资金量很大，例如基金，可以购买国内市场上所有股票、债券等，甚至是国际市场上的股票债券，来最大化投资组合的证券种类，将国内市场上甚至是国际市场上的非系统性风险完全分散掉，实现投资风险分散化。

(2)如果投资者的资金量较小，不能实现购买市场上所有证券以最大化证券种类，那么投资者可以购买不同种类的基金以实现投资风险分散化。因为有的基金跟踪指数，只有系统性风险；有的基金投资于某一行业；有的基金仅投资于股票，有的投资于债券。投资者可以通过购买不同种类基金的份额，实现投资风险分散化。

34. 简述均值一方差模型的主要内容。

参考答案：

均值一方差模型是由哈里·马科维茨提出的风险度量模型，把风险定义为期望收益率的波动率，首次将数理统计的方法应用到投资组合选择的研究中。

证券及其他风险资产的投资首先需要解决的是两个核心问题，即预期收益与风险。那么如何测定组合投资的风险与收益和如何平衡这两项指标进行资产分配是市场投资者迫切需要解决的问题。正是在这样的背景下，在 20 世纪 50 年代和 60 年代初，马科维茨理论应运而生。

该理论依据以下几个假设：

(1)投资者在考虑每一次投资选择时，其依据是某一持仓时间内的证券收益的概率分布。

(2)投资者是根据证券的期望收益率估测证券组合的风险。

(3)投资者的决定仅仅是依据证券的风险和收益。

(4)在一定的风险水平上,投资者期望收益最大;相对应的是在一定的收益水平上,投资者希望风险最小。

根据以上假设,马科维茨确立了证券组合预期收益、风险的计算方法和有效边界理论,建立了资产优化配置的均值一方差模型。

35.简述无套利定价模型的主要内容。

参考答案:

条件:$X_1A_1+X_2A_2=0(X_1+X_2=0)$,表示对于 A_1 和 A_2 两种证券来说,权重之和为0,即买入一种资产的同时卖出另一种,且价值相同,不产生现金流入和流出。

$X_1\beta_1+X_2\beta_2=0$,这种权重配比使得证券组合无风险。

$X_1\beta_1+X_2\beta_2>0$,资产组合的收益为正,这样就存在套利机会,假设市场是有效的,那么所有的投资者都会采用这种方式套利,直至市场达到均衡,资产组合的收益为0为止。这就是无套利定价的模型,假设市场上的证券都以这种方式定价,就不存在套利的可能。

36.简述无套利定价思想,并举出一个例子来说明无套利定价思想在金融学中的典型运用。

参考答案:

严格意义上的套利是在某项金融资产的交易过程中,交易者可以在不需要期初投资支出的条件下获取无风险报酬。比如同一资产在两个不同的市场上进行交易,但各个市场上的交易价格不同。这时,交易者可以在一个市场上低价买进,然后立即在另一个市场上高价卖出。如果市场是有效率的话,市场价格必然由于套利行为做出相应的调整,重新回到均衡的状态。这就是无套利的定价原则。根据这个原则,在有效的金融市场上,任何一项金融资产的定价,应当使得利用该项金融资产进行套利的机会不复存在。换言之,如果某项金融资产的定价不合理,市场必然出现以该项资产进行套利活动的机会,人们的套利活动会促使该资产的价格趋向合理,并最终使套利机会消失。

无套利定价机制的主要特征:

(1)无套利定价原则首先要求套利活动在无风险的状态下进行。套利不会追加投资组合的风险,即新组合的方差不超过原组合。

(2)无风险的套利活动从即时现金流看是零投资组合,即开始套利者不需要任何资金的投入;在投资期间也没有任何的维持成本。换句话说,套利不追加投资。

(3)套利必然是盈利的,即套利不会出现亏损。

37.请简述金融市场学的四大基础理论。

参考答案:

(1)风险一收益理论

在金融市场中,几乎所有的金融资产都是风险资产。理性的投资者追求同等风险水平下的收益最大化,或是同等收益水平下的风险最小化。

美国经济学家马科维茨于1952年发表了一篇题为《资产组合选择》的论文。他利用概率论和数理统计的有关理论,发展了一个在不确定条件下选择资产组合的模型框架——均值一方差分析框架,这个框架进一步演变成为研究金融经济学的基础。在马科维茨的模型中,证券的收益率是个随机变量,证券的价值和风险可以用这个随机变量的数学期望和方差来度量，并且根据一般的心理分析，他假定经济理性的个人都具有厌恶风险的倾向，即在他的模型中投资者在预期收益固定时追求最小方差的投资组合。

虽然模型排除了对风险爱好者的分析，但是，毫无疑问，现实中绝大多数人属于风险厌恶型，因而他的分析具有一般性。在一系列理论假设的基础上，马科维茨对证券市场分析的结论是：证券市场上存在着市场有效投资组合。所谓"有效投资组合"就是预期收益固定时方差（风险）最小的证券组合，或是方差（风险）固定的情况下预期收益最大的证券组合。该理论为衡量证券的收益和风险提供了基本思路，为金融实务努力寻找这种组合提供了理论依据。

（2）有效市场理论

效率市场假说（Efficient Market Hypothesis，EMH）是金融市场理论的一个重要部分，它主要研究信息对证券价格的影响。效率市场假说认为，证券价格已经充分反映了所有相关的信息，资本市场相对于这个信息集是有效的，任何人根据这个信息集进行交易都无法获得经济利润。根据罗伯特对信息集大小的分类，效率市场假说又可以进一步分为三种：①弱式效率市场假说；②半强式效率市场假说；③强式效率市场假说。

（3）资本结构理论

该理论开创了从交易成本角度来研究资本结构的先河，并且应用套利理论证明了公司市场价值与资本结构无关，即著名的 MM 定理。MM 定理是现代公司资本结构理论的基石，是构成现代金融市场理论的重要支柱之一。

MM 定理讨论了在完美市场上，在没有税收、交易成本和代理成本等情况下，资本结构对公司价值的影响，提出了在不确定条件下如何分析资本结构和资本成本之间关系的新见解。该理论假设，股票持有者可以像公司一样进入同样的资本市场，因此，公司保证股东利益的最佳办法就是最大限度地增加公司财富。他认为，通过资本市场所确立的公司资本结构与分配政策之间的关系，同公司资产的市场价值与资本之间的关系，是一个事物的两个方面。因而，在完全竞争条件之下，公司的资本成本及市场价值与公司的债务比率及分配率是互相独立的。也就是说，一定量的投资，无论是选择证券融资还是借款，对企业资产的市场价值并无影响，企业的分配政策对企业股票的价值也不起作用。

但是现实中并不存在完美的金融市场，并且存在税收。1963 年，米勒与莫迪利亚尼把税收纳入其分析框架中。债券持有者收到的利息免缴所得税，而对股息支付和留存盈余则要缴所得税。由此企业利用债券融资可以获得避税收益，并能够通过改变融资结构而改变企业的市场价值。

（4）期权理论

1973 年，布莱克和舒尔斯在美国《政治经济学期刊》上发表了著名论文《期权与公司债务定价》，成功推导出期权定价的一般模型，为期权在金融工程领域内的广泛应用铺平了道路，成为在金融工程化研究领域最具革命性的成果。

布莱克和舒尔斯采用无套利分析方法，构造一种包含期权和标的股票的无风险证券组合，在无套利机会的条件下，该证券组合的收益必定为无风险利率，这样就得到了期权价格必须满足的偏微分方程。可以建立无风险证券组合的原因是标的资产价格和期权价格都受同一种不确定性的影响。即基础资产（这里指股票）价格的变动。在任意一个短时期内，看涨期权的价格与标的股票价格正相关,看跌期权价格与标的股票价格负相关。如果按适当比例建立一个标的股票和期权的证券组合,股票头寸的盈利(亏损)总能与衍生品的亏损(盈利)相抵,该组合就是无风险的。由此,布莱克和舒尔斯推出了他们的期权(不支付利息的股票欧式期权)定价公式。

38. 什么是风险?如何度量与估计风险?

参考答案:

风险是指未来状态或结果的不确定性,但不包括该不确定性(或风险)所造成的后果。在度量投资风险时,人们常常是依据投资收益率的最终可能实现值偏离期望值的程度来判断投资的风险大小,其中方差和标准差是最常见的度量风险的工具。方差和标准差有两种计算方法:一种是基于预期收益的计算方法;另一种是基于历史收益的计算方法。

如果方差等于零,则表示项目未来所实现的投资收益率与期望收益率始终一致,不存在任何的不确定性,因而可以认为该目标项目是无风险的。如果方差大于零,表明项目未来投资收益率的实际值与期望值之间存在差异,有一定的偏离度,存在不确定性。

对于不同的投资项目而言,在期望收益率相等的条件下,方差越大,表明投资收益率的实现值具有越大的不确定性,投资的风险也就越大。如果投资收益率不相同,则应该选取变化系数(标准差/期望收益率)来判别投资的风险,变化系数越大,投资风险越大。

39. 什么是期望收益率和要求收益率?它们在什么情况下是相同的?

参考答案:

期望收益率是指人们对未来投资所产生的投资收益率的预期。在未来的经营中,存在着诸多不确定性因素,目标项目投资收益率并不会是一个确定的值。要求收益率是指投资者在进行某一项投资时所要求的回报率。要求收益率是投资者在主观上提出并要求的,因而具有主观性。而期望收益率是由市场的客观交易条件决定的,具有客观性。投资者的要求收益率可能高于、低于或等于期望收益率。当资本市场是完善的,证券价格可以灵活变动时,无套利市场均衡价格才可以保证要求收益率和期望收益率在数值上是相等的。

40. 什么是投资组合?分散化局限性是指什么?

参考答案:

当投资者的投资目标是多个或一组金融资产时,表示投资者在进行组合投资,投资者所拥有的金融资产称为投资组合。投资组合的效应是降低投资风险,即降低整个投资组合的方差。投资组合中选取的资产数量越多,意味着分散化投资程度越大,投资组合风险降低的程度也就越大。但是,投资组合的风险分散化有其局限性,投资组合不能分散和化解所有的风险。

投资风险包括系统风险和非系统风险。非系统风险是指发生于个别公司的特有事件(如罢工、新产品开发失败、诉讼失败)等造成的风险,它是可以经过分散化投资消除的风险。这类风险与企业自身的经营特性紧密相关,取决于投资者对公司特定事项所做出的反应。分散化投资可以使这些风险相互抵消,直至消除。系统风险也称市场风险,是指影响所有公司的因素引起的风险,如通货膨胀、经济衰退、宏观经济政策等宏观经济因素的非预期变动。此类风险是由整个经济系统或市场的综合因素决定的,它们产生的风险会波及所有企业的经营,形成系统性风险。因此,系统风险是指分散化无法消除的风险,投资者无法通过分散投资来消除由这些综合因素带来的风险。

41. 简述分散原理。

参考答案：

分散原理旨在解释和说明为什么通过建立证券组合可以分散和降低风险。

(1)当组合中只有两种证券($N=2$)时：

$$\bar{r}_p=\sum_{i=1}^{N}x_i\bar{r}_i=x_1\bar{r}_1+x_2\bar{r}_2$$

证券组合的预期收益和风险为：

$$\sigma_p^2=\sum_{i=1}^{N}\sum_{i=1}^{N}x_ix_j\ \text{cov}_{ij}=x_1^2\sigma_1^2+x_2^2\sigma_2^2+2x_1x_2\sigma_1\sigma_2\rho_{12}$$

当相关系数从-1变化到1时，证券组合的风险逐渐增大。当$\rho=1$时，σ_p最大，证券组合的风险等于组合中两种证券风险的加权平均数；当$\rho=-1$时，σ_p最小，并且在满足一些特殊条件时，σ_p可以降为0。

由此可知，除非相关系数等于1，二元证券投资组合的风险始终小于单独投资这两种证券的风险的加权平均数，即通过证券组合，可以降低投资风险。

(2)组合中证券种类N大于2时：

$$\sigma_p^2=\sum_{i=1}^{N}\sum_{i=1}^{N}x_ix_j\ \text{cov}_{ij}=\sum_{i=1}^{N}\left(\frac{1}{N}\right)^2\sigma_i^2\leqslant\sum_{i=1}^{N}\left(\frac{1}{N}\right)^2\sigma_*^2$$

因为，$\sum_{i=1}^{N}\left(\frac{1}{N}\right)^2\sigma_*^2=\frac{1}{N^2}\times N\times\sigma_*^2=\frac{1}{N}\sigma_*^2$

对上式求极限，

$$\lim_{N\to\infty}\frac{1}{N}\sigma_*^2=0$$

即：$0\leqslant\sigma_p^2\leqslant\frac{1}{N}\sigma_*^2$

所以，N趋向无穷大，即随着证券组合中证券种类无限增加时，证券组合的风险趋向0。

扫码听课

第七章　加权平均资本成本

考点 1　资本成本

1. 下列各项在计算个别资本成本时不需要考虑筹资费用的是(　　)。

A. 普通股成本　　B. 留存收益成本　　C. 长期借款成本　　D. 债券成本

参考答案：B。在个别资本成本的计算中，由于留存收益是从企业税后净利润中形成的，所以不必考虑筹资费用的影响。

2. 下列关于资本成本的说法中，不正确的是(　　)。

A. 资本成本可以视为项目投资或使用资本的机会成本

B. 企业的资本成本受利率和税率的共同影响

C. 资本成本的计算主要以年度的相对比率为计量单位

D. 资本成本的本质是企业为筹集和使用资金而实际付出的代价

参考答案：D。资本成本是企业为筹集和使用资金而付出的代价，它是投资者对投入资本所要求的收益率，同时也就是企业的机会成本，但并不是企业实际付出的代价，所以选项 D 不正确。

3. 下列有关公司资本成本用途的表述，正确的是(　　)。

A. 投资决策的核心问题是决定资本结构

B. 加权平均资本成本可以指导资本结构决策

C. 评估项目价值时，会使用公司的资本成本作为项目现金流量的折现率

D. 资本成本是投资人要求的实际报酬率

参考答案：B。筹资决策的核心问题是决定资本结构，所以选项 A 错误；公司资本成本与项目资本成本是不同的，评估项目价值时，应选用项目资本成本折算，所以选项 C 错误；资本成本是投资人要求的期望报酬率，而不是已经获得或实际获得的报酬率，所以选项 D 错误。

4. 公司增发的普通股的市价为 15 元/股，筹资费用率为市价的 2%，本年发放股利每股 0.5 元，已知同类股票的预计收益率为 15%，则维持此股价需要的股利年增长率为(　　)。

A. 10%　　B. 12.36%　　C. 11.22%　　D. 10.26%

参考答案：C。本题的主要考核点是普通股资本成本的计算 $K_s = D_1/P_0(1-f)+g$，则：$g = K_s - D_1/P_0(1-f) = 15\% - 0.5(1+g)/[15\times(1-2\%)]$，求得 $g = 11.22\%$。

5. 甲企业希望在筹集计划确定期望的加权平均资本成本，为此需要计算个别资本成本占全部资本成本的比重。此时，最适宜采用的计算基础是(　　)。

A. 目前的账面价值加权　　B. 实际市场价值加权

C. 目标资本结构加权　　D. 预计的账面价值加权

参考答案：C。要计算加权平均资本成本，需要计算个别资本占全部资本的比重，有三种加权方案可供选择：账面价值加权、实际市场价值加权和目标资本结构加权。其中目标资本结构加权能体现期望的资本结构，所以，在筹资计划中确定期望的加权平均资本成本，最适宜采用的计算基础是目标资本结构加权。

6. 在利用资本资产定价模型求普通股成本时，下列选择正确的是(　　)。

A. 如果公司风险特征发生重大变化，应当使用变化后的年份作为预测期长度

B. 应当选择政府发行的国库券作为无风险利率的代表

C. 预测期长度越长越能反映公司未来的风险

D. 估计权益市场收益率时应选择较短的时间跨度

参考答案：A。如果公司风险特征无重大变化时，可以采用 5 年或更长的预测期长度；如果公司风险特征发生重大变化，应当使用变化后的年份作为预测期长度，所以选项 A 正确，选项 C 错误；应当选择上市交易的政府长期债券的到期收益率作为无风险利率的代表，所以选项 B 不正确；估计权益市场收益率应选择较长的时间跨度，既包括经济繁荣时期，也包括经济衰退时期，所以选项 D 不正确。

7. 风险调整法估计债务成本时，下列各项中正确的是(　　)。

A. 税前债务成本＝政府债券的市场回报率＋企业的信用风险补偿率

B. 税前债务成本＝可比公司的债务成本＋企业的信用风险补偿率

C. 税前债务成本＝股票资本成本＋企业的信用风险补偿率

D. 税前债务成本＝无风险利率＋证券市场的平均收益率

参考答案：A。用风险调整法估计债务成本时，税前债务成本通过同期限政府债券的市场回报率与企业的信用风险补偿率相加求得。

8. 假设一个公司的资本结构由 2 000 万元的股权资本和 3 000 万元的债权资本构成，该公司股权资本的融资成本是 15%，债权资本的融资成本是 5%，同时假设该公司税率是 40%，那么该公司的加权平均资本成本(WACC)是(　　)。

A. 7.8%　　B. 9%　　C. 10%　　D. 6%

参考答案：A。WACC＝2 000/(2 000＋3 000)×15%＋3 000/(2 000＋3 000)×5%×(1－40%)＝0.078

9. 某公司发行普通股总额 500 万元，筹资费用率 2%，上年股利率为 8%(股利占普通股总额的比例)，预计股利每年增长 2%，所得税税率 25%，该公司年末留存 100 万元未分配利润满足明年的投资需要，则该笔留存收益的资本成本为(　　)。

A. 11.06 %　　B. 12.53%　　C. 9.56%　　D. 10.16%

参考答案：D。留存收益资本成本＝(预计第一期股利/股票发行总额)＋股利逐年增长率＝8%×(1＋2%)＋2%＝10.16%。

10. 某公司总的市场价值为 34.79 亿元，债务的市场价值为 14.86 亿元，股权的资本成

本为 13.64%，债务的税前资本成本为 7.87%，公司所得税率为 35%，该公司的加权平均资本成本 WACC 是(　　)。

A. 9.71%　　B. 10.00%　　C. 10.68%　　D. 11.03%

参考答案：B。考查 WACC 的计算，$WACC=\frac{S}{S+B}\cdot R_S+\frac{B}{S+B}\cdot R_B\cdot(1-t_c)$，代入数据算得 10%。

11. 若目前 10 年期政府债券的市场回报率为 5%，甲公司为 A 级企业，拟发行 10 年期债券，目前市场上市交易的 A 级企业债券有一家 E 公司，其债券的利率为 8%，具有同样到期日的国债利率为 4.5%，所得税税率为 25%，则按照风险调整法甲公司债券的税后成本为(　　)。

A. 6.9%　　B. 8.5%　　C. 6.375%　　D. 5.6%

参考答案：C。税前债务成本＝政府债券的市场回报率＋企业的信用风险补偿率＝5%＋(8%－4.5%)＝8.5%，税后资本成本＝8.5%×(1－25%)＝6.375%。

考点 2　资本成本计算题

1. 假设甲公司的资本来源包括以下两种形式：

(1)100 万股面值 1 元的普通股。假设公司下一年的预期股利是每股 0.1 元，并且以后将以每年 10%的速度增长。该普通股目前的市场价格是每股 1.8 元。

(2)面值为 800 000 元的债券，该债券在 3 年后到期，每年末要按面值(每张 100 元)的 11%支付利息，3 年到期支付本金。该债券目前在市场上的交易价格是每张 95 元。

要求：

(1)计算甲公司普通股的资本成本；

(2)计算甲公司债券的资本成本；

(3)计算甲公司的加权平均资本成本(以市场价值为权数)。

参考答案：

(1)普通股的资本成本＝0.1/1.8＋10%＝15.56%

(2)假设债券的税前资本成本为 K_d，则有：

$NPV=100\times 11\%\times(P/A,K_d,3)+100\times(P/F,K_d,3)-95$

当 $K_d=12\%$，

$NPV=100\times 11\%\times(P/A,12\%,3)+100\times(P/F,12\%,3)-95$

$=100\times 11\%\times 2.4018+100\times 0.7118-95=26.42+71.18-95$

$=2.6$(元)

当 $K_d=14\%$，

$NPV=100\times 11\%\times(P/A,14\%,3)+100\times(P/F,14\%,3)-95$

$=100\times 11\%\times 2.3216+100\times 0.6750-95=25.54+67.5-95=-1.96$(元)

通过内插法得 $i=13.14\%$。

债券的税后资本成本＝13.14%×(1－25%)＝9.86%。

(3)该公司的加权平均资本成本(按市场价值权数)：

普通股的总市价＝100×1.8＝180(万元)

债券的总市价$=\frac{800\ 000}{100}\times 95=76$(万元)

公司的总市价＝180＋76＝256(万元)

该公司的加权平均资本成本$=15.56\%\times\frac{180}{256}+9.86\%\times\frac{76}{256}=13.87\%$。

2. 已知某公司没有优先股，20×5 年的有关数据如下：年末普通股每股账面价值为 10 元，每股收益为 1 元，每股股利为 0.4 元，该公司预计未来不增发股票，并且保持经营效率和财务政策不变，该公司现行股票市价为 15 元，目前国库券利率为 4%，证券市场平均收益率为 12%，股票与证券市场的相关系数为 0.4，该股票的标准差为 1.8，证券市场的标准差为 1。

要求：

(1)用资本资产定价模型确定该股票的资本成本；

(2)用股利增长模型确定该股票的资本成本。

参考答案：

(1)β＝0.4×(1.8/1)＝0.72

该股票的资本成本＝4%＋0.72×(12%－4%)＝9.76%

(2)权益净利率＝1/10＝10%

利润留存率＝1－0.4/1＝60%

可持续增长率＝10%×60%/(1－10%×60%)＝6.38%

该股票的资本成本＝0.4×(1＋6.38%)/15＋6.38%＝9.22%

3. 资料：

(1)A 公司的 20×5 年度财务报表主要数据如表 2－7－1 所示。

表 2－7－1　　**A 公司 20×5 年度财务报表主要数据**　　单位：万元

收入	4 000
税后利润	400
股利	240
利润留存	160
负债(年末)	4 000
股东权益	4 000
负债及所有者权益总计	8 000

(2)假设该公司未来保持经营效率和财务政策不变且不增发新股。

(3)假设公司目前的负债均为有息负债，负债预计的平均利息率为 10%，预计未来维持目前的资本结构不变，公司目前发行在外的普通股股数为 400 万股，公司目前的股价为 15 元/股。所得税税率为 25%。

请分别回答下列互不相关的问题，涉及资产负债表的数据采用期末数计算：

(1)计算该公司目前的可持续增长率；

(2)计算该公司股票的资本成本；

(3)计算该公司负债的税后资本成本；

(4)计算该公司的加权资本成本。

参考答案：

(1)销售净利率＝400/4 000＝10％

资产周转率＝4 000/8 000＝0.5(次)

权益乘数＝8 000/4 000＝2

利润留存率＝160/400＝40％

可持续增长率＝(销售净利率×总资产周转率×权益乘数×利润留存率)/(1－销售净利率×总资产周转率×权益乘数×利润留存率＝(10％×0.5×2×40％)/(1－10％×0.5×2×40％)＝4.17％

(2)目前的每股股利＝240/400＝0.6(元)

股票的资本成本＝0.6×(1＋4.17％)/15＋4.17％＝8.34％

(3)负债税后资本成本＝10％×(1－25％)＝7.5％

(4)公司的加权资本成本＝8.34％×50％＋7.5％×50％＝7.92％

扫码听课

第八章　有效市场假说

考点 1　有效市场

1. 下列关于有效市场的论述中，说法正确的是（　　）。

A. 在弱式有效市场中，证券价格充分反映了历史上一系列交易价格和交易量中所隐含的信息，投资者无法通过对历史信息的分析获得超额收益

B. 在半强式有效市场中，证券当前价格完全反映了所有公开的信息，因此内幕信息者无法获得超额回报

C. 20 世纪 60 年代，美国经济学家马科维茨提出了著名的有效市场假设理论

D. 在强式有效市场上，内幕信息的持有者可以获得超额收益

参考答案：A。在半强式有效市场中，证券当前价格完全反映所有公开信息，但不包括内幕信息，因此内幕信息者可获得超额回报。20 世纪 60 年代，美国经济学家马科维茨提出了投资组合管理理论。在强式有效市场中，证券当前价格完全反映了影响价格的全部信息，因此即便内幕信息者也无法获得超额回报。

2. 简述两种有关弱式有效市场假设的实证检验。

参考答案：

(1)序列相关检验(serial independence)

序列相关检验的方法之一，就是检验股票价格的自相关性，即检验股票在第 i 期和第 j 期价格变化的相关系数。如果自相关系数接近于 0，那么股票价格变化就是序列不相关的。

(2)对技术分析的交易规则的检验

所谓技术分析的交易规则，是指根据历史的价格信息总结出来的投资策略。例如，当短期移动平均线从下方向上突破长期移动平均线时，被称为黄金交叉，技术分析法把黄金交叉点视为买入信号。判断买入和卖出信号的投资策略有很多，其中过滤规则(filter rules)是比较典型的一种。法玛等人对过滤规则进行了实证分析。他把反弹和回落的幅度定在 1%和 50%之间，结果发现在扣除交易成本之后，根据过滤规则投资的收益率低于正常的收益率。

尽管对技术分析的交易规则的检验，不可能涵盖所有的投资策略。但是，对许多投资策略的实证分析显示，单纯依靠历史价格信息归纳出的技术分析法不可能为投资者带来超常的收益。所以，弱式有效市场假设是成立的。

3. 简述残差分析法的基本内容。

参考答案：

残差分析法的基本内容如下：

假定市场上出现了某股票利好的消息(例如，送配股和每股收益大幅度增长)，并且假定半强式有效市场假设成立。那么，市场上可能会出现以下两种情况：第一种，如果这一利好消息出乎投资者的预期，那么，该股票的价格在该消息公布之前不会发生大的波动，投资的收益率也只是正常的收益率；在消息公布的那一天，该股票的价格一次性上涨，带来了正的超常收益率；从公布的第二天起，股票价格重新恢复稳定，投资的收益率也回复到正常收益率水平。第二种，如果利好消息在投资者预料之中，并且投资者对这一利好消息的预期是逐渐形成的，那么，该股票的价格在消息公布之前就会逐渐走高，获得超常的收益率；由于消息已经被市场完全消化，所以，在消息正式公布那一天，股票价格不会由于消息的因素而发生波动(即使有，波动的幅度也非常小)；从公布的第二天起，股票的价格趋于稳定。

反之，如果半强式有效市场假设不成立，并且这一利好消息出乎投资者的预料，那么，股票的价格在消息公布之前不会出现大的波动，超常收益率也接近于零；在消息公布的这一天，部分精明的投资者迅速买入该股票并获得超常收益率；之后，其他投资者逐渐认识到这一利好消息并跟着买入，将该股票的价格进一步拉高，带动超常收益率逐步走高。

4. 试比较主动投资策略和被动投资策略，并简述支持和反对主动投资策略的实证检验。

参考答案：

根据投资者对有效市场假设的判断，可以把投资策略分成主动(active)和被动(passive)两种。如果投资者认为市场是有效的，那么意味着任何一种证券的价格都不可能持续地被低估或高估，从而都能带来正常的投资收益率。所以，他们倾向于中长线投资，即在买入证券之后，在相当长一段时间内持有该证券，以期降低交易成本并获取正常的投资收益率。这就是被动的投资策略，又称指数化投资策略(indexing)。反之，如果投资者认为市场是无效的，那么他们相信通过证券分析可以挖掘出价格被低估或高估的证券，从而获得超常的投资收益率。这就是主动的投资策略。与被动的投资策略相比，采取主动策略的投资者，大多倾向于短线投资。而短线投资者不仅需要支付较高的交易成本，而且还要承担为证券分析所支付的额外成本。

(1)支持主动投资策略的实证检验

S. D. Hodges 和 R. A. Brealey 在 1973 年运用模拟的方法，对主动投资策略进行了研究。他们选用了预期的超常收益率与实际的超常收益率之间的相关系数来反映投资者对未来大市走向的判断能力和发现价格被低估或高估证券的能力。S. D. Hodges 和 R. A. Brealey 认为，只要能够比较准确地预测和判断未来大市的走向和拥有发现价格被低估或高估的证券的能力，主动投资策略就可以为投资者带来可观的超常收益率。预测的准确率越高，超常收益率也就越高。所以，投资者应该选取主动的投资策略。

(2)否定主动投资策略的实证检验

夏普于 1975 年对主动投资策略所做的实证检验，却得到了相反的结论。假定采用主动投资策略的投资者面临着两种投资对象：标准普尔 500 指数和美国国债。如果投资者在年初准确预测标准普尔 500 指数的投资收益率高于国债的收益率，将买入标准普尔 500 指数；

否则，投资于国债。与此同时，另外两种投资策略（即被动的投资策略）分别是单纯投资国债，以及单纯投资标准普尔500指数。尽管在准确预测标准普尔指数和国债的投资收益率之后，主动投资策略的收益率（14.86%）高于单纯购买国债（2.38%）和单纯购买标准普尔500指数（10.64%）的收益率，但是实现14.86%的收益率的前提是主动投资者预测的准确率等于100%。要使主动投资策略的收益率等于单纯投资标准普尔500指数的收益率（10.64%），预测的准确率必须等于74%。而74%的准确率，对于投资者来说，是非常难以实现的。所以，夏普认为在不确定的情况下，与其选取主动投资的策略，还不如选择被动的投资策略。

5.简述有效市场假说的主要内容。

参考答案：

有效市场假说（Efficient Market Hypothesis，EMH）是由尤金·法玛提出的一个假说，有效的资本市场指的是一个股票价格能够充分反映可用信息的资本市场。

市场有效的三个假设：

（1）所有投资者都是理性的，当市场发布新信息时，所有投资者都会以理性的方式调整自己对股价的估计。此条件为最强假设条件。

（2）独立的理性偏差，即非理性乐观的人和非理性悲观的人在数量上大体相当。市场并不要求理性的个人，只要能相互抵消各种非理性。

（3）套利。如果专业投资者套利能控制业余投资者的投机，市场依然是有效的。

有效市场假说的三种形式：

（1）弱式有效市场（Weak-Form Market Efficiency）市场价格已充分反映出所有过去历史的证券价格信息。如果弱式有效市场假说成立，则股票价格的技术分析失去作用，基本分析还可能帮助投资者获得超额利润。

（2）半强式有效市场假说（Semi-Strong-Form Market Efficiency），价格已充分反映出所有已公开的有关公司营运前景的信息。如果半强式有效假说成立，则在市场中利用技术分析和基本分析都失去作用，内幕消息可能获得超额利润。

（3）强式有效市场假说（Strong-Form Market Efficiency），强式有效市场假说认为价格已充分地反映了所有关于公司营运的信息，这些信息包括已公开的或内部未公开的信息。在强式有效市场中，没有任何方法能帮助投资者获得超额利润。

扫码听课

第九章　资本结构与公司价值

考点1　债务融资和股权融资

1. 与长期借款相比，发行债券进行筹资的优点是（　　）。

A. 筹资速度较快　　B. 筹资规模较大

C. 筹资费用较小　　D. 筹资灵活性较好

参考答案：B。与其他长期负债筹资相比，长期债券的优点主要有：(1)筹资规模较大；(2)具有长期性和稳定性；(3)有利于资源优化配置。所以选项B正确。

2. 长期借款筹资与长期债券筹资相比，其特点是（　　）。

A. 利息能节税　　B. 筹资弹性大

C. 筹资费用大　　D. 债务利息高

参考答案：B。借款时企业与银行直接交涉，有关条件可谈判确定，用款期间发生变动，也可与银行再协商。而债券筹资面对的是社会广大投资者，协商改善筹资条件的可能性很小。

3. 从公司理财的角度看，与长期借款筹资相比较，普通股筹资的优点是（　　）。

A. 筹资速度快　　B. 筹资风险小

C. 筹资成本小　　D. 筹资弹性大

参考答案：B。普通股筹资没有固定到期还本付息的压力，所以筹资风险较小。

4. 股票的销售方式有自行销售和委托销售两种方式，下列关于自行销售方式的表述中，正确的是（　　）。

A. 可以节省发行费用　　B. 公司会损失部分溢价

C. 发行公司不必承担发行风险　　D. 不能直接控制发行过程

参考答案：A。自行销售方式指直接将股票销售给认购者。这种销售方式可由发行公司直接控制发行过程，实现发行意图，并可以节省发行费用，但往往筹资时间长，发行公司要承担全部发行风险。

5. 甲公司采用配股方式进行融资，拟每10股配1股，配股前价格每股9.1元，配股价格每股8元。假设所有股东均参与配股，则配股除权参考价是（　　）元。

A. 8　　B. 10.1　　C. 9　　D. 8.8

参考答案：C。配股除权参考价 $=(9.1+8\times10\%)/(1+10\%)=9$（元）。

考点2　资本结构

1. 经营杠杆系数为3,总杠杆系数为4.5,则财务杠杆系数等于(　　)。

A. 3　　B. 0.5　　C. 1.5　　D. 3.5

参考答案:C。总杠杆系数为经营杠杆系数与财务杠杆系数的乘积,所以答案为C。

2. 以下关于杠杆效应的表述不正确的是(　　)。

A. 财务杠杆表明息税前利润变动对每股收益的影响

B. 经营杠杆表明产销量变动对息税前利润变动的影响

C. 经营杠杆系数、财务杠杆系数以及总杠杆系数恒大于1

D. 总杠杆系数表明产销量变动对每股收益的影响

参考答案:C。当固定成本为零时,经营杠杆系数等于1;当利息为零时,财务杠杆系数等于1。

3. 某企业经营杠杆系数为3,每年的固定经营成本为6万元,利息费用为2万元,则下列表述不正确的是(　　)。

A. 利息保障倍数为1.5

B. 盈亏临界点的作业率为66.67%

C. 销量增长10%,每股收益增长90%

D. 销量降低15%,企业会由盈利转为亏损

参考答案:D。经营杠杆系数$=(EBIT+F)/EBIT=(EBIT+6)/EBIT=3$,解得,$EBIT=3$(万元),所以,利息保障倍数$=3/2=1.5$,选项A正确;经营杠杆系数=1/安全边际率,所以,安全边际率$=1/3=33.33\%$,因此,盈亏临界点作业率为66.67%,选项B正确;总杠杆系数$=(EBIT+F)/(EBIT-I)=(3+6)/(3-2)=9$,所以,选项C正确;销售量降低33.33%,企业由盈利转为亏损,选项D错误。

4. 某公司经营杠杆为2,财务杠杆为3,下列不正确的是(　　)。

A. 销售收入下降5%,*EBIT*下降10%

B. *EBIT*增加10%,*EPS*增加20%

C. 销售收入增加20%,*EPS*增加120%

D. *EPS*增加15%,*EBIT*增加5%

参考答案:B。由于财务杠杆为3,*EBIT*增加10%,*EPS*增加30%。

5. 某公司的总杠杆系数为3.6,经营杠杆系数为1.8,那么该公司息税前利润每增长一倍,会导致每股收益增加(　　)。

A. 3.6倍　　B. 1.8倍　　C. 2倍　　D. 3倍

参考答案:C。财务杠杆系数$=3.6/1.8=2$。财务杠杆系数反映了息税前利润的变动程度引起的每股收益的变动程度。

6. 甲企业如果在20×3年只有固定性的经营成本,未发生固定性的融资成本,据此可以判断甲企业存在的杠杆效应是(　　)。

A. 经营杠杆效应　　B. 财务杠杆效应

C. 总杠杆效应　　D. 风险杠杆效应

参考答案:A。企业经营存在固定性经营成本,就存在经营杠杆,未发生固定性的融资成本,说明企业不存在财务杠杆。

7. 乙公司只生产一种产品,当年的息税前利润为2 000万元,运用本量利关系对息税前利润的影响因素进行了敏感性分析后得出,销售量的敏感系数为4。则企业的安全边际率为(　　)。

A. 20%　　B. 25%　　C. 30%　　D. 45%

参考答案:B。经营杠杆系数=销售量的敏感系数=4

$$经营杠杆系数=\frac{(P-V)\times Q}{(P-V)\times Q-F}=\frac{Q}{Q-F/(P-V)}=\frac{Q}{Q-Q_0}=\frac{1}{1-Q_0/Q}=\frac{1}{安全边际}$$

所以安全边际率=1/4=25%。

8. 某企业固定成本为50万元,所有资金皆是自有资本,其中优先股占10%,则甲企业(　　)。

A. 只存在财务杠杆效应　　B. 存在经营杠杆效应和财务杠杆效应

C. 只存在经营杠杆效应　　D. 经营杠杆效应和财务杠杆效应抵消

参考答案:B。本题主要考核经营杠杆效应和财务杠杆效应作用的原理。有固定经营成本,说明存在经营杠杆效应,有优先股,说明存在财务杠杆效应,所以选项B正确。

9. 假设经营杠杆系数为2,在由盈利(息税前利润)转为亏损时,销售量下降的最小幅度为(　　)。

A. 5%　　B. 50%　　C. 30%　　D. 40%

参考答案:B。在由盈利转为亏损时,说明息税前利润的变动率为−100%。即$(0-EBIT)/EBIT=-100\%$,经营杠杆系数为2,即销售量对利润的敏感性系数为2,所以销售量的变动率=−100%/2=−50%,计算结果为负,说明为降低。

10. 考虑了企业债务的代理成本与代理收益后,资本结构的权衡理论模型可以扩展为(　　)。

A. $VL=VU+PV$(利息抵税)$-PV$(财务困境成本)$-PV$(债务的代理成本)$+PV$(债务的代理收益)

B. $VL=VU+PV$(利息抵税)$-PV$(财务困境成本)$-PV$(债务的代理成本)

C. $VL=VU+PV$(利息抵税)$-PV$(债务的代理成本)

D. $VL=VU+PV$(利息抵税)$-PV$(债务的代理成本)$+PV$(债务的代理收益)

参考答案:A。本题考核的是资本结构理论中的代理理论。

11. 某公司税后净利润是24万元,固定性营业成本是35万元,财务杠杆系数是2.5,所得税税率是25%,那么,该公司的总杠杆系数是(　　)。

A. 2.89　　B. 5.62　　C. 3.59　　D. 3.45

参考答案:C。税前利润=税后净利润/(1−所得税税率)=24/(1−25%)=32(万元),财务杠杆系数=息税前利润/(息税前利润−利息)=息税前利润/税前利润,所以,2.5=息税前利润/32,求得息税前利润=80(万元),总杠杆系数=(息税前利润+固定性经营成本)/税前利润=(80+35)/32=3.59。

12. 在企业经营的盈亏临界状态下，以下结论正确的是(　　)。

A. 此时销售收入大于变动成本和固定成本之和

B. 此时销售净利率大于零

C. 边际贡献减去固定成本小于零

D. 此时经营杠杆系数趋于无穷大

参考答案：D。企业处于盈亏临界状态，销售收入－变动成本－固定成本＝边际贡献－固定成本＝0，经营杠杆系数＝$\frac{\text{边际贡献}}{\text{边际贡献}-\text{固定成本}}$，由于分母为0，所以，经营杠杆系数趋于无穷大。

13. 下列有关资本结构理论的表述中，不正确的是(　　)。

A. 依据修正的MM理论，负债程度越高，加权平均资本成本越低，企业价值越大

B. 依据MM(无税)理论，资本结构与企业价值无关

C. 依据权衡理论，当债务抵税收益与财务困境成本相平衡时，企业价值最大

D. 根据代理理论，无论负债程度如何，加权平均资本成本不变，企业价值也不变

参考答案：D。代理理论认为企业价值要受债务利息抵税、财务困境成本、债务代理成本和代理收益的影响，可以理解为当债务抵税收益、代理收益与财务困境成本、代理成本相平衡时的结构下，企业价值最大。所以选项D表述不正确。

14. 下列关于利息抵税的表述中，不正确的是(　　)。

A. 企业采用不同的固定资产折旧会影响抵税的价值

B. 抵税来源于债务利息、资产折旧

C. 当企业的负债率低且其他条件不变的情况下，适当增加企业的负债额可以增加抵税的价值，从而提高企业价值

D. 当企业负债率较低且其他条件不变的情况下，提高公司的所得税税率可以增加抵税的价值，从而提高企业的价值

参考答案：D。利息抵税＝利息×所得税税率，如果单纯从这个公式来分析，提高所得税税率可以增加抵税的价值，从而提高企业的价值，但是要考虑到由于企业负债率较低，在利息不变的情况下，利息抵税受公司所得税税率提高而增加的影响较小，即对于增加抵税的价值，从而提高企业价值的效果不明显，同时其他条件不变的情况下，提高公司所得税税率会使得营业所得的现金流量[$EBIT$×(1－所得税税率)]减少，进而使得企业价值降低。提高公司所得税税率可以增加抵税的价值，但不一定提高企业价值，所以选项D是错误的。

15. 某企业的资本总额为150万元，权益资本占55%，负债利率为12%，当前销售额100万元，息税前收益为20万元，则财务杠杆系数为(　　)。

A. 2.5　　B. 1.68　　C. 1.15　　D. 2.0

参考答案：B。财务杠杆系数的计算公式为：$DFL=EBIT/(EBIT-I)$。代入数据得$DFL=1.68$。

16. 某股票收益率的标准差为28.36%，其与市场组合收益率的相关系数为0.89，市场组合收益率的标准差为21.39%，则该股票的β系数为(　　)。

A. 1.5　　B. 0.67　　C. 0.85　　D. 1.18

参考答案:D。β 系数＝相关系数×该股票收益率的标准差/市场组合收益率的标准差＝0.89×28.36%/21.39%＝1.18。

考点3 资本结构计算题

1. 某公司正在考虑收购另一家公司，此收购为横向并购(假定目标公司和收购公司具有相同风险水平)。目标公司的负债与权益市值比为1∶1，每年 *EBIT* 为500万元。收购公司的负债与权益市值比为3∶7。假定收购公司收购了目标公司后，资本结构保持不变。无风险利率为5%，市场风险溢酬为8%，收购公司的权益贝塔值为1.5，公司所得税税率为30%。假定所有债务都是无风险的，两个公司都是零增长型公司。请根据有税MM理论作下列计算：

(1)目标公司的债务与权益的资本成本为多少?

(2)目标公司的债务价值与权益价值为多少?

(3)收购公司所支付的最高价格不应高于多少?

参考答案:

(1)根据CAPM

收购公司：$r_s=5\%+1.5\times8\%=17\%$

根据有税MM命题II：$17\%=r_o+3/7\times(1-30\%)\times(r_o-5\%)$

可得 $r_o=14.23\%$

目标公司：$r_s=14.23\%+1\times(1-30\%)\times(14.23\%-5\%)=20.69\%$

可知 $r_b=5\%$

$WACC=[5\%\times(1-30\%)+20.69\%]/2=12.10\%$

(2)根据有税MM命题I

$5\ 000\ 000\times(1-30\%)/14.23\%+D\times30\%=2\times D$

$D=S=14\ 468\ 191$(元)

(3)若100%收购股权，则出价不超过14 468 191元。

2. 某公司永续 *EBIT* 为500万元，无杠杆情况下收益率为10%，又已知公司可以借入500万元债务以回购部分股票，改变公司的资本结构，公司所得税率为25%。求：

(1)无税MM理论下，所有者权益为多少?

(2)有税MM理论下，所有者权益为多少?税盾效应为多少?

参考答案:

(1)无税MM理论下，所有者权益 $E=\dfrac{EBIT}{r_0}=\dfrac{500}{10\%}=5\ 000$(万元)

无税条件下，$V_U=E=5\ 000$ 万元，那么，若借入500万元回购股票，那么，此时的所有者权益为5 000－500＝4 500(万元)。

(2)在有税条件下，杠杆公司的价值为

$$V_L=\frac{EBIT(1-T_C)}{r_0}+T_C\times D=\frac{500(1-25\%)}{r_0}+25\%\times500=3\ 875(\text{万元})$$

税盾效应 $=T_C\times D=25\%\times500=125$(万元)

3. 某公司债务为 5.3 万元,股票市值为 73.1 万元,公司为扩大生产将公司的资本结构调整后,负债权益比为 25%。调整前的权益成本为 12.6%,借款利率 8%,所得税税率 40%,求加权平均资本成本。

参考答案:

此题考察 MM 定理。

$$R_S=R_0+\frac{B}{S}(R_0-R_B)(1-T_C)=12.6\%$$

$$R_0=12.41\%$$

$$R'_S=R_0+\frac{B'}{S'}(R_0-R_B)(1-T_C)=13.07\%$$

$$R_{WACC}=\frac{B'}{B'+S'}R_B(1-T_C)+\frac{S'}{B'+S'}R'_S=11.42\%$$

4. 某公司预计来年产生的自有现金流量为 3 500 万元,此后自由现金流量每年按 5%的比率增长。公司的股权资本成本为 10%,债务税前资本成本为 6%,公司所得税税率为 25%。如果公司维持 0.6 的目标债务与股权的比率。

要求:

(1)确定无杠杆企业价值。

(2)计算有杠杆企业价值。

(3)计算利息税盾的价值。

参考答案:

(1)$R_s=R_0+\left(\frac{B}{S}\right)(R_0-R_B)(1-t_c)$

$$0.1=R_0+0.6(R_0-0.06)(1-25\%)$$

$$R_0=8.76\%$$

$$V_U=\frac{3\ 500}{8.76\%-5\%}=93\ 085\text{(万元)}$$

(2)税后 $WACC=\frac{1}{1+0.6}\times10\%+\frac{0.6}{1+0.6}\times6\%\times(1-25\%)=7.94\%$

有杠杆的企业:

$$V_L=\frac{3\ 500}{7.94\%-5\%}=119\ 047.6\text{(万元)}$$

(3)利息税盾的价值为:

PV(利息税盾)$=V_L-V_U=119\ 047.6-93\ 085=25\ 962.6$(万元)

5. 某公司有 1 000 万股流通股,当前交易价格为每股 40 元,公司估计股东的期望收益率约为 10%。公司还以 6%的利率发行有 3 亿元的长期债券,公司纳税的边际税率为 30%。

(1)该公司的税后 $WACC$ 为多少?(提示:用有税 MM 理论解答)

(2)如果该公司完全没有负债,其 $WACC$ 将会高出多少?(提示:假设公司整体的贝塔

值(β_A)不受资本结构及负债利息抵税所带来的避税的影响)

参考答案：

(1)根据有税 MM 理论，股票资本成本 $r_s=10\%$，债券资本成本 $r_D=6\%$，税率 $\tau_c=30\%$。

$$WACC=\frac{S}{S+D}\times r_s+\frac{D}{S+D}\times r_D\times(1-\tau_c)=\frac{4}{4+3}\times10\%+\frac{3}{4+3}\times6\%\times(1-30\%)=7.51\%$$

(2)由于公司整体的贝塔值(β_A)不受资本结构及负债利息抵税所带来的避税的影响，则股票资本成本仍为 $r_s=10\%$。

根据有税 MM 理论：

$$k_j=\rho^{\tau}+\frac{(\rho^{\tau}-r_D)(1-\tau_C)D}{S}=10\%$$

k_j 是无杠杆公司的权益成本，ρ^{τ} 是杠杆公司的权益成本。

代入数据可得 $\rho^{\tau}=8.62\%$，所以 $WACC$ 将会高出 1.11%。

6. Y 公司经营领域横跨三个行业，各部分市值和对应无杠杆权益贝塔如表 2—9—1 所示。

表 2—9—1　　Y 公司各部分市值和对应无杠杆权益贝塔

	市值	无杠杆权益贝塔
地产	20 亿元	1.00
软件	10 亿元	1.25
百货	10 亿元	0.6

已知 Y 有 1 亿股发行在外的股票，当前股价 20 元，公司其余资本均为公司债券，债券评级为 A，相对于国债收益率的信用利差为 4%，Y 公司适用公司所得税率 25%，市场风险溢价 8%，国债收益率 4%。

(1)计算 Y 的无杠杆权益。

(2)求 Y 的加权资本成本。

(3)假设 Y 公司按市价出售其百货业务，并用出售所得偿还债务，此举使公司债券评级上升为 AA，信用利差减为 2%，计算新的加权资本成本。

参考答案：

(1)Y 的无杠杆权益贝塔：$\beta=1.00\times\frac{20亿}{40亿}+1.25\times\frac{10亿}{40亿}+0.6\times\frac{10亿}{40亿}=0.9625$，公司权益价值 $S=20\times1$ 亿股$=20$(亿元)，公司总市值$=20+10+10=40$(亿元)，则公司的债务价值$=40-20=20$(亿元)。

$R_s=4\%+0.9625\times8\%=11.7\%$

(2)公司债券相当于对应国债收益率的信用利率为 4%，国债收益率 4%，则可得：

$R_B=4\%+4\%=8\%$

$R_{WACC}=11.7\%\times0.5+8\%\times0.5\times(1-0.25)=8.85\%$

(3)公司用出售百货业务所得还债，即削减了 10 亿元的债务，负债减少，公司价值降低，变为 30 亿元，其中权益 20 亿元，债务 10 亿元。

公司债券信用利差减为 2%，则 $R_B=2\%+4\%=6\%$。

Y 的无杠杆收益贝塔 $\beta=1.00\times\frac{20亿}{30亿}+1.25\times\frac{10亿}{30亿}=1.0833$

Y 的无杠杆权益 $R_s=4\%+1.0833\times8\%=12.67\%$

$R_{WACC}=12.67\%\times\frac{2}{3}+6\%\times\frac{1}{3}\times(1-0.25)=9.95\%$

7. IDG 公司是一家未上市软件开发公司，作为商业发展计划的一部分，你与 IDG 创始人讨论 2018 年末收购 IDG 的计划，请你根据以下信息计算 IDG 每股价值。2018 年你要收购 IDG 公司，债务 3 000 万元，现金 1.1 亿，普通股 5 000 万股，2019 年预计自由现金流 4 500 万元，2020 年预计自由现金流 5 000 万元，2020 年后自由现金流每年增速 5%，平均资本成本 10%。

参考答案：

先计算 IDG 公司股票的公允价值：

$$V_{2018}=\frac{4\,500}{1+10\%}+\frac{\frac{5\,000}{10\%-5\%}}{1+10\%}=95\,000(万元)$$

$$S_{2018}=V_{2018}-B_{2018}=95\,000-3\,000=92\,000(万元)$$

$$EV_{2018}=S_{2018}+B_{2018}-cash_{2018}=84\,000(万元)$$

$$P'=\frac{EV-B}{V_{2020}}=\frac{84\,000-3\,000}{5\,000}=16.2(元)$$

2018 年末，站在完全收购的角度，IDG 每股价值为 16.2 元。

8. 假设你作为一个初创公司的创始人拥有公司全部股权，而且公司没有负债，为了发展公司业务，你想募集 3 000 万元资金。假设通过股权方式募集 3 000 万元资金，需要卖出公司 2/3 的股权，但你想保持对公司的控制权，所以卖出的股权比例不想高于 50%。

(1)假设你通过债权融资 2 000 万元，那么你需要卖出多少比例的股权去募集剩余的 1 000 万元？

(2)假设完美资本市场(perfect capital market)，如果你想保持公司控制权，通过债券融资的最低额度是多少？

参考答案：

(1)已知筹集 3 000 万元资金需要卖出公司 2/3 的股权，因此可知目前公司的市场价值为 4 500 万元。

由于已通过债券融资 2 000 万元，剩余 1 000 万元则需要出售 22.22%(=1 000/4 500)的公司股权。

(2)假设债务融资的最低额度为 X，则有：

$(3\,000-X)/4\,500<50\%$

由此可知 $X>750$(万元)

因此债务融资的最低额度应为 750 万元才能保持公司控制权。

9. 永新光电一周年后的公司总价值有 70%的概率为 5 000 万元，有 30%的概率为 2 000 万元。无风险利率为 5%，永新光电公司的资本成本为 10%。

(1)假如公司资本结构中没有债务，那么现在公司股权的总价值为多少？

(2)假如公司有一笔一年期债务，到期前不支付利息，一年到期后的本金利息总价值为 1 000 万元，根据 MM 理论，现在公司股权的总价值是多少？

(3)一年后公司可能实现的最低股权回报率在情况(1)和情况(2)分别是多少？

参考答案：

(1)用无杠杆企业模型：

(0.7×5 000+0.3×2 000)/1.1=3 727.27(万元)

(2)用有杠杆企业模型：

1 000/1.05=952.38(万元)

股权价值+债权价值$=V_L=V_U=$3 727.27(万元)

由此可知股权价值=3 727.27−952.38=2 774.89(万元)

(3)最低的回报率为 30%概率的 2 000 万元：

情况(1)股权回报率=2 000/3 727.27−1=−46.34%

情况(2)股权回报率=(2 000−1 000)/2 774.89−1=−63.96%

10. 某房地产公司的普通股总市值为 600 万元，其负债总价值为 100 万元，年利率 6%。公司股票的当前贝塔值为 1.5，市场组合的期望收益率为 9%，国库券利率为 4%。

(1)该公司股票要求的收益率为多少？

(2)估计公司的资本成本。

(3)该公司拓展现有业务时的贴现率是多少？

(4)假设公司想分散经营，涉足玫瑰色眼镜的制造，无负债时眼镜制品的贝塔值为 1.2。估计新投资所要求的收益率。

参考答案：

(1)根据 CAPM 模型，该公司股票要求的收益率为：

4%+1.5×(9%−4%)=11.5%

(2)根据加权平均资本成本的计算公式，公司的资本成本为：

$$r_{wacc}=\frac{100}{100+600}\times 6\%+\frac{600}{100+600}\times 11.5\%=10.71\%$$

(3)该公司拓展现有业务与公司现有资产整体风险一致，所以贴现率为 10.71%。

(4)无负债时，新投资所要求的收益率即为根据 CAPM 模型计算出来的股票的收益率：

4%+1.2×(9%−4%)=10%

11. 表 2−9−2 为某公司的账面资产负债表。公司既有以公司不动产担保的长期债券，也有银行短期借款。已知公司担保债券的利率为 9%，银行短期贷款的利率为 8%。此外，公司还有 1000 万股票发行在外，每股市价 90 元，股票的期望收益率为 18%。假设该公司债券的市场价值与其账面价值相等，公司的边际所得税税率为 35%，试计算该公司的 WACC。

表 2—9—2　　某公司的账面资产负债表　　单位:100 万元

现金及有价证券	100	应付账款	280
应收账款	200	短期借款	120
存货	50		
不动产	2 100	公司债券	1 800
其他资产	150	权益	400
合计	2 600	合计	2 600

参考答案:

股票的市值为:1 000×90=90 000(万元)=900(百万元)

公司长期负债的总市值为:1 800 百万元

公司总资本的市场价值为:900+1 800=2 700(百万元)

所有,公司的 WACC 为:

$$r_{wacc}=\frac{900}{2\ 700}\times 18\%+\frac{1\ 800}{2\ 700}\times 9\%\times(1-35\%)=9.9\%$$

12. A 公司 20×4 年的相关资料如下:

(1)公司净资产为 10 元/股(公司仅发行普通股,没有发行优先股)。

(2)每股净利润(EPS)为 1 元/股。

(3)每股股利为 0.3 元/股。

(4)目前每股市价为 12 元/股。

(5)预计未来不增发新股,并保持经营效率和财务政策不变。

(6)国债年利率为 5%,股票市场的平均收益率为 8%,A 公司股票与股票市场的相关系数为 0.5,A 公司股票的标准差为 1.5。证券市场的标准差为 1。

要求:

(1)运用 CAPM 模型计算该股票的资本成本(期望收益率)。

(2)运用股利增长模型计算该公司股票的资本成本。

参考答案:

(1)首先计算 A 公司股票的 β 值。

已知 $\rho_{AM}=0.5, \sigma_A=1.5, \sigma_M=1$

进而可以求得 A 与 M(股票市场)的协方差:

$$\sigma_{AM}=\rho_{AM}\times\sigma_A\times\sigma_M=0.5\times 1.5\times 1=0.75$$

A 的 β 值为:$\beta_A=\frac{\sigma_{AM}}{\sigma_M^2}=0.75$

根据 CAPM 模型,A 公司股票的期望收益率为:

$$r_A=r_f+\beta_A\times(r_M-r_f)=5\%+0.75\times(8\%-5\%)=7.25\%$$

(2)首先计算公司增长率,$g=b\times ROE=(1-\frac{0.3}{1})\times\frac{1}{10}=7\%$

$r_s=\frac{D_1}{P}+g=9.68\%$

13. 甲公司的相关财务信息如下:

(1)公司当下银行借款利率为8%,预计明年上升为9%。

(2)公司债券目前价格为970元/张,面值1 000元/张,票面利率为5%,尚有4年存续期。该债券每年付息一次。

(3)公司的普通股面值为1元/股,当下股票价格为9元/股。过去4年现金股利依次为:0.1元/股、0.12元/股、0.14元/股和0.16元/股。

(4)公司的资本结构为:银行借款占25%,债券占25%,股权资本占50%。

(5)公司的所得税税率为30%。

(6)公司普通股预期收益的标准差为4.1,股票市场组合收益的标准差为2.1,公司普通股与整个股票市场的相关系数为0.5。

(7)国债利率为3%,整个股票市场的普通股平均收益率为10%。

要求:

(1)计算银行借款、债券的税后资本成本。

(2)利用股利增长模型计算股票资本成本(建议用几何平均法确定股息历史年平均增长率)。

(3)利用CAPM模型计算公司股票的资本成本。

(4)计算该公司的WACC。

参考答案:

(1)银行借款的税后债务成本为:8%×(1−30%)=5.6%。在无套利均衡的条件下,设债券的价格与价值相等,债券的税前债务成本为y,即有:

$$\frac{1\,000\times5\%}{1+y}+\frac{1\,000\times5\%}{(1+y)^2}+\frac{1\,000\times5\%}{(1+y)^3}+\frac{1\,000\times5\%+1\,000}{(1+y)^4}=970$$

用年金现值系数和复利现值系数可以表示为:

$1\,000\times5\%\times(P/A,y,4)+1\,000\times(P/F,y,4)=970$

当$y=5\%$时:

$1\,000\times5\%\times(P/A,5\%,4)+1\,000\times(P/F,5\%,4)$

$=50\times3.546\,0+1\,000\times0.822\,7$

$=1\,000$

当$y=6\%$时:

$1\,000\times5\%\times(P/A,6\%,4)+1\,000\times(P/F,6\%,4)$

$=50\times3.465\,1+1\,000\times0.792\,1$

$=965.355$

采用插值法有:$\frac{6\%-y}{965.355-970}=\frac{y-5\%}{970-1\,000}$,可求得$y=5.866\%$,进而可求得:债券的税后资本成本$=5.866\%\times(1-30\%)=4.106\%$

(2)甲公司的股利几何增长率为:$g=\sqrt[3]{0.16/0.1}-1=16.96\%$

该公司股票的资本成本为：

$$r=\frac{DIV_0}{P}\times(1+g)+g=\frac{0.16}{9}\times(1+16.96\%)+16.96\%=19.04\%$$

(3)首先计算甲公司股票的 β 值

已知 $\rho_{甲M}=0.5,\sigma_{甲}=4.1,\sigma_M=2.1$。进而可以求得甲与M(股票市场)的协方差：

$\sigma_{甲M}=\rho_{甲M}\times\sigma_{甲}\times\sigma_M=0.5\times4.1\times2.1=4.305$

甲的 β 值为：$\beta_{甲}=\frac{\sigma_{甲M}}{\sigma^2{}_M}=\frac{4.305}{2.1^2}=0.976$

根据 CAPM 模型，甲公司股票的期望收益率为：

$r_{甲}=r_f+\beta_{甲}\times(r_M-r_f)=3\%+0.976\times(10\%-3\%)=9.832\%$

(4)根据加权平均资本成本计算公式，可求得甲公司的 WACC 为：

取(2)(3)两问平均值作为权益资本成本

$6.3\%\times25\%+4.106\%\times25\%+14.436\%\times50\%=9.82\%$

14. 某公司的普通股总市值为 3 000 万元，其负债总价值为 2 000 万元。公司估计其股票的当前贝塔值为 0.8，市场预期风险溢酬为 6%，国库券年利率为 3.5%。

(1)该公司股票要求的收益率为多少？

(2)估计公司的资本成本。

(3)该公司拓展现有业务时的贴现率是多少？

(4)假设公司想分散经营，涉足其他行业，该行业的贝塔值为 1.2。请估计新投资的贴现率。

参考答案：

(1)根据 CAPM 模型，公司股票要求的收益率为：

$3.5\%+0.8\times6\%=8.3\%$。

(2)假定公司的负债为无风险负债，根据加权资本成本计算公式，该公司的资本成本为：

$$r_{WACC}=8.3\%\times\frac{3\ 000}{3\ 000+2\ 000}+3.5\%\times\frac{2\ 000}{3\ 000+2\ 000}=6.38\%。$$

(3)根据计算出来的公司的资本成本，该公司拓展现有业务，面临的风险相同，要求的贴现率至少为 6.38%。

(4)由于公司涉足其他行业，因此应当按照比照公司法，选择一股票贝塔为 1.2 的公司(两家公司资本结构一致)：

其公司股票要求收益率为：

$r_s=r_f+(r_m-r_f)\times\beta=3.5\%+6\%\times1.2=10.7\%$

该公司的资本成本为：

$$r_{WACC}=\frac{S}{S+B}\times r_s^*+\frac{B}{S+B}\times r_b=\frac{3\ 000}{3\ 000+2\ 000}\times10.7\%+\frac{2\ 000}{3\ 000+2\ 000}\times3.5\%=7.82\%$$

因此，新投资的贴现率为 7.82%。

15. 设 A 公司的债务/总资本比率为 30%。债务资本成本为 7%，所得税税率为 30%。

A 公司拟投资一个项目，但是，该项目属不同于公司目前业务的新领域。因此，需寻找比照公司。设有一个比照公司 B，公开上市，其债务/总资本比率为 40%，贝塔系数为 1.2，所得税税率为 30%。

(1)如果 A 公司想投资这一项目，又假定该项目使用的杠杆与 B 公司一致，那么，该公司的贝塔系数为多少？

(2)如果目前的无风险利率为 5%，证券市场组合的期望收益率为 13%，那么，该项目的期望收益率为多少？

参考答案：

(1)根据无杠杆作用时的贝塔系数调整公式，有：

$$\beta_u=\frac{1.2}{1+(1-0.3)\times\frac{0.4}{0.6}}=0.818,$$

进而求得该项目的贝塔系数为：

$$0.818\times\left[1+(1-0.3)\times\frac{0.3}{0.7}\right]=1.063\ 4。$$

(2)根据 CAPM 模型，该项目的权益资本期望收益率为：

$$5\%+1.063\ 4\times(13\%-5\%)=13.507\ 2\%$$

$$\begin{aligned}r&=\frac{B}{S+B}\times r_B\times(1-t_c)+\frac{S}{S+B}\times r_S\\&=30\%\times7\%\times0.7+70\%\times13.5\%\\&=10.92\%\end{aligned}$$

16. 某公司是一家无杠杆公司，共有 3 000 万股普通股发行在外，每股市价 9 元。现在公司宣称将发行 1.5 亿元的债券，并用所获得的现金回购部分股票，问：

(1)这一消息的发布对股票的市场价格有何影响？

(2)新发的这些债券能够回购多少股普通股？

(3)资本结构变化后公司(包括权益和负债)的市场价值为多少？

(4)如果有人获利或受损失，这将是谁？

(提示：根据无税 MM 理论作答)

参考答案：

(1)公司通过发行债券，提高公司的财务杠杆，可以向市场传递公司未来经营良好预期的信号，因此股票的市场价格将会上涨。

(2)新发的债券可以回购公司的股票：150 000 000/9=1 666.67(万股)。

(3)资本结构变化以后，公司的市场价值为：0.3×9=2.7(亿元)。

(4)股票回购可以作为现金股利发放的有效替代方式。当资本利得税税率低于个人所得税税率时，股票回购比直接发放现金股利更能够最大化股东财富。因为，股东从股票回购交易中获得的收益为资本利得，直接获得的现金股利则为个人所得，股票回购降低了股东的税负。

17. 某公司为杠杆公司，发行在外的普通股为 1 000 万股，当前的市场价格为每股 30 元，以 5%的利率发行 2 亿元的长期债券。设公司估计股东的期望收益率约为 10%，公司所得税税率为30%。

(1)该公司的税后WACC为多少?

(2)如果公司无杠杆,其WACC将会高出多少?

参考答案:

(1)根据有税MM理论,股票资本成本 $r_s=10\%$,债券资本成本 $r_D=5\%$,税率 $\tau_c=30\%$

$$WACC=\frac{S}{S+D}\times r_s+\frac{D}{S+D}\times r_D\times(1-\tau_c)$$
$$=\frac{3}{3+2}\times 10\%+\frac{2}{3+2}\times 5\%\times(1-30\%)$$
$$=7.4\%$$

(2)由于公司整体的贝塔值不受资本结构及负债利息抵税带来的避税的影响,则股票资本成本仍为 $r_s=10\%$。设 r_0 为无杠杆公司的股东权益资本,则根据有税MM理论:

$$r_s=r_0+\frac{D}{S}(r_0-r_D)(1-\tau_c)$$

根据题意,有 $0.1=r_0+\frac{2}{3}(r_0-0.05)(1-0.3)$,进而解得 $r_0=8.41\%$。

由于公司无杠杆,r_0 即为公司的WACC,与公司有杠杆时税后的WACC(7.4%)相比,高出1.01%。

18. A公司拟投资一项目,相关资料如下:

(1)设A公司的债务/总资本比率为30%,债务资本成本为7%,所得税税率为30%。

(2)设该项目的风险与A公司的风险相同。

(3)目前无风险利率为5%,证券市场组合的期望收益率为13%,A公司 β 值(权益)为1.2。

(1)若该目标项目的杠杆水平与A公司一致,该项目的贴现率为多少?

(2)若该目标项目的债务/总资本比率为40%,该项目的贴现率为多少?

参考答案:

(1)首先,根据CAPM模型,可以计算出A公司权益资本成本为:

$5\%+1.2\times(13\%-5\%)=14.6\%$

进而可以求得A公司的加权平均资本成本:

$WACC_A=30\%\times 7\%\times(1-30\%)+70\%\times 14.6\%=11.69\%$

由于该项目的风险与A公司的风险相同,且杠杆水平与A公司一致,所以该项目的贴现率和A公司的加权平均资本成本相同,即11.69%。

(2)根据无杠杆作用时的贝塔系数调整公式,有:

$$\beta_u=\frac{1.2}{1+(1-0.3)\times\frac{0.3}{0.7}}=0.923$$

进而求得该项目的贝塔系数为:

$$0.923\times\left[1+(1-0.3)\times\frac{0.4}{0.6}\right]=1.354$$

从而根据 CAPM 模型,求得该项目的权益资本成本为:

$5\%+1.354\times(13\%-5\%)=15.832\%$

进而求得该项目的加权平均资本成本:

$WACC_A=40\%\times7\%\times(1-30\%)+60\%\times15.832\%=11.46\%$

19. B公司目前全部用权益资本来满足其资金需求,权益资本成本为12%。现公司打算以8%的利率发行债券,在新的资本结构下,债券市场价值为公司价值的45%,若公司所得税率为25%,计算该公司新的权益资本成本和加权平均资本成本。

参考答案:

根据有税的 MM 理论命题 II,得

$$R_s=R_0+\frac{D}{E}\times(R_0-R_B)\times(1-t_c)=12\%+\frac{0.45}{0.55}\times(12\%-8\%)\times0.75=14.45\%$$

新资本结构下的权益资本成本

$$R_{WACC}=\frac{E}{E+D}\times R_S+\frac{D}{E+D}\times R_D\times(1-t_c)=0.55\times14.45\%+0.45\times8\%\times0.75$$
$$=10.6475\%$$

20. W电力公司正在考虑一个2 000万元的投资项目,其资金来源于权益融资和10年期的银行借款,公司的目标负债权益比为1。预计该项目每年将产生息税前收益800万元,且为永续性的。假设银行借款利率为10%,权益资本成本为20%,公司所得税率为25%。试用 WACC 法评估该项目的价值。

参考答案:

根据题意可知,

$$R_{WACC}=\frac{E}{E+D}R_S+\frac{D}{E+D}R_D(1-t_c)=\frac{1}{2}\times20\%+\frac{1}{2}\times10\%\times(1-25\%)=13.75\%$$

$$项目的价值=\frac{800\times(1-25\%)}{13.75\%}-2\ 000=2\ 363.64(万元)$$

21. G公司计划更新设备,旧设备账面价值为20万元,剩余使用期限为5年,且可以按10万元出售。新设备的购置成本为30万元,使用新设备后每年营业费用将降低3万元,假设两个设备均采用直线法计提折旧,5年后均无残值。公司所得税率为25%,折现率为10%,试判断是否应更新设备。

参考答案:

根据折旧的税盾性质,每年可以获得的抵税额为 $D\times t$,旧设备的年折旧额为:20/5=4(万元),新设备的年折旧额为30/5=6(万元)。

那么旧设备的折旧抵税现值为:

$P_{旧}=4\times25\%\times(P/A,10\%,5)=1\times3.7908=3.7908$(万元)

新设备的折旧抵税及营业费用节省现值为:

$P_{新}=(6\times25\%+3\times75\%)\times(P/A,10\%,5)=3.75\times3.7908-30+10=-5.7845$(万元)

可知不更换新设备会给企业带来更多的收益,因此,不应该更换新设备。

扫码听课

第十章　公司价值评估

考点 1　公司价值评估的方法

1. 某公司本年的每股收益为 2 元，将净利润的 30%作为股利支付，预计净利润和股利长期保持 6%的增长率，该公司的 β 值为 0.8。若同期无风险报酬率为 5%，市场平均收益率为 10%，采用市盈率模型计算的公司每股股票价值为（　　）元。

A. 20.0　　B. 20.7　　C. 21.2　　D. 22.7

参考答案：C。股权资本成本＝5%＋0.8×（10%－5%）＝9%，本期市盈率＝股利支付率×（1＋增长率）/（股权资本成本－增长率）＝30%×（1＋6%）/（9%－6%）＝10.6，公司股票价值＝本期市盈率×本期每股收益＝10.6×2＝21.2（元）。或：预期市盈率＝股利支付率/（股权资本成本－增长率）＝30%/（9%－6%）＝10，下期每股收益＝2×（1＋6%）＝2.12（元），公司股票价值＝预期市盈率×下期每股收益＝10×2.12＝21.2（元）。

2. 公司本年股东权益 1 000 万元，净利润 300 万元，股利支付率 40%。预计明年权益净利率和股利支付率不变，股利增长率为 5%，股权资本成本 15%。则该公司内在市净率是（　　）。

A. 1.14　　B. 1.2　　C. 0.8　　D. 2.4

参考答案：B。权益净利率＝300/1 000＝30%，内在市净率＝（30%×40%）/（15%－5%）＝1.2。

3. 甲公司 20×6 年初流通在外普通股 8 000 万股，优先股 500 万股；20×6 年 6 月 30 日增发普通股 4 000 万股。20×6 年末股东权益合计 35 000 万元，优先股每股清算价值 10 元，无拖欠的累积优先股股息。20×6 年末甲公司普通股每股市价 12 元，市净率是（　　）。

A. 2.8　　B. 4.8　　C. 4　　D. 5

参考答案：B。普通股股东权益＝35 000－500×10＝30 000（万元），每股净资产＝30 000/（8 000＋4 000）＝2.5（元/股），市净率＝12/2.5＝4.8。

4. 甲公司采用固定股利支付率政策，股利支付率 50%，20×4 年甲公司每股收益 2 元。预期可持续增长率 4%，股权资本成本 12%，期末每股净资产 10 元，没有优先股。20×4 年末甲公司的本期市净率为（　　）。

A. 1.25　　B. 1.20　　C. 1.35　　D. 1.30

参考答案：D。权益净利率＝2/10×100%＝20%，本期市净率＝50%×20%×（1＋

4%)/(12%−4%)=1.30。

5. 下列关于相对价值估价模型适用性的说法中，错误的是(　　)。

A. 市盈率估价模型不适用于亏损的企业

B. 市净率估价模型不适用于资不抵债的企业

C. 市净率估价模型不适用于固定资产较少的企业

D. 市销率估价模型不适用于销售成本率较低的企业

参考答案：D。市销率估价模型主要适用于销售成本率较低的服务类企业，或者销售成本率趋同的传统行业的企业。

6. 下列关于企业价值评估的相对价值法的说法中，正确的是(　　)。

A. 净利为负值的企业不能用市净率模型进行估值

B. 连续亏损的企业适用市盈率模型估值

C. 对于销售成本率较低的服务类企业适用市销率估值模型

D. 对于销售成本率趋同的传统行业的企业不能使用市销率估值模型

参考答案：C。净利为负值的企业不能用市盈率模型进行估值，市净率极少为负值，所以选项A的说法错误；连续盈利的企业适用市盈率模型，选项B的说法错误；市销率估值模型主要适用于销售成本率较低的服务类企业，或者销售成本率趋同的传统行业的企业，因此选项C的说法正确，选项D的说法错误。

考点2　公司价值评估计算题

1. B公司是一个规模较大的跨国公司，目前处于稳定增长状态。20×1年每股股权现金流量为2.5元。假设长期增长率为6%，预计该公司的长期增长率与宏观经济相同。据估计，该企业的股权资本成本为10%。请计算该企业20×1年每股股权现金流量和每股股权价值。

参考答案：

每股股权现金流量为2.5元。

每股股权价值=[2.5×(1+6%)]/(10%−6%)=66.25(元/股)

2. 20×7年初，甲投资基金对乙上市公司普通股股权进行估值。乙公司20×6年销售收入6 000万元，销售成本(含销货成本、销售费用、管理费用等)占销售收入的60%，净经营资产4 000万元。该公司自20×7年开始进入稳定增长期。可持续增长率为5%，目标资本结构(净负债∶股东权益)为1∶1，20×7年初流通在外普通股1 000万股，每股市价22元。该公司债务税前利率8%，股权相对债权风险溢价5%，企业所得税税率25%。为简化计算，假设现金流量均在年末发生，利息费用按净负债期初余额计算。

要求：

(1)预计20×7年乙公司税后经营净利润、实体现金流量、股权现金流量。

(2)计算乙公司股权资本成本，使用股权现金流量法估计乙公司20×7年初每股价值，并判断每股市价是否高估。

参考答案：

(1)20×7 年乙公司税后经营净利润＝6 000×(1＋5%)×(1－60%)×(1－25%)＝1 890(万元)

税后利率＝8%×(1－25%)＝6%

税后利息＝4 000×1/2×6%＝120(万元)

净利润＝1 890－120＝1 770(万元)

实体现金流量＝1 890－4 000×5%＝1 690(万元)

股权现金流量＝1 770－4 000×5%×1/2＝1 670(万元)

(2)股权资本成本＝6%＋5%＝11%

股权价值＝1 670/(11%－5%)＝27 833.33(万元)

每股价值＝27 833.33/1 000＝27.83(元)

每股价值高于每股市价 22 元，股价被低估。

3. 甲公司是一个大型连锁超市，具有行业代表性。该公司目前每股营业收入为 83.06 元，每股收益为 3.82 元。公司采用固定股利支付率政策，股利支付率为 74%。假设预期净利润和股利的长期增长率为 6%。该公司的 β 值为 0.75，假设无风险利率为 7%，平均风险股票报酬率为 12.5%。乙公司也是一个连锁超市企业，与甲公司具有可比性，目前每股销售收入为 50 元，请估计乙公司的股票价值。

参考答案：

营业净利率＝3.82÷83.06＝4.6%

股权资本成本＝7%＋0.75×(12.5%－7%)＝11.125%

市销率＝[4.6%×74%×(1＋6%)]/(11.125%－6%)＝0.704

乙公司股票价值＝50×0.704＝35.20(元)

扫码听课

补充章节一　股利政策

考点1　股利政策

1. 一般而言，适合采用固定或持续增长股利政策的公司是(　　)。

A. 财务杠杆较高的公司　　B. 盈利比较稳定的公司

C. 盈利波动较大的公司　　D. 盈利较高但投资机会较多的公司

参考答案：B。在固定或持续增长的股利政策下，不论企业经营状况如何，企业将支付固定的或持续增长的股利，只有盈利比较稳定的公司才能做到；同时，财务杠杆较高的公司，说明每股收益的波动幅度大，即盈利波动的幅度大，因此不适宜采用固定或持续增长的股利政策。

2. 某公司20×3年的税后利润是1 500万元，20×4年年初讨论分配股利的数额。预计20×4年公司需要增加投资200万元，公司目前的资本结构是权益资本占70%，债务资本占30%，未来计划继续保持该资本结构。按法律规定，至少提取10%的公积金，假如公司采用剩余股利政策，公司应分配(　　)万元股利。

A. 1 350　　B. 1 250　　C. 1 160　　D. 1 300

参考答案：A。按照剩余股利政策，利润留存＝200×70%＝140(万元)，但是至少提取法定公积金＝1 500×10%＝150(万元)，所以利润留存应该是150万元，分配股利＝1 500－150＝1 350(万元)。

3. 下列股票回购方式中在回购价格方面给予公司更大的灵活性的是(　　)。

A. 场内公开收购　　B. 举债回购

C. 固定价格要约回购　　D. 荷兰式拍卖回购

参考答案：D。荷兰式拍卖回购方式下，公司汇总所有股东提交的价格和数量，确定此次股票回购的"价格－数量曲线"，并根据实际回购数量确定最终的回购价格。

4. "股利支付率越高，股票价值越大"，这种观点符合(　　)。

A. 税差理论　　B. 客户效应理论

C. "一鸟在手"理论　　D. 代理理论

参考答案：C。根据"一鸟在手"理论所体现的收益与风险的选择偏好，股东更偏好于现金股利而非资本利得，倾向于选择股利支付率高的股票。当企业股利支付率提高时，股东承担的收益风险越小，其所要求的权益资本收益率也越低，权益资本成本也相应越低，则根据永续年金计算所得的企业权益价值(企业权益价值=分红总额/权益资本成本)将会上升。

5. 下列股利政策中,股利的支付与盈余相脱节的是(　　)。

A. 剩余股利政策　　B. 固定或持续增长的股利政策

C. 固定股利支付率政策　　D. 低正常股利加额外股利政策

参考答案:B。固定或持续增长的股利政策,当盈余较低时仍要支付固定的股利,这可能导致资金短缺,财务状况恶化,该政策的缺点在于股利的支付与盈余相脱节。

6. 某公司现有发行在外的普通股 500 万股,每股面额 1 元,资本公积 700 万元,未分配利润 5 600 万元,每股市价 20 元;若每 10 股派送 2 股股票股利并按市价折算,发放股票股利后,公司未分配利润的报表列示将为(　　)万元。

A. 6 300　　B. 5 600　　C. 2 500　　D. 3 600

参考答案:D。股本按市价增加 20×500×20%=2 000(万元),未分配利润按市价减少 20×500×20%=2 000(万元),所以未分配利润=5 600-2 000=3 600(万元)。

7. 下列股利政策中,最有利于保持目标资本结构的是(　　)。

A. 剩余股利政策　　B. 固定或持续增长的股利政策

C. 固定股利支付率政策　　D. 低正常股利加额外股利政策

参考答案:A。剩余股利政策是在公司有着良好的投资机会时,根据一定的目标资本结构,测算出投资所需的权益资本,先从盈余当中留用,然后将剩余的盈余作为股利予以分配。

8. 企业投资并取得收益时,必须按一定的比例和基数提取各种公积金,这一要求体现的是(　　)。

A. 资本保全限制　　B. 企业积累限制

C. 超额累计利润限制　　D. 偿债能力限制

参考答案:B。企业积累限制要求企业在分配收益时,必须按一定比例和基数提取各种公积金。

9. 下列关于股票回购意义的说法不正确的是(　　)。

A. 向市场传递股价被低估的信号

B. 减少了公司自由现金流,降低了管理层的代理成本

C. 现金股利的代替

D. 降低了每股收益

参考答案:D。股票回购使普通股的股数减少,所以一般每股收益会提高。

10. 股份有限公司为了使已发行的可转换债券尽快地实现,或者为了达到反兼并、反收购的目的,应采用的策略是(　　)。

A. 不支付股利　　B. 支付较低的股利　　C. 支付固定股利　　D. 支付较高的股利

参考答案:D。支付较高的股利可以吸引更多的投资者,从而使股价上涨,促使可转换债券持有人尽快转换;股价上涨可以达到反兼并、反收购的目的。

11. 根据我国法律法规的规定,税后利润应该首先(　　)。

A. 提取法定公积金　　B. 弥补以前年度亏损

C. 提取任意公积金　　D. 向股东分配股利

参考答案:B。按照我国相关法律规定,税后利润的分配顺序依次为:(1)弥补以前年度

亏损;(2)提取法定公积金;(3)提取任意公积金;(4)向股东分配股利。

考点 2　股利政策理论

1. 请简述分析公司股利政策的相关理论。

参考答案:

(1)"一鸟在手"理论(BIH)(威廉斯、林特勒、华特、戈登)

该理论认为,股票价格波动太大,未来具有很大的不确定性,投资者被认为是风险厌恶型,因此,在投资者看来,股利比留存收益再投资带来的资本利得更为可靠。投资者将偏好股利而非资本利得。

(2)MM 股利无关论(米勒、莫迪利亚尼)

该理论认为在严格假设条件下,股利政策不会对公司价值产生影响,同时,公司的权益资本成本与股利政策无关。

(3)税差理论(TD)(法勒、塞尔文)

由于 MM 理论的假设有悖于现实生活,该理论首先选择释放无税假设。由于股利在税后列支,因此,公司税与股利政策无关。当引入个人所得税后,情况发生变化。由于股利收入和资本利得适用不同的税率,因此,投资者可以通过股利政策的选择来实现其税后收益最大化。因此,按照税差理论,公司在制定股利政策时,必须采取低股利政策,才能使公司价值最大化。但是,该理论没有办法解决现实生活中公司为什么大量发放股利,随后的追随者效应理论对此做出了很好的解释。

除此之外还有追随者效应理论、股利政策的代理成本理论、股利政策的信号传递模型以及行为学派的理性预期理论、自我控制理论、后厌恶理论等等。

补充章节二　营运资本管理

扫码听课

考点1　营运资本管理

1. 下列关于营运资本的计算公式，不正确的是(　　)。

A. 营运资本＝流动资产－流动负债　　B. 营运资本＝长期筹资－长期资产

C. 营运资本＝长期筹资净值　　D. 营运资本＝长期资本－流动负债

参考答案:D。营运资本＝流动资产－流动负债＝长期筹资－长期资产＝长期筹资净值，因此选项D不正确。

2. 某公司今年年初有流动资产380万元，流动负债210万元，年末流动资产410万元，流动负债250万元，则公司的净营运资本变动额是(　　)。

A. －30万元　　B. －10万元　　C. 30万元　　D. 10万元

参考答案:B。净营运资本＝流动资产－流动负债，因此，净营运资本变动额＝(410－250)－(380－210)＝－10(万元)，因此选择B项。

3. 下列不会影响总流动资产投资需求的是(　　)。

A. 现金周转天数　　B. 存货周转天数

C. 应收账款周转天数　　D. 预收账款周转天数

参考答案:D。流动资产的周转天数＝现金周转天数＋存货周转天数＋应收账款周转天数。

4. 下列各项中，属于适中的流动资产投资政策的特点的是(　　)。

A. 是在预期因素确定的情况下流动资产的最优投资规模

B. 承担较大的流动资产持有成本，但短缺成本较小

C. 节约流动资产的持有成本，但公司要承担较大的短缺成本

D. 表现为安排较高的流动资产/收入比率

参考答案:A。流动资产最优的投资规模，取决于持有成本和短缺成本总计的最小化。适中的营运资本投资政策，就是按照预期的流动资产周转天数、销售额及其增长，成本水平和通货膨胀等因素确定的最优投资规模，安排流动资产投资。

5. 某公司采用存货模式确定最佳现金持有量。如果在其他条件保持不变的情况下，资本市场的投资回报率从5%上涨为20%，那么企业在现金管理方面应采取的对策是(　　)。

A. 将最佳现金持有量提高30%　　B. 将最佳现金持有量降低30%

C. 将最佳现金持有量提高 50%　　D. 将最佳现金持有量降低 50%

参考答案:D。根据最佳现金持有量确定的存货模式:$C^*=\sqrt{\frac{2TF}{K}}$,如果在其他条件保持不变的情况下,资本市场的投资回报率 K 从 5%上涨为 20%,最佳现金持有量由$\sqrt{\frac{2TF}{5\%}}$降低到$\sqrt{\frac{2TF}{20\%}}$,则有$\left(\sqrt{\frac{2TF}{20\%}}-\sqrt{\frac{2TF}{5\%}}\right)/\sqrt{\frac{2TF}{5\%}}=\left(\sqrt{\frac{1}{20\%}}-\sqrt{\frac{1}{5\%}}\right)/\sqrt{\frac{1}{5\%}}=-50\%$,由此最佳现金持有量将降低 50%。

6. 某公司现金收支平衡,预计全年(按 360 天计算)现金需要量为 250 000 元,现金与有价证券的转换成本为每次 500 元,有价证券年利率为 10%。那么最佳现金持有量是(　　)元。

A. 50 000　　B. 60 000　　C. 55 000　　D. 45 000

参考答案:A。最佳现金持有量$=\sqrt{\frac{(2\times250\ 000\times500}{10\%}}=50\ 000$(元)。

7. (　　)将减少公司的净营运资本。

A. 应付账款减少　　B. 固定资产减少　　C. 应收账款减少　　D. 银行存款增加

参考答案:C。

净营运资本=流动资产-流动负债

应付账款减少,流动负债减少,净营运资本增加;

固定资产减少,与流动资产和流动负债都无关,净营运资本不变;

应收账款减少,流动资产较少,净营运资本减少;

银行存款增加,流动资产增加,净营运资本增加。

8. 用来说明顾客的财务实力和财务状况,表明顾客可能偿还债务的背景的是(　　)。

A. 品质　　B. 能力　　C. 资本　　D. 抵押

参考答案:C。资本指顾客的财务实力和财务状况,表明顾客可能偿还债务的背景。

9. A 公司目前采用的信用政策是"2/15,n/30",有占销售额 60%的客户在折扣期内付款并享受公司提供的折扣;不享受折扣的应收账款中,有 80%可以在信用期内收回,另外 20%在信用期满后 10 天(平均数)收回。逾期账款的收回,需要支出占逾期账款额 10%的收账费用。如果明年继续保持目前的信用政策,预计产品销售额为 1 000 万元。该公司预期的收账费用是(　　)万元。

A. 5.232　　B. 21.8　　C. 8　　D. 12

参考答案:C。预期的收账费用=1 000×40%×20%×10%=8(万元)。

10. 假设某企业预测的年赊销额为 3 600 万元,应收账款平均收账天数为 30 天,变动成本率为 40%,资本成本为 10%,一年按 360 天计算,则应收账款的机会成本为(　　)万元。

A. 360　　B. 300　　C. 12　　D. 10

参考答案:C。应收账款机会成本=3 600/360×40%×30×10%=12(万元)。

11. A 公司目前采用的信用政策是"2/15,n/30",有占销售额 60%的客户在折扣期内付款并享受公司提供的折扣;不享受折扣的应收账款中,有 80%可以在信用期内收回,另外

20%在信用期满后10天(平均数)收回。逾期账款的收回,需要支出占逾期账款额10%的收账费用。如果明年继续保持目前的信用政策,预计产品销售额为1 000万元。该公司预期的折扣费用是(　　)万元。

A. 5.232　　B. 21.8　　C. 8　　D. 12

参考答案:D。预期的折扣费用=1 000×60%×2%=12(万元)。